RÉUSSITE CONCOURS FONCTION PUBLIQUE

GARDIEN DE LA PAIX

Concours externe, internes, Catégorie B

Florence Abdoul-Dorion
Professeure de français

Valérie Béal
Enseignante en écoles de préparation aux concours

Brigitte Le Page
Docteur en droit privé
Formatrice consultante au Centre national de la fonction publique territoriale (CNFPT)
Membre de jurys

Édouard Malis
Commissaire de police

Céline Monsauret
Professeure agrégée d'éducation physique et sportive
Formatrice au concours de gardien de la paix

François Parrot
Professeur agrégé d'éducation physique et sportive
Formateur au concours de gardien de la paix

FOUCHER

Les ressources numériques

Au fil des pages, des QR codes à flasher vous renvoient à de nombreuses ressources : presse, documents, vidéos, enregistrements audio...

Mode d'emploi

foucherconnect.fr

Votre Réussite Concours Foucher s'enrichit de ressources numériques

Lorsque je rencontre un pictogramme ressource au fil des pages :

 # vidéos
Simulations d'entretiens avec le jury
foucherconnect.fr/ 20rcgardien01

1. Je vais sur **www.foucherconnect.fr**
J'enregistre cette page dans mes favoris pour les prochaines fois.
2. Je saisis **le code de la ressource** indiqué dans le pictogramme.
3. **Je visualise** ma ressource.

Des FLASHCODES permettent aussi d'accéder aux ressources depuis un smartphone

ISBN 978-2-216-16423-3

SOMMAIRE

Partie 1
LE CONCOURS ET LE MÉTIER

Partie 2
LES ÉPREUVES D'ADMISSIBILITÉ

Partie 3
LES ÉPREUVES DE PRÉ-ADMISSION

Partie 4
LES ÉPREUVES D'ADMISSION

VIDÉOS d'entretiens avec le jury

 # vidéos
Simulations d'entretiens avec le jury
foucherconnect.fr/20rcgardien01

Partie 5
LES CONNAISSANCES INDISPENSABLES

 # QCM

Des QCM interactifs pour s'entraîner

foucherconnect.fr/20rcgardien06

MÉMO DU CANDIDAT

Partie 1

LE CONCOURS ET LE MÉTIER

1 DÉCOUVRIR LA POLICE NATIONALE

La police nationale a une histoire avec ses dates, ses personnages célèbres et ses symboles. La connaître vous sera utile lors de votre oral. Elle vous permettra aussi de montrer que vous ne passez pas ce concours par hasard mais que vous souhaitez intégrer une institution ancienne dont vous connaissez l'histoire et les fondements.

1 Les fondements de l'action policière

Le terme français police provient du mot latin *politia*, romanisation du grec *politeia* qui signifie « régime politique, citoyenneté, administration, partie civile » et *polis* qui signifie « cité ». Au-delà de cette étymologie qui rappelle les fondements de la mission de cette force instituée pour la sécurité des citoyens, il convient d'évoquer aussi la Déclaration des droits de l'homme et du citoyen de 1789.

Elle a en effet nettement défini la philosophie de l'action policière. Son premier article affirme ainsi que « la sûreté fait partie des droits inaliénables et imprescriptibles de l'homme » et le douzième que « la garantie des droits de l'homme et du citoyen nécessite une force publique instituée pour l'avantage de tous et non pour l'utilité particulière de ceux auxquels elle est confiée ».

2 Du premier lieutenant de police à la police impériale (1667-1815)

A| La lieutenance de police

La date fondatrice est celle de **1667** avec la création sous Louis XIV de la lieutenance de police, charge assumée par le devenu célèbre Nicolas de la Reynie dans la ville de Paris. C'est en effet en mars 1667 qu'un édit royal sépare à Paris les fonctions de justice et celles de police. Ces dernières sont confiées à un lieutenant général de police qui doit être, selon Colbert, « un homme de simarre et d'épée, et si la savante hermine de docteur doit flotter sur ses épaules, il faut qu'à son pied résonne le fort éperon de chevalier, qu'il soit impassible comme magistrat et comme le soldat intrépide, intrépide, qu'il ne pâlisse pas devant les inondations du fleuve et la peste des hôpitaux, non plus que devant les rumeurs populaires et les menaces des courtisans ».

Très rapidement, ce système du lieutenant de police s'étend dans les grandes villes du royaume avec des **effets réels sur la criminalité**. Il se maintient jusqu'à la Révolution. En effet, la police royale ne voit pas venir les troubles de 1789 et disparaît avec le régime.

Une loi du 27 juin 1790 tente une réorganisation de la police parisienne en créant 48 commissaires de police.

B| La police générale

Le **Directoire** crée ensuite le ministère de la police générale dont le but est de **lutter contre l'insécurité généralisée**.

De même, ancêtre du code de procédure pénale et du code pénal, le **code des délits et des peines** est promulgué dont un article dispose que « la police judiciaire recherche les délits et les crimes, en rassemble les preuves et en livre les auteurs aux tribunaux ».

Les ministres de la police générale se succèdent jusqu'à la nomination du célèbre Joseph Fouché, en juillet 1799, qui exerce cette fonction sous le consulat et l'Empire. Le coup d'État du 18 brumaire an VIII (9 novembre 1799), la mise en place du Consulat et l'affirmation croissante du pouvoir personnel de Napoléon Bonaparte donnent en effet une impulsion nouvelle à l'institution policière.

C| La préfecture de police

Dès sa prise de pouvoir, Bonaparte s'attache à réformer l'État et à consolider son pouvoir. À Paris, il met en place la **préfecture de police**, héritière de la lieutenance de police. Le préfet de police est notamment chargé de la **police criminelle de droit commun**, de la **police administrative** et de la **police de renseignement**.

En province, dans toutes les villes de plus de 5 000 habitants, un commissaire de police est nommé et placé sous l'autorité du préfet ou du sous-préfet. Au-delà de 10 000 habitants, un commissaire de police supplémentaire est affecté par tranche de 10 000. Au-delà de 100 000 habitants, un commissaire général est désigné.

En milieu rural et dans les villes de moins de 5 000 habitants, la gendarmerie nationale et les gardes-champêtres exercent les pouvoirs de police.

3 Une police qui s'affirme (1815-1941)

A| Une police en uniforme

En 1829, les **sergents de Paris** sont institués. Portant tricorne et épée, ils sont chargés de veiller à la paix publique et constituent la première force de police en uniforme du monde.

Le coup d'État du 2 décembre 1851 et l'avènement du second Empire s'accompagnent d'un renforcement des pouvoirs des préfets de police et toutes les villes de plus de 40 000 habitants se voient dotées d'une **préfecture de police**.

En 1870, les sergents de ville deviennent des **gardiens de la paix publique** et leur bicorne est remplacé par le képi. En 1871, autre symbole, Jules Ferry met à disposition de la préfecture de police la caserne de la Cité pour en faire son siège. Cette caserne a été bâtie sur l'emplacement de l'ancien marché aux volailles de Paris et c'est donc de là que vient le fameux sobriquet de « poulet ».

B| La police scientifique

Autre symbole, celle des débuts de la police scientifique avec Alphonse Bertillon et Edmond Locard.

Alphonse Bertillon est nommé chef du service de l'identité judiciaire en 1893. Il introduit la méthode de signalisation anthropométrique des individus arrêtés puis se convertit à la **dactyloscopie** (observation des empreintes digitales). Il invente aussi la **dactylotechnie** (prélèvement et comparaison des empreintes). Ainsi, pour la première fois, en 1902, un criminel est confondu par ce procédé.

En matière de police scientifique, le professeur Edmond Locard ouvre le premier **laboratoire de police scientifique** à Lyon en 1910, selon le principe célèbre reconnu par tous ceux qui œuvrent en matière de recherche de traces et indices sur les scènes d'infraction : « Nul individu ne peut séjourner en un point sans y laisser la marque de son passage, surtout lorsqu'il a dû agir avec l'intensité que suppose l'action criminelle. » Les autres laboratoires de police scientifique ouvrent progressivement leurs portes entre les deux guerres.

Toutefois, les progrès technologiques ne suffisent pas pour lutter efficacement contre de nouvelles formes de criminalité (attentats d'anarchistes comme Ravachol ou Émile Henry, réapparition de bandits de grand chemin ou de jeunes délinquants marginaux, dits apaches, agressant les bourgeois).

C| La police judiciaire

Le besoin d'une police judiciaire conduit le président du Conseil et ministre de l'Intérieur, Georges Clemenceau, à créer des services chargés de « seconder l'autorité judiciaire dans les recherches et la répression des crimes et délits de droit commun ».

Le 30 décembre 1907 naissent ainsi douze **brigades régionales de police mobile**. Elles sont placées chacune sous l'autorité d'un commissaire divisionnaire assisté de 3 commissaires de police et de 10 inspecteurs. Tous officiers de police judiciaire, ils sont rattachés à la sûreté générale du ministère de l'Intérieur.

Ces brigades mobiles deviennent célèbres. Elles sont très vite surnommées les « **brigades du Tigre** », surnom politique de Clemenceau en raison de sa ténacité. Ces brigades sont notamment popularisées par une série télévisée française des années 1970-80.

D| L'étatisation de la police municipale

Plusieurs villes connaissent une étatisation de leur police municipale, sous l'autorité des préfets de département comme Marseille en 1908, Nice en 1920 ou Strasbourg en 1925.

Par les décrets-lois de 1934 et 1935, la sûreté générale est réorganisée en **sûreté nationale**, qui comprend dorénavant l'ensemble des services de police de France, à l'exception de la préfecture de police de Paris qui conserve son statut particulier.

4 Une police qui se modernise (de 1941 à nos jours)

La Seconde Guerre mondiale et l'avènement du funeste régime de Vichy amènent paradoxalement une réforme majeure de la police nationale.

A| La police nationale sous Vichy

Pour asseoir son autorité, le gouvernement du maréchal Pétain réforme en effet profondément les structures de police. La police nationale est ainsi créée et est dirigée par un secrétaire général pour la police, chef de la Direction générale de la police nationale.

Par la loi du 23 avril 1941, la police nationale est ainsi instituée dans toutes les communes de plus de 10 000 habitants et dans les communes plus petites désignées par arrêté du ministre de l'Intérieur. Paris conserve néanmoins son statut particulier.

Tous les personnels des polices municipales sont intégrés dans la nouvelle police nationale.

B| Les changements à partir de la Libération

À la Libération, la Direction générale de la sûreté nationale est rétablie. Rattachée au ministère de l'Intérieur, elle comprend 4 grandes directions actives : **police judiciaire**, **sécurité publique**, **renseignements généraux** et **surveillance du territoire**, ainsi que des **directions administratives** : personnel et administration, matériel, étrangers.

Au sein de la Direction de la sécurité publique, une sous-direction des **compagnies républicaines de sécurité (CRS)** est créée.

Le principe d'une police d'État est conservé dans les villes de plus de 10 000 habitants.

La loi du 9 juillet 1966 constitue un autre tournant et institue la police nationale. Celle-ci rassemble définitivement les personnels de la sûreté nationale et de la préfecture de police de Paris.

En 1973, les missions de police aériennes et de surveillance des migrations transfrontières augmentent et justifient la création d'un service dédié : le service central de la **police de l'air et des frontières (PAF)**.

C| La féminisation de la police

Elle commence à partir des années 1960. En 1966, quelques femmes sont par exemple intégrées aux services actifs par la voie du concours d'officier de police. Recrutées dans un premier temps pour des missions liées à la protection de l'enfance, elles voient cette restriction disparaître avec l'accès à tous les postes ouverts au concours. Le corps des inspecteurs de police (anciennement officier de police) leur est ouvert en 1972, celui des commissaires de police en 1974, de gardien de la paix en 1978 et d'officier de paix en 1982 (corps disparu en 1995).

D| La modernisation de la police

La police modernise aussi ses structures et adapte ses missions aux phénomènes de délinquance. Sont créées de nouvelles entités spécialisées comme les **groupes d'intervention de la police nationale (GIPN)** et le **RAID**, unité opérationnelle spécialisée dans la recherche, l'assistance, l'intervention et la dissuasion. Les offices centraux voient le jour pour les investigations dans des domaines particuliers de grande délinquance.

Le recrutement se diversifie avec les policiers auxiliaires en 1986 (service national au sein de la police qui disparaît en même temps que celui exercé dans les forces armées) et les adjoints de sécurité (ADS) en 1997. Les ADS sont désormais appelés policiers adjoints.

Une réforme des corps et carrières intervient en 1995 par la **refonte des corps** : unification des gradés et gardiens de la paix et des enquêteurs de police dans le corps de maîtrise et d'application ; réunion des inspecteurs de police et des officiers de paix dans le corps de commandement et d'encadrement ; création du corps de conception et de direction rassemblant les commissaires de police.

Un autre symbole fort marque la reconnaissance de la République vis-à-vis de ses forces de sécurité avec la participation pour la première fois en 1996 de la **police nationale au défilé du 14 juillet**.

E| Les missions majeures

Un texte majeur, la loi d'orientation et de programmation relative à la sécurité de janvier 1995, énonce les missions prioritaires de la police nationale, confirmées par la loi d'orientation et de programmation pour la sécurité intérieure d'août 2002 :

- la **sécurité** et la **paix publiques**, consistant à veiller à l'exécution des lois, à assurer la protection des personnes et des biens, à prévenir les troubles à l'ordre public et à la tranquillité publique ainsi que la délinquance ;
- la **police judiciaire**, ayant pour objet, sous la direction, le contrôle et la surveillance de l'autorité judiciaire, de rechercher et de constater les infractions pénales, d'en rassembler les preuves, d'en rechercher les auteurs et leurs complices, de les arrêter et de les déférer aux autorités judiciaires compétentes ;
- le **renseignement** et l'**information**, permettant d'assurer l'information des autorités gouvernementales, de déceler et de prévenir toute menace susceptible de porter atteinte à l'ordre public, aux institutions, aux intérêts fondamentaux de la Nation ou à la souveraineté nationale.

On distingue dès lors **5 missions essentielles** :

- assurer la sécurité des personnes, des biens et des institutions ;
- maîtriser les flux migratoires et lutter contre l'immigration illégale ;
- lutter contre la criminalité organisée, la grande délinquance et la drogue ;
- protéger le pays contre la menace extérieure et le terrorisme ;
- maintenir l'ordre public.

5 Les différentes directions

Ces axes sont incarnés au sein de l'institution police nationale par des directions centrales.

A| La DCSP et le SDLP

La sécurité des personnes, des biens et des institutions est notamment assurée par la **Direction centrale de la sécurité publique (DCSP)** et le **Service de la protection (SDLP)**. La DCSP est le moteur de la police nationale dans la lutte contre la petite et la moyenne délinquance. Elle est engagée contre les violences urbaines et l'insécurité routière. Le SDLP, quant à lui, est chargé de la protection rapprochée des hautes personnalités françaises et des hautes personnalités étrangères lorsqu'elles séjournent en France.

B| La DCPAF

Afin de maîtriser les flux migratoires et de lutter contre le travail clandestin, la **Direction centrale de la police aux frontières (DCPAF)** veille au respect des règles relatives à la circulation transfrontière. Elle anime et coordonne sur le plan national la lutte contre l'immigration irrégulière et l'emploi d'étrangers sans titre.

C| La DCPJ

Le rôle de lutte contre la grande criminalité et notamment contre le trafic de drogue est prioritairement dévolu à la **Direction centrale de la police judiciaire (DCPJ)** qui dispose à cet effet d'offices centraux spécialisés.

Créés en mai 2002, les groupes d'intervention régionaux (GIR) associent policiers, gendarmes, douaniers et agents du fisc dans la lutte contre les divers trafics qui alimentent les économies souterraines.

La DCSP a également une activité notable dans la lutte contre les trafics de drogue à travers le démantèlement au quotidien de trafics de plus ou moins grande ampleur.

D| La DGSI

La **Direction générale de la sécurité intérieure (DGSI)** est le service de renseignement du ministère de l'Intérieur créé par le décret du 30 avril 2014 et chargé sur l'ensemble du territoire de rechercher, de centraliser et d'exploiter le renseignement intéressant la sécurité nationale ou les intérêts fondamentaux de la Nation.

La DGSI s'est substituée à la Direction centrale du renseignement intérieur (DCRI), née en 2008 de la Direction de la surveillance du territoire (DST) et de la Direction centrale des renseignements généraux (RG).

E| L'UCLAT

La lutte contre le terrorisme est coordonnée par l'**Unité de coordination de la lutte antiterroriste (UCLAT)** qui est rattachée au directeur général de la police nationale. Elle centralise les informations fournies notamment par la DGSI et la DCPJ.

F| La DCCRS

La **Direction centrale des compagnies républicaines de sécurité (DCCRS)** concourt aux opérations de maintien de l'ordre avec ses 60 compagnies de service général. Elle participe à la sécurisation des populations dans les zones urbaines et participe aux secours en mer (surveillance de certaines plages) et en montagne (sections d'Albertville, de Grenoble et de Chamonix).

G | La DCI

La **Direction de la coopération internationale (DCI)** par son implantation dans près de 95 pays est chargée de la coopération internationale de la police et de la gendarmerie, mais aussi de la sécurité civile. Elle constitue le premier réseau mondial de coopération policière.

H | La DRCPN, la DCRFPN et l'IGPN

- La **Direction des ressources et des compétences de la police nationale (DRCPN)** gère les personnels de la Police nationale (gestion des ressources humaines individuelle et collective, actions relatives à la santé et sécurité au travail) et élabore et exécute le budget des services de police.
- La **Direction centrale du recrutement et de la formation de la police nationale (DCRFPN)** a été créée par l'arrêté du 27 janvier 2017. Elle gère toute la politique de recrutement et de formation à travers 32 structures de formation initiale et continue dans 10 zones en métropole et dans les DOM-COM (directions centrales et territoriales au recrutement et à la formation de la police nationale), 5 centres nationaux de formation spécialisés (tir, moto, télétransmission, cynotechnique et éducation physique et sportive) et 1 centre national de formation généraliste.
- L'**Inspection générale de la police nationale (IGPN)** est le service à compétence nationale chargé du contrôle des directions et des services de la Direction générale de la police nationale et de la préfecture de police. Elle exerce des missions de trois ordres :
  - des audits points-clés et des contrôles inopinés des services de police sur des thématiques ciblées comme les scellés, l'accueil du public ou la gestion budgétaire ;
  - des études visant à l'amélioration du fonctionnement des services ;
  - veiller au respect, par les fonctionnaires de police, des lois et des règlements et du code de déontologie de la police nationale. À cette fin, l'IGPN diligente les enquêtes qui lui sont confiées par les autorités administratives et judiciaires qui **seules peuvent la saisir**.

6 Les réformes actuelles de la police nationale

Le 1er janvier 2021, la police nationale a franchi une nouvelle étape dans l'approfondissement de son ancrage territorial avec la création des **directions zonales de la sécurité publique (DZSP)** et la réorganisation des structures déconcentrées de la **Direction centrale de la police judiciaire**.

Seules ces deux directions ne disposaient pas, jusqu'alors, d'une représentation dans les zones de défense et de sécurité qui constituent l'échelon de coordination de la gestion des crises et de pilotage déconcentré des moyens humains et budgétaires du ministère de l'Intérieur.

Parallèlement, à la suite de la publication du Livre blanc de la sécurité intérieure, le ministre de l'Intérieur a décidé d'expérimenter dans trois départements métropolitains (Pas-de-Calais, Pyrénées-Orientales et Savoie) un nouveau mode de fonctionnement des services de la police nationale, s'appuyant sur le constat d'un besoin renforcé d'**unité**, de **déconcentration** et de **décloisonnement de ses différentes composantes territoriales**.

Cette expérimentation s'inspire de la nouvelle organisation locale de la police nationale mise en œuvre depuis le 1er janvier 2020 à Mayotte, en Guyane et en Nouvelle Calédonie.

Cette **réforme dite des directions départementales de la police nationale** mettra sous un commandement unique dans les départements la sécurité publique, la police judiciaire et la police aux frontières.

2 DIX QUESTIONS POUR CONNAÎTRE LE MÉTIER

Quelles sont les principales missions du gardien de la paix ? Qu'attend-on de lui au quotidien humainement et physiquement ? Quelle formation le prépare à exercer ce métier varié et souvent éprouvant ? Autant de questions auxquelles nous allons essayer de vous répondre à travers le témoignage de professionnels afin de vous éclairer dans votre choix de carrière et dans les motivations que vous exposerez quand vous accéderez à l'oral de ce concours.

1 Pouvez-vous présenter votre parcours ?

TÉMOIGNAGE

Stéphane, 20 ans, gardien de la paix titulaire

« J'ai toujours voulu exercer ce métier. J'ai travaillé dur pour réussir ce concours et j'ai été affecté il y a plus d'un an dans un commissariat de la grande couronne parisienne. Pendant mes périodes de stage en scolarité, j'avais déjà fait mes premiers pas sur la voie publique et j'avais beaucoup appris. Définitivement affecté, j'ai intégré une unité de roulement et j'assure au quotidien des missions de police secours. J'interviens sur des accidents de voie publique (accidents de la route), je verbalise des personnes pour des infractions au code de la route, j'arrête des voleurs à l'étalage ou des auteurs de violences volontaires. Mon métier est divers et varié, chaque journée est différente et je l'aime. »

2 Comment se sont passés vos débuts en uniforme ?

TÉMOIGNAGE

Samira, 23 ans, gardienne de la paix stagiaire

« Je cherchais un métier qui bouge et je ne voulais pas travailler dans un bureau. La police m'a attirée parce qu'elle incarne des valeurs auxquelles je crois. Je n'avais pas imaginé plus jeune que je travaillerais un jour dans ses rangs, ni que je porterais un uniforme. Maintenant, j'en suis fière. Ce n'est pas forcément facile tous les jours, mais je sais que je suis utile et que je rends service à la population. J'arrête des auteurs de violences conjugales, je reçois les plaintes de victimes en détresse et j'interviens dans la rue pour porter assistance aux personnes agressées. Je me sens épanouie et heureuse dans ce que je fais. J'aime ce métier. »

3 Comment est organisée la police nationale ?

Il y a près de 100 000 gradés et gardiens de la paix en France qui œuvrent quotidiennement à la protection des lieux et des biens. Exerçant au quotidien un métier difficile et encadrés par un officier ou un commissaire de police, ils maintiennent l'ordre et la sécurité. Ils font partie du **corps d'encadrement et d'application**, un des corps de la police nationale avec le **corps de commandement (officiers)** et le **corps de conception et de direction (commissaires de police)**.

4 Quelles sont les principales missions du gardien de la paix ?

Ce sont différents métiers qui s'offrent à vous et que l'on retrouve dans les principales directions de la police nationale. Cette profession semble connue. Les films ou séries policières ont contribué à sa médiatisation, pourtant nul ne peut soupçonner les innombrables possibilités et missions qu'elle offre au quotidien. En effet, on peut, au-delà de la représentation traditionnelle que l'on a du policier travaillant en police-secours, y être aussi motocycliste ou maître-chien, cavalier en unité équestre, voire secouriste en montagne ou officier en unité nautique, et même, pour les musiciens accomplis, intégrer l'orchestre de musique de la police nationale.

- La **Direction centrale de la sécurité publique** permet d'exercer des métiers de sécurité publique avec l'assistance aux personnes en police-secours, la prévention des actes de délinquance ou le travail en unité d'investigation. Vous pourrez ainsi être affecté en brigade anti-criminalité, en unité motocycliste ou canine. Au sein d'une unité judiciaire, vous recevrez les victimes, enregistrerez leurs plaintes. Après avoir obtenu l'habilitation d'officier de police judiciaire, vous pourrez placer des mis en cause en garde à vue ou procéder à des perquisitions à leur domicile.
- La **Direction centrale des compagnies républicaines de sécurité (CRS)** assure les missions de maintien de l'ordre en renforcement des dispositifs locaux. Elle lutte contre l'insécurité routière avec des sections autoroutières, comprend des unités de secours en haute montagne et assure, sur certains littoraux, le sauvetage en mer.
- Au sein de la **Direction centrale de la police aux frontières (PAF)**, vous participerez au contrôle des flux migratoires, que ce soit sur les lignes ferroviaires ou dans les aéroports, et lutterez contre le travail clandestin.
- La **police judiciaire** effectue un travail d'investigation contre la criminalité organisée ou le trafic de stupéfiants avec des unités territorialisées et des offices centraux à Paris.
- La **Direction générale de la sécurité intérieure** et le **service central de renseignement territorial au sein de la DCSP** exercent des activités de renseignement et luttent notamment contre le phénomène de radicalisation et le terrorisme.

C'est cette diversité des missions qui fait la richesse de ce métier. « Un métier où on ne s'ennuie jamais », telle est la motivation la plus souvent énoncée par les candidats lors de leur passage devant le jury du concours. Ils ont profondément raison et c'est aussi pour cela que les vocations y sont souvent plus nombreuses qu'ailleurs.

Pour les concours nationaux à affectation régionale Île-de-France, les lauréats choisissent uniquement des postes relevant des secrétariats généraux pour l'administration de la police de la zone de défense et de sécurité de Paris. Ils sont affectés dans cette région pendant une durée minimale de 8 ans à compter de leur nomination en qualité de stagiaire. La fidélisation des fonctionnaires en Île-de-France est accompagnée de mesures indemnitaires et sociales.

5 Quelles sont les qualités requises ?

Exercer ce métier n'exige pas des qualités surhumaines, mais il suppose une certaine **force de caractère** et une **maturité psychologique et intellectuelle**. Il demande courage, honnêteté et dévouement comme toute activité professionnelle au service du public. Vous devrez y travailler en équipe, faire preuve d'une bonne communication, et aurez besoin de solides capacités d'adaptation.

Vous devrez être doté d'une solide constitution physique et être médicalement apte à un service actif de jour comme de nuit. Au-delà de toutes ces qualités et de ces exigences, vous devrez faire preuve de sang-froid et accepter de vivre et de gérer des interventions difficiles. Que ce soit à l'occasion de violences exercées à votre encontre ou dans des rapports quotidiens avec la mort (accidents de la route, décès sur la voie publique, etc.), c'est un métier qui vous mettra souvent émotionnellement à rude épreuve mais qui vous apportera aussi d'intenses satisfactions dans l'aide et l'assistance que vous porterez aux victimes.

6 Faut-il être un grand sportif ?

La police nationale ne recherche pas uniquement des sportifs de haut niveau aguerris aux sports de combat. Toutefois, ce métier, il faut le rappeler, est bien particulier car il vous expose physiquement et psychologiquement.

7 Faut-il porter une arme et un uniforme ?

Oui, vous devrez être apte au port et à l'usage de l'arme. Vous travaillerez en uniforme ou en civil.

8 Comment se déroule le recrutement ?

Le recrutement des gardiens de la paix se fait par la voie de concours nationaux. Il existe 2 concours nationaux et 1 concours déconcentré :

- pour les **concours nationaux à affectation nationale**, les candidats reçus choisissent en fin de scolarité des postes à affectation nationale sans exclure l'Île-de-France. Ils doivent rester 5 ans dans la région de leur première affectation à compter de leur nomination en qualité de stagiaire ;
- pour les **concours nationaux à affectation régionale Île-de-France**, le choix se fait uniquement au sein des postes relevant du secrétariat général pour l'administration de la police de la zone de défense et de sécurité de Paris. La durée d'affectation minimale est de 8 ans pour cette région qui offre un nombre important de postes ;
- le **concours déconcentré en outre-mer** est organisé sur le ressort des services de police de Guyane, Mayotte, Nouvelle-Calédonie et Polynésie française. À l'issue de leur scolarité, les élèves gardiens de la paix sont affectés exclusivement dans ces territoires.

Toutes les épreuves du concours sont détaillées dans la fiche 3.

9 Quelle est la formation ?

Une fois le concours réussi, vous serez préparé à l'exercer avec une formation rémunérée en tant qu'élève gardien de la paix.

Depuis le 22 juin 2020, la police nationale dispense une nouvelle formation initiale aux élèves gardiens de la paix, afin de répondre davantage aux besoins du terrain. Initiée par la Direction centrale du recrutement et la formation de la police nationale (DCRFPN), en collaboration avec les directions opérationnelles, cette nouvelle formation se déroule sur 2 ans. Elle comprend une première période de scolarité dans une école nationale de police de 8 mois suivie d'une seconde période de formation adaptée au premier emploi d'une durée de 16 mois.

La première période de la scolarité comprend 2 socles :

- le socle « initial » d'une durée de 23 semaines, 20 semaines à l'école nationale de police et 3 semaines de stage en alternance en services de police, qui permettent d'acquérir les connaissances institutionnelles, juridiques et techniques du métier grâce à des exercices pratiques et des travaux dirigés ;
- le socle « avancé », d'une durée de 8 semaines, consiste en un approfondissement des connaissances avec une spécialisation « métier » de 3 semaines en fonction du choix du premier poste d'affectation (MAPE-module d'adaptation au premier emploi).

Ceux qui valideront cette première période seront nommés gardiens de la paix stagiaires dès leur première affectation, au terme des 8 mois de scolarité.

La seconde période, d'une durée de 16 mois, constitue le socle « opérationnel ». Elle se déroule sur le premier poste d'affection, le gardien de la paix stagiaire y accomplira l'ensemble des missions attendues sur le poste.

À NOTER

Le président de la République Emmanuel Macron a prononcé à Roubaix le 14 septembre 2021 un discours en clôture des travaux du « Beauvau de la Sécurité » lancés en février 2021. Dans les différentes mesures énoncées, il est annoncé que le temps de formation initiale des gardiens de la paix sera augmenté de quatre mois et le temps de formation continue de 50 %. Le retour à une scolarité de douze mois modifiera donc le déroulé de la scolarité énoncé ci-dessus.

10 Quelles sont les rémunérations ?

Le corps d'encadrement et d'application de la police nationale comprend **4 grades** :

- gardien de la paix ;
- brigadier de police ;
- brigadier-chef ;
- major de police.

Un élève gardien de la paix est rémunéré 1 401 euros (salaire mensuel net en région parisienne au 1er janvier 2021). Titularisé, il perçoit environ 2 090 euros net et, en fin de carrière, il peut prétendre à un traitement de 2 730 euros. Il peut évoluer hiérarchiquement et atteindre au cours de sa carrière le grade sommital du corps d'encadrement et d'application : major de police RULP (responsable d'une unité locale de police) ; il touche alors près de 3 532 euros.

Pour exercer des responsabilités plus importantes, il peut, *via* le biais de concours internes, intégrer les **corps de commandement** (officier de police) ou de **conception et de direction** (commissaire de police).

3 LE CONCOURS DE GARDIEN DE LA PAIX

L'arrêté du ministère de l'Intérieur et du ministre de l'Action et des Comptes publics du 20 janvier 2020 fixe les règles d'organisation générale et la nature des concours de gardien de la paix de la police nationale. On distingue le premier concours ou concours externe, ouvert à toute personne titulaire du baccalauréat ou équivalent, et deux concours internes.

IMPORTANT

Les épreuves d'admissibilité sont régulièrement modifiées. Renseignez-vous bien sur les modalités du concours 2022 et pensez à consulter régulièrement le site de la police nationale.

#info
Devenir policier
foucherconnect.fr/20rcgardien02

1 Les concours internes

Le **premier concours interne** est ouvert aux fonctionnaires et agents de l'État, des collectivités territoriales, des établissements publics qui en dépendent, aux militaires ainsi qu'aux agents en fonction dans une organisation internationale intergouvernementale qui, au 1er janvier de l'année du concours, sont âgés de 45 ans au plus et justifient d'au moins 4 ans de services publics.

Le **second concours interne** est ouvert aux policiers adjoints (nouvelle dénomination des adjoints de sécurité depuis le 25 mai 2021), âgés de 37 ans au plus au 1er janvier de l'année du concours et aux volontaires des armées titulaires du diplôme de gendarme adjoint, qui, à la date de la première épreuve du concours, sont en activité et comptent au moins une année de service en cette qualité. Il est aussi ouvert aux agents publics qui ont suivi la formation professionnelle initiale du parcours de « cadet de la République, option police nationale » et qui sont en activité à la date de la première épreuve du concours.

2 Le concours externe

A| Les conditions d'inscription

Pour s'inscrire à ce concours, il faut remplir certaines conditions :

- **être de nationalité française et âgé de 17 ans au moins et 35 ans au plus**, sauf dérogations, au 1er janvier de l'année du concours. La limite d'âge peut être reculée (sans pouvoir excéder 37 ans au 1er janvier de l'année du concours) d'un temps égal à celui passé au titre du service national actif, d'un an par enfant à charge, par personne handicapée à charge, par enfant élevé pendant 9 ans avant qu'il n'ait atteint son seizième anniversaire. Par ailleurs, elle peut être reculée à des titres divers (anciens sportifs de haut niveau, anciens travailleurs handicapés). La limite d'âge n'est pas opposable aux mères et pères de trois enfants et plus, aux personnes élevant seules un ou plusieurs enfants et aux sportifs de haut niveau ;
- **avoir les diplômes requis** : être titulaire du baccalauréat ou d'un diplôme équivalent ou justifier d'au moins 3 ans d'activité dans la même catégorie socioprofessionnelle que celle de l'emploi occupé (2 ans pour les titulaires du diplôme national du brevet, d'un certificat d'aptitude professionnel (CAP) ou d'un brevet d'enseignement professionnel (BEP)). Les mères et pères d'au moins trois enfants qu'ils élèvent ou ont élevé effectivement ainsi que les sportifs de haut niveau peuvent toutefois faire acte de candidature sans condition de diplôme ;
- **satisfaire aux conditions d'aptitude physique et médicale**. Le métier de gardien de la paix est en effet une profession régulièrement soumise à des horaires décalés et exigeant une bonne condition physique. Il convient tout d'abord d'être apte au port et à l'usage des armes. Le candidat doit être prêt à un service actif de jour comme de nuit. Le médecin de la police, après examen médical, constate que l'intéressé n'est atteint d'aucune maladie ou infirmité ou que les maladies ou infirmités constatées ne sont pas incompatibles avec l'exercice des fonctions postulées. Le candidat doit répondre au profil SIGYCOP requis :

Profil requis pour être policier adjoint ou gardien de la paix

Sigle	S	I	G	Y	C	O	P
Coef.	2	2	2	3	2	2	2

SIGYCOP est un acronyme dont les lettres désignent respectivement :

- **S** : ceinture scapulaire et membres supérieurs ;
- **I** : ceinture pelvienne et membres inférieurs ;
- **G** : état général ;
- **Y** : yeux et vision (sens chromatique exclu) ;
- **C** : sens chromatique ;
- **O** : oreilles et auditions ;
- **P** : psychisme.

Chaque lettre est affectée d'un coefficient variant de 1 à 6 pour les sigles S, I, G, Y, O ; de 1 à 5 pour le sigle C et de 0 à 5 pour le sigle P (plus l'atteinte est grave, plus le coefficient est élevé). Pour être reconnu apte aux emplois de la police nationale, il ne faut pas avoir un chiffre supérieur à l'un des coefficients du profil requis. L'examen médical comporte obligatoirement un dépistage de l'usage des produits illicites dont le résultat doit être négatif ;

- **être de bonne moralité, avoir un bulletin n° 2 du casier judiciaire ne comportant aucune mention incompatible avec l'exercice des fonctions envisagées.** C'est un détail essentiel que certains postulants oublient parfois et qui leur vaut légitimement un refus définitif ;
- **être en règle avec le Service national, Journée Défense et Citoyenneté (JDC, ex JAPD).** Les personnes âgées de plus de 25 ans sont dispensées de leur obligation du service national et à ce titre, aucun justificatif n'est demandé aux intéressés. Pour les personnes de moins de 25 ans n'ayant pas accompli leur Journée Défense et Citoyenneté, une attestation provisoire de participation délivrée par le Centre du Service National doit être fournie.

B| Les épreuves du concours

Le concours de gardien de la paix comprend des épreuves d'admissibilité, de préadmission et d'admission.

1| L'admissibilité

Concours externe ou interne, les épreuves d'admissibilité se composent de la même manière : une épreuve de plusieurs cas pratiques et des tests psychotechniques.

» **Épreuve de cas pratiques** : le candidat est soumis à une ou plusieurs problématiques concrètes qu'il pourrait rencontrer dans l'exercice de son futur métier. Véritables mises en situation professionnelle, ces cas pratiques ont pour objectif d'amener le candidat à formuler des propositions concrètes et à argumenter ses réponses. Le candidat, outre ses connaissances générales, peut s'appuyer sur un dossier documentaire d'environ 15 pages composé d'articles, de lois et de circulaires.
D'une durée de 3 heures, cette épreuve est affectée d'un coefficient 4. Une note inférieure à 5/20 est éliminatoire.

IMPORTANT

Le cas pratique est une épreuve qui a été mise en place lors du concours 2019 ; elle a remplacé l'étude de texte. Vérifiez le programme des épreuves au concours car il change régulièrement à chaque session.
Par exemple, l'épreuve de questionnaires à choix multiples (QCM), longtemps au programme des épreuves du concours de gardien de la paix, a été supprimée de la liste des épreuves d'admissibilité depuis la session d'octobre 2019.

» **Tests psychotechniques** : le candidat est soumis à plusieurs tests, sous forme de questionnaire, qui portent sur le vocabulaire, la logique ou encore le calcul. D'une durée de 2 heures, les tests psychotechniques ne sont pas notés ; ils ont pour but d'évaluer le profil psychologique du candidat. Les résultats, communiqués au jury lors des épreuves d'admission, servent de support aux examinateurs pour identifier les qualités et les prédispositions favorables chez le candidat pour réussir en tant que gardien de la paix.

Le candidat ayant obtenu le nombre de points nécessaire à l'issue des épreuves d'admissibilité est autorisé à passer les épreuves de pré-admission. C'est le jury de chaque concours qui détermine ce nombre de points, mais il ne peut pas être inférieur à 60 points.

2 | La pré-admission

Il s'agit d'épreuves physiques avec un parcours d'habileté motrice (PHM) et un test d'endurance cardio-respiratoire (TECR). Une note inférieure à 7/20 à l'une ou l'autre des épreuves est éliminatoire et le coefficient est de 4.

Les candidats éliminés aux épreuves sportives ne seront pas convoqués à l'épreuve orale.

3 | Les épreuves d'admission

- Un **test sous forme de questions/réponses interactives**, pouvant comporter des mises en situation à caractère pratique et déontologique, fait appel à la mémoire visuelle des candidats pour déterminer leurs fonctions de perception, d'évaluation, de décision et leur vigilance. Dotés d'un boîtier de réponses électroniques, les candidats, après avoir visionné une image, disposent de 15 secondes par question en rapport avec l'image observée pour répondre (durée : 20 minutes ; coefficient 2).
- Un **entretien avec le jury** permet d'apprécier les qualités de réflexion et les connaissances du candidat ainsi que son aptitude et sa motivation à exercer l'emploi postulé (25 minutes ; coefficient 5 ; notation sur 20 points ; toute note inférieure à 5/20 est éliminatoire). Les examinateurs disposent, pour les aider dans leur appréciation :
  - des résultats des tests psychotechniques passés par le candidat au moment de l'admissibilité, interprétés par le psychologue ;
  - d'un CV détaillé, transmis le jour même de l'épreuve par le candidat au service organisateur du concours et remis par ce dernier aux membres du jury. Ce CV doit comporter les compétences acquises lors du parcours scolaire, extrascolaire ou professionnel du candidat et développer les raisons et motivations liées à ce choix professionnel.
- L'**épreuve de langue** est une conversation orale de 10 minutes dans la langue choisie au moment de l'inscription au concours (anglais, allemand, espagnol ou italien). Seuls les points supérieurs à la moyenne sont pris en compte. C'est un bon moyen d'augmenter sa note globale sans prendre de risques. Cette épreuve, obligatoire pour les candidats au concours externe, est dotée d'un coefficient 1.

3 Le premier concours interne

A| Les conditions d'inscription

Le premier concours interne est ouvert aux **fonctionnaires et agents de l'État**, des **collectivités territoriales**, des **établissements publics** qui en dépendent, y compris ceux mentionnés à l'article 2 de la loi n° 86-33 du 9 janvier 1986 portant dispositions statutaires relatives à la **fonction publique hospitalière**, aux **militaires** ainsi qu'aux agents en fonction dans une organisation internationale intergouvernementale qui, au 1er janvier de l'année du concours, sont âgés de moins de 45 ans et justifient d'au moins 4 ans de services publics.

B| Les épreuves du concours

Pour ce second concours, les épreuves sont quasi-identiques avec une admissibilité, une pré-admission et une admission.

1| L'admissibilité

- **L'épreuve écrite de cas pratiques** comporte les mêmes exigences que pour le concours externe. L'épreuve dure 3 heures, le coefficient est de 4 et la note éliminatoire est 5/20.
- **Les tests psychotechniques** ont également le même objectif que pour le concours externe : évaluer le profil psychologique et la stabilité émotionnelle des candidats. L'épreuve dure 2 heures et n'est pas notée.

ATTENTION

Encore une fois, seuls les candidats ayant obtenu aux épreuves d'admissibilité, sans avoir fait l'objet d'une note éliminatoire et après application des coefficients, un total de points déterminé par le jury qui ne pas être inférieur à 60 points, ont accès aux épreuves de pré-admission. Comme pour le concours externe, vérifiez les épreuves au programme de votre session de concours.

2| La pré-admission

Il s'agit d'épreuves physiques avec un parcours d'habileté motrice (PHM) et un test d'endurance cardio-respiratoire (TECR). Une note inférieure à 7/20 à l'une ou l'autre des épreuves est éliminatoire et le coefficient est de 4.

3| Les épreuves d'admission

- **Un test sous forme de questions/réponses interactives** sur le même principe que le concours externe (20 minutes, coefficient 2).
- **Un entretien avec le jury** qui s'appuie sur le dossier professionnel. Ce dossier a pour objet de mettre en évidence les acquis de l'expérience professionnelle du

candidat durant son activité d'adjoint de sécurité (ou policier adjoint) ou de cadet de la République, option police nationale, ou encore de volontaire dans les armées servant dans la gendarmerie nationale, titulaire du diplôme de gendarme adjoint. Le jury dispose également, comme aide à la décision, des résultats des tests psychotechniques passés par les candidats au moment de l'admissibilité, interprétés par le psychologue. D'une durée de 25 minutes, le coefficient de l'épreuve est de 5 et la note ne doit pas être inférieure à 5/20, sinon elle est éliminatoire.

» **Une épreuve facultative de langue étrangère** dans l'une des langues vivantes suivantes : anglais, allemand, espagnol, italien. Sa durée est de 10 minutes et seuls sont pris en compte les points obtenus supérieurs à 10/20.

4 Le second concours interne

A| Les conditions de recrutement

Il est ouvert sans condition de diplôme aux policiers adjoints, aux cadets de la République et aux gendarmes adjoints volontaires (GAV APJA – agents de police judiciaire adjoints).

Peuvent candidater :

- les policiers adjoints **en activité**, âgés de moins de 37 ans au 1er janvier de l'année du concours (aucune dérogation d'âge n'est possible) et comptant plus d'un an de service effectif à la date de la première épreuve écrite ;
- les candidats issus du parcours « **cadets de la République** » en fin de formation ;
- les GAV APJA ou volontaires des armées servant dans la gendarmerie nationale, **en activité**, titulaires du diplôme de gendarme adjoint, et comptant plus d'un an de service effectif à la date de la première épreuve écrite.

B| Les épreuves du concours

Le second concours interne comporte les mêmes épreuves d'admissibilité, de pré-admission et d'admission que le concours externe (voir descriptif des épreuves pages 27 et suivante).

5 Les emplois réservés

A| Les conditions de recrutement

Le candidat postulant à un emploi de gardien de la paix de la police nationale au titre des emplois réservés doit être inscrit, sur la base de son passeport professionnel, sur une liste nationale d'aptitude établie par le ministère de la Défense. Le candidat est inscrit, par catégorie de bénéficiaires, sur des listes alphabétiques d'aptitude dans ses domaines de compétences respectifs.

Les candidats pouvant postuler à ce recrutement sont :

- les **prioritaires** (art. L394 à L396 du code des pensions militaires) dont les candidatures sont traitées par les services départementaux de l'Office national des anciens combattants :
  - titulaires d'une pension militaire d'invalidité, victimes civiles de guerre, victimes d'un acte de terrorisme, victimes d'un accident survenu dans le cadre de fonctions professionnelles au service de la collectivité,
  - conjoints et enfants de ces victimes,
  - orphelins de guerre et pupilles de la Nation,
  - enfants des membres des formations supplétives ou victimes de la captivité en Algérie ;

ATTENTION
La durée d'inscription sur les listes alphabétiques d'aptitude est limitée à 5 ans.

- les **non-prioritaires** (art. L397 à L398 du code des pensions militaires) dont les candidatures sont traitées par les antennes et les pôles défense mobilité pour les militaires et par les centres d'orientation et de reconversion pour les gendarmes :
  - militaires ou gendarmes en activité depuis au moins 4 ans (le militaire ou gendarme encore en service doit obtenir l'agrément – délivré par l'autorité compétente – pour quitter l'institution militaire),
  - militaires ou gendarmes ayant quitté le service depuis 3 ans maximum,
  - légionnaires.

ATTENTION
La durée d'inscription sur les listes alphabétiques d'aptitude est limitée à 1 an renouvelable sous conditions jusqu'à 3 ans.

B| Les épreuves de sélection

» Les épreuves de sélection comprennent les **tests psychotechniques** destinés notamment à évaluer le profil psychologique du candidat. Les résultats de ces tests sont utilisés lors de l'épreuve d'entretien. Ces épreuves comprennent aussi les **épreuves d'exercice physique** de la pré-admission (parcours d'habileté motrice et un test d'endurance). La nature et le barème sont identiques à ceux fixés pour le concours de gardien de la paix.

» L'**épreuve d'entretien avec le jury** permet d'apprécier les qualités du candidat à exercer l'emploi postulé et de prendre connaissance de son parcours professionnel. Le candidat fournit à l'appui son passeport professionnel établi au titre de la reconnaissance de ses qualifications et acquis de l'expérience professionnelle. La durée est de 25 minutes.

4 LE CONCOURS POUR LES POLICIERS ADJOINTS ET LES CADETS DE LA RÉPUBLIQUE

Vous voulez être gardien de la paix mais vous ne connaissez pas totalement ce métier ? Il est alors préférable de devenir policier adjoint pour découvrir cette activité de sécurité et passer ensuite le concours interne de gardien de la paix. Une autre solution consiste à intégrer les cadets de la République où, après une année de formation, vous exercez le métier de policier adjoint. La formation inclut une remise à niveau scolaire et permet de préparer le concours de gardien de la paix.

1 Les policiers adjoints

Au contact quotidien de fonctionnaires de police titulaires, vous ferez ainsi vos premiers pas dans l'institution et bénéficierez d'atouts et d'opportunités supplémentaires pour réussir le concours de gardien.

A| Le métier de policier adjoint

Les policiers adjoints sont des **contractuels de droit public**. Leur fonction a été créée par la loi du 16 octobre 1997 relative au développement d'activités pour l'emploi des jeunes (promulguée par le gouvernement de Lionel Jospin).

Ils sont recrutés à l'échelon zonal ou régional pour une durée de 3 ans, renouvelable une fois par reconduction expresse.

Dotés d'un uniforme, les policiers adjoints **assistent les policiers** dans leurs missions de prévention et de répression de la délinquance, de surveillance générale, d'assistance et de soutien aux personnes. Ils concourent également à l'accueil et à l'information du public, font des patrouilles et contribuent au développement de la sécurité.

B| Les épreuves du concours

Les épreuves sont réparties en plusieurs phases. Le postulant doit présenter un dossier de candidature qui comprend :

- le formulaire de demande de candidature dûment renseigné ;
- une fiche de vœux d'affectation ;
- une lettre manuscrite de motivation ;
- une photocopie recto-verso de la carte nationale d'identité ou du passeport en cours de validité ;
- un document justificatif de position au regard du service national ;
- une copie des titres et diplômes obtenus ;
- un certificat médical complété par un médecin au choix du candidat et figurant dans le dossier remis au candidat.

Le candidat dont le dossier a été jugé recevable (dossier complet et candidat remplissant les conditions d'accès) est autorisé à participer aux épreuves suivantes :

- **tests psychologiques** (2 séries d'exercices) : ils sont destinés à évaluer le profil psychologique et la capacité à travailler en groupe ;
- **commentaire d'une photographie** représentant une scène de la vie courante dit aussi « exercice de photo langage ». Il permet de vérifier la capacité du candidat à s'exprimer de façon correcte en français et à maîtriser la langue écrite ;
- **épreuves sportives** : le candidat doit être en possession d'un certificat médical d'aptitude (datant de moins de 3 mois) délivré par un médecin de son choix. Tout échec à l'un des 2 tests est éliminatoire :
  - **test de résistance musculaire** : maintenir la position de gainage un maximum de temps déterminé (1 min 15 s pour les femmes et 1 min 45 s pour les hommes). L'arrêt volontaire ou le non-respect des consignes observé ou signalé à 2 reprises, avant la fin du compte à rebours, est éliminatoire,
  - **test d'endurance cardio-respiratoire (TECR)**, appelé aussi « test Luc Léger » : accomplir des allers-retours sur une distance de 20 mètres à une vitesse progressivement accélérée et rythmée par des bips. Pour valider le test, le candidat doit atteindre : le palier 4 (vitesse de 10 km/h atteint après 3 min de course) pour les femmes ; le palier 6-15'' (vitesse de 11,1km/h atteint après 5 mn 15 s de course) pour les hommes ;
- **entretien devant une commission** : appréciation de la commission portant notamment sur la motivation du candidat pour l'emploi de policier adjoint (durée : environ 15 min) ;
- **visite médicale** : vérification de l'aptitude physique : acuité visuelle ; aptitude au service actif de jour comme de nuit ; aptitude au port et à l'usage des armes. L'examen médical comporte obligatoirement un dépistage de l'usage des produits illicites dont le résultat doit être négatif. Seul le médecin, lors de la visite médicale, est habilité à déterminer l'aptitude physique à un emploi au sein de la police nationale ;
- **enquête administrative** : destinée à s'assurer de la bonne moralité du candidat, comme c'est le cas pour le recrutement de tous les fonctionnaires de police.

Au vu des propositions de la commission, l'autorité compétente arrête la liste définitive des candidats agréés. Un contrat d'engagement d'une durée de 3 ans est alors proposé aux candidats agréés.

C | La formation du policier adjoint

Les policiers adjoints bénéficient d'une **formation professionnelle rémunérée** (avec un salaire mensuel net de 1 402 euros en Île-de-France et de 1 304 euros en province) de 12 semaines en école de police. Cette formation recouvre les missions principales des policiers adjoints et vise à développer leur faculté d'adaptation aux situations professionnelles par un soutien personnalisé lors de mises en situation réelle :

- **formation générale** (organisation générale de la police nationale et ses principes de fonctionnement, droit pénal, règles juridiques des techniques d'intervention, secourisme) ;
- **situations professionnelles** (accueil du public, patrouille de police, rapports d'intervention, missions de sécurité routière, interpellation) ;
- **activités physiques et professionnelles** (préparation physique, tir/armement/manipulation des armes, techniques d'intervention) ;
- **formation informatique**.

La formation est complétée par **2 semaines de stage d'adaptation** dans le service d'affectation.

Durant le contrat de travail, des **stages de formation continue** sont dispensés aux policiers adjoints pour renforcer et diversifier le savoir-faire nécessaire à l'exercice de leurs missions (GTPI, faux documents, rédaction administrative...). Ils sont aidés par les structures de formation locale (CDSF, CRF, DIRF) afin de préparer leur futur professionnel. Plusieurs possibilités s'offrent à eux :

- **passer les concours de la fonction publique** : après 1 an de contrat, les policiers adjoints peuvent présenter le concours interne de gardien de la paix. Ils peuvent également passer les concours offerts par la gendarmerie, les douanes, l'administration pénitentiaire, les armées, la fonction publique hospitalière et les collectivités locales (notamment la police municipale) ;
- **mettre en avant leurs compétences pour intégrer le secteur privé** : les policiers adjoints peuvent bénéficier d'une validation de leurs acquis de l'expérience professionnelle et d'une formation spécifique en vue d'accéder plus facilement à des métiers liés à la sécurité. Grâce aux partenariats de l'institution, ils bénéficient d'un accès privilégié à de nombreux postes d'entreprise. Il leur appartient toutefois de faire preuve de motivations personnelles pour convaincre d'éventuels employeurs ;
- **bénéficier d'un crédit d'heures de formation** pour se préparer au concours de gardien de la paix ou pour assurer une insertion professionnelle à l'issue de leur contrat : acquisition de qualifications professionnelles, diplôme sécurité incendie et secours à personnes (SSIAP), sûreté aéroportuaire... – qui permettent d'exercer d'autres professions.

2 Les cadets de la République

Le recrutement et les épreuves de sélection sont organisés dans les écoles et les structures de formation de la police nationale. Aucun diplôme n'est exigé.

A| Les conditions de recrutement

Ce concours est ouvert aux candidats :

- de nationalité française ;
- jouissant de leurs droits civiques ;
- de bonne moralité : le bulletin n° 2 du casier judiciaire ne doit comporter aucune mention incompatible avec l'exercice des fonctions envisagées ;
- en règle avec la législation sur le service national ;
- âgés de 18 ans et de moins de 30 ans ;
- agréés par le préfet ou le haut fonctionnaire de zone de défense et de sécurité territorialement compétent ;
- remplissant les conditions d'aptitude physique particulières :
  - répondre au profil SIGYCOP requis (voir fiche 3),
  - être médicalement apte à un service actif de jour comme de nuit,
  - être apte au port et à l'usage des armes,
  - se soumettre à un dépistage de l'usage des produits illicites dont le résultat doit être négatif.

B| Les épreuves de sélection

» Les **tests psychologiques** (deux séries d'exercices) sont destinés à évaluer le profil psychologique et la capacité à travailler en groupe.

» Un **commentaire d'une photographie** représentant une scène de la vie courante (exercice également appelé « exercice de photo langage ») permet de vérifier la capacité du candidat à s'exprimer de façon correcte en français et à maîtriser la langue écrite (ce commentaire peut avoir lieu avant l'entretien).

» Des **épreuves sportives** : pour passer ces épreuves sportives, le candidat doit être en possession d'un certificat médical d'aptitude (datant de moins de 3 mois) délivré par un médecin de son choix :

- un **test de résistance musculaire** : cette épreuve consiste à maintenir la position de gainage un maximum de temps déterminé. La durée de maintien de la position pour valider la réussite au test est de :
  - 1 minute 15 secondes pour les femmes,
  - 1 minute 45 secondes pour les hommes ;

ATTENTION
L'arrêt volontaire ou le non-respect des consignes observé ou signalé à deux reprises, avant la fin du compte à rebours, est éliminatoire.

- un **test d'endurance cardiorespiratoire (TECR)** : aussi appelée « test Luc Léger », cette épreuve consiste à accomplir des allers-retours sur une distance de 20 m à une vitesse progressivement accélérée et rythmée par des bips sonores. Pour valider la réussite au test, le candidat doit atteindre le :
  - palier 4 (vitesse de 10 km/h atteint après 5 min de course) pour les femmes,
  - palier 6-15'' (vitesse 11,1 km/h atteint après 7 min 15 s de course) pour les hommes.

ATTENTION

- Tout échec à l'un des deux tests est éliminatoire.
- Ces épreuves sportives nécessitent une préparation physique préalable.

» Un **entretien devant une commission** : lors de l'entretien, l'appréciation de la commission porte notamment sur la motivation du candidat pour l'emploi de policier adjoint. La durée est d'environ 15 minutes.

» La **visite médicale** : le candidat est soumis à une vérification de son aptitude physique par le biais d'une visite médicale. Les conditions requises portent sur : l'acuité visuelle ; l'aptitude au service actif de jour comme de nuit ; l'aptitude au port et à l'usage des armes. L'examen médical comporte obligatoirement un dépistage de l'usage des produits illicites dont le résultat doit être négatif.

Seul le médecin, lors de la visite médicale, est habilité à déterminer votre aptitude physique à un emploi au sein de la police nationale.

IMPORTANT

» L'**enquête administrative** : en complément de la visite médicale, une enquête administrative est effectuée par le service départemental de renseignement territorial. Elle est destinée à s'assurer de la bonne moralité du candidat, comme c'est le cas pour le recrutement de tous les fonctionnaires de police.

Au vu des propositions de la commission, l'autorité compétente arrête la liste définitive des candidats agréés qui correspond au nombre de postes de policiers adjoints à pourvoir.

C | La formation initiale

Une fois les sélections réussies, les lauréats sont formés en alternance entre lycée professionnel, école de police et stages sur le terrain. Dès leur entrée en école, ils signent un contrat d'engagement de 3 ans (la scolarité de cadet compte pour 1 an), renouvelable une seule fois (pour 3 ans).

Lors de la formation rémunérée, ils apprennent les bases de leur futur métier et deviennent automatiquement policiers adjoints en fin de scolarité. Ils peuvent postuler au second concours interne de gardien de la paix à l'issue de leur formation professionnelle initiale.

Ils sont rémunérés 552,15 euros net par mois pendant la formation.

5 DÉFINIR SON PROJET PROFESSIONNEL

Au-delà de la préparation des épreuves, il vous appartient de faire un réel effort de réflexion sur les raisons qui vous animent à devenir gardien de la paix.

1 Le choix de ce métier

TÉMOIGNAGE

Parole de jury

Curieusement, un certain nombre de candidats se présentent à ce concours sans l'avoir préparé ni avoir réfléchi sur les motivations qui les poussent à postuler pour un métier à la fois passionnant et difficile. Les jurys d'entretien ont en effet souvent la désagréable impression de se retrouver devant des candidats imprécis et totalement ignorants du fonctionnement d'une institution dans laquelle ils aspirent à entrer. Interrogés sur le type d'activité qu'ils pourraient ou souhaiteraient exercer au sein de la police nationale, ils ne sont pas en mesure de répondre et disent naïvement que l'école leur permettra de découvrir ce métier. C'est ce postulat de départ qu'il convient de réfuter.

A| Vocation ou choix raisonné ?

Choisir de travailler pour l'État et pour la sécurité des citoyens est un choix noble. Il résulte pour certains d'une vocation profonde d'exercer cette activité depuis le plus jeune âge. On ne joue plus forcément de nos jours dans les cours de récréation au policier et au voleur, mais on mesure encore aujourd'hui l'attractivité de cette fonction régalienne et la force symbolique de celle-ci.

Ce sont les raisons de ce choix sur lesquels vous devez être en mesure de vous positionner et de répondre, notamment lors de l'entretien devant le jury. C'est aussi votre capacité à exercer ce métier qui doit faire l'objet de vos interrogations. Au-delà de la force physique parfois nécessaire, on ne mesure pas la force psychologique indispensable pour répondre aux victimes et aux détresses humaines. Vous ne devrez pas simplement dire que vous pensez pouvoir le faire, mais étayer et argumenter les éléments de votre personnalité qui vous permettront d'être un bon policier.

B| Les valeurs du policier

L'actualité évoque très souvent les prises à partie des fonctionnaires de police, que ce soit dans les quartiers sensibles ou dans les centres-villes. Cette actualité trépidante évoque aussi parfois les comportements jugés répréhensibles de certains agents. La nécessité d'une force publique pour assurer la sécurité des citoyens n'est jamais remise en cause, mais ce sont parfois les pratiques professionnelles qui sont mises en avant et dénoncées.

Une fois policier, vous ne serez pas un fonctionnaire comme les autres. Vous vous rendrez vite compte à quel point vous serez constamment interrogé et sollicité, que ce soit dans les repas de famille ou entre amis, et aussi par les personnes qui auront connaissance de votre profession. Il faut donc intégrer cette dimension dans la perception de votre futur métier.

Vous représenterez des valeurs et un comportement exemplaires car telles sont les bases de cette fonction. La devise de la Direction centrale de la sécurité publique, « **Discipline, valeur, dévouement** », incarne bien ce qui vous sera demandé au quotidien, et pas seulement dans le cadre de votre activité professionnelle. C'est aussi un travail au sein d'un collectif, car on ne peut pas intervenir et agir seul. Vous devrez apporter votre personnalité tout en vous intégrant au sein d'un ensemble hiérarchisé.

C| Construire son projet professionnel

1| Consulter les sites internet

Votre préparation doit vous donner toutes les chances de réussir. Vous devez vous renseigner sur ce métier de multiples manières. La consultation de sites internet est une bonne chose, mais cette démarche n'est pas suffisante.

 # info
Devenir policier
foucherconnect.fr/20rcgardien02

2| Rencontrer des professionnels

Prenez tout d'abord le chemin d'un commissariat et demandez à rencontrer les fonctionnaires chargés du recrutement afin d'évoquer ce métier. Les portes des hôtels de police ne sont en effet jamais fermées à ceux ou celles qui souhaitent poser des questions sur cette profession. Vous pourrez ainsi rencontrer le policier chargé du recrutement ou tout simplement discuter avec les agents qui assurent l'accueil, qu'ils soient gardiens titulaires ou policiers adjoints.

3 | Se documenter

Vous pouvez aussi vous documenter dans les centres d'information pour la jeunesse, les centres d'information et d'orientation (CIO), les espaces jeunes des mairies ou les forums de métiers où la police nationale dispose souvent de stands d'information. Il s'agit d'avoir une vision claire de ce qui vous attend et de pouvoir répondre aisément au jury qui ne manquera pas de vous demander de quelle manière vous vous êtes informé et qui vous posera de nombreuses questions sur l'organisation de la police nationale.

Il ne s'agit pas non plus de présenter votre future carrière point par point mais d'évoquer les possibilités qui vous attendent et vos souhaits propres : interpeller en étant dans une brigade anti-criminalité, faire de la procédure judiciaire en intégrant une brigade de sûreté urbaine, participer au maintien de l'ordre dans une compagnie républicaine de sécurité... tels sont certains des désirs que vous pouvez exprimer.

CONSEILS

- Restez humble et évitez d'énoncer des certitudes.
- N'oubliez jamais que vous postulez pour un emploi et que vous ne devez pas arriver lors de votre entretien avec un air suffisant et prétentieux.
- Soyez certain de ce que vous énoncez, mais restez posé et prêt à répondre aux questions avec calme et sérieux.

2 La stratégie de préparation

La police nationale recrute plus de 3 500 gardiens de la paix en 2021 sur l'ensemble du territoire. Cette vague de recrutement fait suite à la volonté du gouvernement de renforcer la police nationale après les crises qu'elle a subies (menaces terroristes, gilets jaunes, Covid-19). Cette volonté de recrutement s'ajoute aux recrutements décidés au début du quinquennat du président Emmanuel Macron.

Tout recrutement de masse accentue la difficulté d'un concours de la fonction publique pour lequel des candidats souvent surdiplômés se présentent.

CONSEIL

Réussir ce concours devient donc de plus en plus difficile et exige une préparation importante. Vous devez développer une véritable stratégie et travailler chaque épreuve avec rigueur. Vous devez vous donner les moyens de réussir et n'avoir aucun regret à l'issue des épreuves.

A | Organiser son temps de préparation

Vous devez préparer des épreuves d'admissibilité et des épreuves d'admission. Il ne s'agit pas de procéder épreuve par épreuve, mais bien de travailler en même temps sur chacune d'entre elles. Il faut donc planifier le temps disponible et le répartir entre chaque matière. Bien entendu, vous devez accentuer vos efforts sur les lacunes que vous avez sur tel ou tel point. La première difficulté est donc de mesurer votre niveau de départ et d'adapter votre préparation à vos faiblesses.

» Les épreuves d'admissibilité

- Le **cas pratique** est une épreuve écrite de mise en situation. Le candidat est face à une ou plusieurs problématiques concrètes expliquées en quelques lignes. Pour l'aider, il a accès à un dossier de 15 pages maximum, composé d'articles, de textes de loi ou de circulaires, etc. À partir de ces documents et de ses connaissances générales, il doit répondre à des questions en se projetant dans la situation. Il est jugé sur sa capacité à formuler des propositions pratiques et à argumenter ses réponses. L'épreuve permet d'évaluer la capacité du candidat à analyser une situation problématique et à prendre les décisions adaptées pour la résoudre. Néanmoins, une acculturation aux thématiques de la sécurité est nécessaire.

IMPORTANT N'ayez pas peur de votre niveau de départ (baccalauréat général ou professionnel), car ce ne sont pas toujours les candidats les plus diplômés qui réussissent ce concours mais les plus motivés et ceux ayant montré à l'entretien une réelle volonté de faire ce métier.

- **Les tests psychotechniques.** La gestion du stress est la **difficulté** d'un grand nombre de candidats. Pensez tout d'abord à **dédramatiser** ce concours, même s'il représente beaucoup d'investissement personnel et d'espoirs. Vous n'y jouez pas votre vie et vous aurez d'autres chances de le passer si vous y échouez. Préparez ces épreuves sérieusement en vous entraînant.

» Les épreuves de pré-admission et d'admission

- **Les épreuves sportives.** Le parcours d'habilité motrice et le test d'endurance cardiorespiratoire ne sont pas des épreuves physiques insurmontables, mais elles exigent une bonne condition physique. Elles sont surtout éliminatoires, alors pensez à vous entraîner sportivement.
- **Les épreuves de mémoire visuelle.** Elles s'appellent également « tests sous forme de questions/réponses interactives ».
- **L'épreuve orale de langue étrangère.** Considérez cette épreuve comme l'entretien avec le jury et préparez-vous à répondre à des questions portant sur vos motivations. C'est un vocabulaire spécifique qu'il vous faut maîtriser. Pensez notamment à préparer un texte à l'avance que vous pourrez lire plusieurs fois avant l'épreuve.
- **L'entretien avec le jury.** C'est l'épreuve finale et vous avez 25 minutes pour convaincre un jury de 4 personnes, composé d'un commissaire de police, d'un officier, d'un gradé du corps d'encadrement et d'application et d'un psychologue. Soyez maître de vos nerfs et adoptez une attitude calme et respectueuse. Cet oral se prépare, que ce soit sur la forme (tenue vestimentaire, attitude) ou le fond (motivations, souhaits de carrière, etc.).

B| La gestion de l'après-concours

Vous n'obtiendrez peut-être pas ce concours à votre première tentative. C'est en effet un concours difficile au vu du nombre de candidats mais certains y arrivent sans avoir suivi un cursus universitaire. N'abandonnez pas et recommencez, car c'est aussi par cela que se mesure une motivation.

FAITES LE POINT !

1. Qu'est-ce que la PSQ ?

❑ A. La police de sûreté quotidienne
❑ B. La police sociale de quartier
❑ C. La police de sécurité du quotidien
❑ D. La police de salubrité du quotidien

2. Qu'est-ce qu'un GPO ?

❑ A. Un groupe de partenariat opérationnel
❑ B. Une gestion par objectifs
❑ C. Un groupe de police
❑ D. Une gestion policière opérationnelle

3. Qu'est-ce que le SNMO ?

❑ A. Un service national de moyens opérationnels
❑ B. Un schéma national du maintien de l'ordre
❑ C. Un système national de moyens et d'organisation
❑ D. Un système national modernisé

4. Qu'est-ce qu'un PVE ?

❑ A. Un procès-verbal écrit
❑ B. Un pool de véhicules électriques
❑ C. Un procès-verbal électronique
❑ D. Un procès-verbal d'enquêtes

5. Qu'est-ce qu'une AFD ?

❑ A. Une amende de forme définie
❑ B. Une agence de fonds définis
❑ C. Une antenne de force départementale
❑ D. Une amende forfaitaire délictuelle

6. Qu'est-ce que l'ANTAI ?

❑ A. L'Agence nationale de traitement des amendes indirectes
❑ B. L'Agence nationale de traitement des affaires individuelles
❑ C. L'Agence nationale de traitement automatique des infractions
❑ D. L'Agence nationale de traitement automatisé des infractions

7. Quelle est la durée de formation initiale des gardiens de la paix ?

❑ A. 8 mois
❑ B. 12 mois
❑ C. 18 mois
❑ D. 24 mois

CORRIGÉS

1. C. La police de sécurité du quotidien (PSQ) est une nouvelle doctrine d'emploi de la police française annoncée le 16 août 2017 par le ministre de l'Intérieur Gérard Collomb pour satisfaire la promesse électorale du président Emmanuel Macron élu en mai 2017. Il ne s'agit pas de la création d'une police spécifique mais d'un approfondissement de ses missions avec trois objectifs : remettre « l'usager citoyen » au cœur de la police, développer une « démarche de résolution de problèmes » en multipliant des stratégies d'actions et développer les partenariats (y compris avec la sécurité privée).

2. A. Moyens d'action de la sécurité du quotidien, les groupes de partenariat opérationnel sont animés par des officiers de secteur dans le cadre de problématiques de sécurité spécifiques. Ces instances partenariales opérationnelles sont animées par le chef de secteur et les représentants des maires qui, de manière collégiale, recueillent les besoins de sécurité, élaborent les réponses transversales et procèdent à l'évaluation de ces dernières.

3. B. Le 17 septembre 2020, le ministère de l'Intérieur s'est doté, avec le schéma national du maintien de l'ordre, d'un premier document de doctrine en la matière commun à l'ensemble des forces. Il intervient en outre à une période charnière qui nécessite des adaptations dans la conduite des opérations de maintien de l'ordre. Le SNMO a vocation à traiter l'ensemble des configurations de manifestations rencontrées sur le territoire national (pacifiques, violentes, urbaines, rurales...). Les principes qui y sont développés doivent ainsi être en permanence adaptés à la situation et à l'adversité rencontrée ou anticipée.

4. C. Le procès-verbal électronique est un procès-verbal réalisé sous forme numérique et traité par le Centre national de traitement de Rennes ; il donne lieu à l'expédition d'un avis de contravention au domicile du contrevenant.

5. D. L'amende forfaitaire est une sanction pénale qui est prononcée en dehors d'un procès. La décision est prise par un policier, un gendarme ou un agent public habilité qui constate une infraction. La sanction consiste à verser une somme d'argent au Trésor public. Le montant de l'amende forfaitaire est fixé en fonction de la gravité de l'infraction. Les agents n'ont pas le pouvoir de l'adapter en fonction de la situation. Les amendes forfaitaires délictuelles concernent les délits de défaut de permis de conduire, de défaut d'assurance et d'usage illicite de stupéfiants.

6. D. L'Agence nationale de traitement automatisé des infractions a pour mission de contribuer à la lutte contre l'insécurité routière, dans le cadre de la politique menée par le ministère de l'Intérieur. Elle est chargée de piloter l'ensemble de la chaîne contraventionnelle :

- gestion du message d'infraction (flash du radar et procès-verbal électronique) ;
- envoi de l'avis de contravention ;
- facilitation des paiements et des contestations.

L'Agence est composée d'une équipe de pilotage des projets et gère l'exploitation du Centre national de traitement (CNT) de Rennes. Le site accueille également les services de l'officier du ministère public (OMP) et le Centre automatisé de constatation des infractions routières (CACIR).

7 D. Depuis le 22 juin 2020, la police nationale dispense une nouvelle formation initiale aux élèves gardiens de la paix, afin de répondre davantage aux besoins du terrain. Initiée par la Direction centrale du recrutement et la formation de la police nationale (DCRFPN), en collaboration avec les directions opérationnelles, cette nouvelle formation se déroule sur 2 ans. Elle comprend une première période de scolarité en école nationale de police de 8 mois suivie d'une seconde période de formation adaptée au premier emploi d'une durée de 16 mois.

Partie 2
LES ÉPREUVES D'ADMISSIBILITÉ

Épreuve de cas pratiques

Coefficient 4

Durée : 3 heures

Méthode

1. Présentation de l'épreuve
2. Méthode de l'épreuve

Entraînement

- Annales corrigées

1 PRÉSENTATION DE L'ÉPREUVE

L'épreuve de cas pratiques se retrouve dans différents concours et intervient notamment dans le recrutement de corps de catégorie B de la fonction publique (niveau bac). Cette épreuve est commune aux concours de gardien de la paix externe et internes. D'une durée de 3 heures et dotée d'un coefficient 4, c'est l'étape incontournable pour accéder aux épreuves de pré-admission puis d'admission.

1 En quoi consiste-t-elle ?

EXTRAIT DE L'ARRÊTÉ DU 21 JANVIER 2019
MODIFIANT L'ARRÊTÉ DU 13 JANVIER 2014

« À partir d'un dossier ne pouvant excéder 15 pages, résolution d'un ou de plusieurs cas pratiques consistant en des mises en situation guidées par des questions. Cette épreuve est destinée à évaluer les capacités rédactionnelles, de compréhension d'une situation professionnelle, d'analyse et de synthèse des candidats ainsi que leur faculté à se projeter dans les missions du corps. »

L'épreuve consiste en une **mise en situation professionnelle** qui vise à évaluer chez le candidat :

- **ses capacités de discernement** (comprendre l'enjeu d'une situation, la problématique qu'elle sous-tend) ;
- **son aptitude à évaluer une situation** (en comprendre les causes et les conséquences, percevoir les difficultés qu'elle recèle) ;
- **son aptitude à formuler des propositions** (agir de manière pertinente et légale, adopter le comportement qui convient à tout bon professionnel).

Le dossier peut comporter toutes sortes de documents permettant d'éclairer utilement le candidat : articles de presse, graphiques et données chiffrées, jurisprudence, extraits de lois, décrets, arrêtés, circulaires, notes internes, etc.

Chaque cas pratique est assorti d'une ou plusieurs questions auxquelles le candidat doit répondre de manière argumentée en se basant sur les documents fournis dans le dossier professionnel et/ou en faisant appel à ses connaissances générales et son opinion propre.

Il n'est pas demandé de construire la réponse en parties et sous-parties.

2 Quel est son objectif ?

L'épreuve de cas pratiques a comme objectif de placer les candidats dans une **situation de travail concrète**, proche des réalités professionnelles d'un gardien de la paix.

Les cas pratiques proposés ne nécessitent pas de connaissances spécifiques et sont accessibles tant au public externe qu'au public interne. Ils doivent permettre aux candidats de faire valoir leur capacité à comprendre une situation, l'analyser et prendre des décisions.

Cette épreuve étant professionnalisée, elle nécessite que les candidats mobilisent leurs capacités de :

- réflexion par rapport aux situations données ;
- décision dans un contexte donné.

TÉMOIGNAGE

Paroles de jury

« Par rapport à la traditionnelle épreuve d'étude de texte, assez scolaire, qui était proposée au concours depuis de nombreuses sessions, cette nouvelle épreuve écrite de cas pratiques ancre le concours dans le terrain professionnel. Les différents cas pratiques auxquels sont soumis les candidats les plongent dans une situation concrète, plus en phase avec les exigences du terrain. On attend d'eux qu'ils proposent des solutions logiques et pragmatiques. »

2 MÉTHODE DE L'ÉPREUVE

L'objectif de l'épreuve est d'aboutir à des réponses pragmatiques et argumentées. Ces cas pratiques ne nécessitent pas nécessairement de connaissances professionnelles. La réussite à cette épreuve réside dans la capacité du candidat à analyser, synthétiser, rechercher des solutions et rédiger.

1 Analyser la situation professionnelle proposée

Cette première étape consiste à prendre connaissance du contexte en analysant les éléments délivrés dans la situation professionnelle proposée. Ainsi, il faut étudier en tout premier lieu :

- les **éléments du contexte** :
  - votre position au sein de la brigade, l'équipe dont vous faites partie, votre mission,
  - l'objet de la situation exposée (quoi ? qui ? où ? quand ? comment ? combien ? pourquoi ?) Exemple : tapage nocturne, un couple, à telle adresse, à telle heure, signalement du voisin, cris, violence ;
- la **consigne** : elle vous indique précisément ce que l'on attend de vous ; il faut bien étudier le verbe utilisé : « détaillez », « argumentez », « analysez »...

2 Prendre connaissance du dossier

A| Survoler le dossier

Le dossier comporte environ 15 pages. Chaque document est de nature différente et permet de vous éclairer utilement. Il est donc indispensable de s'appuyer dessus pour pouvoir argumenter vos réponses.

En tout premier lieu, repérez les **éléments essentiels** qui vous permettront de catégoriser les documents afin de savoir sur lequel vous appuyer en priorité pour étayer vos réponses :

- la nature du document (articles de presse, graphiques et données chiffrées, jurisprudence, extraits de lois, décrets, arrêtés, circulaires, notes internes) ;
- les titres et sous-titres ;
- l'auteur ;
- la date ;
- la source.

B| Classer les documents

Pour gagner du temps, il est conseillé de réaliser un rapide classement des documents qui vous permettra de sélectionner ceux sur lesquels vous appuyer en priorité en fonction du contexte de la situation. Vous pouvez par exemple utiliser un tableau dans lequel vous identifierez les critères de classement :

Nature du document	Numéro du document	Thème du document
Article de presse	– Document X – Document B	– Les violences conjugales – Le travail dissimulé
Texte de loi	Document Y	Code de déontologie
Note de service	Document Z	L'organisation d'un centre d'information et de commandement
Graphique	Document A	Les chiffres de la délinquance

3 Rechercher les solutions appropriées au contexte

Une fois le contexte identifié et les documents classés, il convient de se pencher sur la consigne afin de pouvoir réfléchir aux solutions sous-jacentes et aux actions à mettre en place.

Exemple

« Dans ce contexte, comment menez-vous votre intervention ? Argumentez votre réponse. Détaillez les opérations que vous pourriez être amenés, vous et vos collègues, à effectuer. »

Telle que la question est formulée, on attend de vous que vous indiquiez, au regard du contexte et de la situation, quelle action prioritaire vous allez engager.

Le terme « menez » n'est pas choisi au hasard. On attend que vous preniez une initiative, et ce, dans un contexte de danger. Vous devez formuler des propositions pratiques et opérationnelles dans une action collective.

« Argumentez » signifie que vous devez vous appuyer sur des éléments concrets issus du contexte : pourquoi vous allez engager telle action au regard de la situation.

« Détaillez les opérations » signifie que l'on attend que vous soyez précis, que vous fassiez des propositions opérationnelles. « Vous et vos collègues » a également toute son importance. Vous êtes gardien de la paix et vous effectuez votre patrouille avec deux policiers adjoints. Ce lien de subordination indique que vous devez prendre l'initiative de l'intervention et l'organiser collectivement.

4 S'appuyer sur le dossier argumentaire pour étayer ses réponses

Dans la consigne prise en exemple précédemment, il est indiqué que vous devez argumenter votre réponse. Il est important de sélectionner les informations issues des différents documents qui étayeront votre propos.

Dans l'exemple, l'intervention est menée dans le cadre de violences conjugales. Il est donc indispensable de sélectionner les documents dont c'est le thème, de les lire bien attentivement et de prendre des notes pour pouvoir ensuite en restituer l'essentiel dans votre réponse (ces documents stipuleront notamment ce qu'il est légalement nécessaire et possible de faire dans pareille situation).

5 Rédiger la réponse

Dans le cadre de l'épreuve, il n'est pas demandé explicitement au candidat de rédiger une réponse structurée en parties et sous-parties. Toutefois, le candidat a tout intérêt à rédiger une réponse structurée et claire en suivant une logique assez simple : le contexte, le constat, l'évaluation de la situation, les solutions possibles.

TÉMOIGNAGE

Paroles de jury

La méthodologie associée à la résolution des cas pratiques s'appuie plus sur les « savoir-être » et « savoir-faire » que sur les savoirs. Nous privilégions les copies dont les réponses font preuve de bon sens et de pragmatisme par rapport aux copies dont les réponses ne sont qu'une restitution des articles issus du dossier documentaire et donc purement théoriques.

À travers les réponses formulées, nous évaluons diverses compétences chez le futur policier :

- **analyser la situation professionnelle proposée ;**
- **hiérarchiser et synthétiser les informations contenues dans le dossier ;**
- **rechercher les solutions appropriées au regard du contexte proposé ;**
- **prioriser les actions nécessaires ;**
- **prendre des initiatives ;**
- **formuler des propositions pratiques et opérationnelles ;**
- **se projeter dans un collectif de travail ;**
- **se projeter dans une organisation hiérarchique (droits et devoirs) ;**
- **rédiger (qualité de l'expression, de la rédaction, de l'orthographe) ;**
- **gérer le temps imparti (3 heures pour traiter l'épreuve).**

Annales corrigées

Concours nationaux de gardien de la paix de la police nationale 2021
Épreuve commune aux trois concours
Résolution d'un ou de plusieurs cas pratiques

Coefficient 4

Durée : 3 heures

À partir d'un dossier ne pouvant excéder 15 pages, résolution d'un ou plusieurs cas pratiques consistant en des mises en situation guidées par des questions. Cette épreuve est destinée à évaluer les capacités rédactionnelles, de compréhension d'une situation professionnelle, d'analyse et de synthèse des candidats ainsi que leur faculté à se projeter dans les missions du corps. Vous répondrez aux questions suivantes à l'aide des documents fournis et de votre réflexion personnelle.

1 Sujet

IMPORTANT

- **Pour information** : Le groupe de sécurité de proximité (GSP) correspond, de par ses missions, à la brigade territoriale de contact (BTC) dans le ressort de la Préfecture de police de Paris.
- **Attention** : L'utilisation, dans votre copie, d'indicatifs radios autres que TN 00 et TP 00 Alpha sera considérée comme un signe distinctif et sera susceptible d'entraîner l'annulation de votre copie par le jury.
- **Rappel important** : pour chaque cas pratique, le dossier documentaire présenté à la fin du sujet comporte des documents de nature différente permettant de vous éclairer utilement. Son étude est donc nécessaire et indispensable pour appréhender les cas pratiques proposés et construire efficacement votre composition.

A| Cas pratique n° 1 (noté sur 10 points)

Sujet

Vous êtes gardien(ne) de la paix affecté(e) au commissariat de Xville. Cette semaine, vous devez assurer l'accueil du commissariat entre 13 heures et 21 heures.
Il est 17 heures 30, le hall d'accueil est bondé. Un jeune homme, Monsieur X., se présente à vous. Il est journaliste. Il vous présente sa carte de presse. Monsieur X est accompagné de son équipe, parmi laquelle se trouve une femme portant une caméra.

Monsieur X. vous indique qu'il souhaiterait faire un reportage filmé sur le commissariat. Il pense prendre des images du hall puis voudrait par la suite filmer l'intégralité des locaux et enfin partir si possible avec une patrouille le soir même afin, vous dit-il, de s'immerger dans la vie du commissariat.
Le reportage qu'il compte faire doit être diffusé sur une chaîne nationale. Il n'a que très peu de temps pour le réaliser, c'est pourquoi, il compte commencer dès à présent.

Comment réagissez-vous face à cette demande ?

Quelles démarches doit effectuer Monsieur X. ?

Selon vous, quels sont les avantages que peut tirer l'institution policière de la réalisation de tels reportages télévisés ?

B| Cas pratique n° 2 (noté sur 10 points)

Sujet

Vous êtes gardien(ne) de la paix en patrouille pédestre dans le centre-ville de Xville avec deux de vos collègues dans le cadre de la police de sécurité du quotidien. Votre indicatif radio est TP 00 Alpha. Le centre d'information et de commandement (salle radio) répond à l'indicatif radio TN 00.
Alors que vous discutez avec un commerçant, vous apercevez un individu à une centaine de mètres arracher le téléphone portable des mains d'une personne handicapée se trouvant dans un fauteuil roulant. Juste après avoir arraché le téléphone portable, l'individu assène à la personne un coup de poing et renverse violemment le fauteuil roulant. À votre vue, l'individu prend la fuite.
La victime est au sol. Des passants, témoins de la scène, semblent lui porter secours.

Face à cette situation, qu'allez-vous faire ? Vous détaillerez avec précision les actions menées en les justifiant.

La victime se verra délivrer un certificat médical faisant état d'une incapacité totale de travail de 8 jours.

Après analyse globale de la situation, quelle est la peine encourue par l'auteur des faits ? Vous justifierez votre réponse en vous basant sur les documents fournis en annexe.

C| Cas pratique n° 3 (noté sur 10 points)

Sujet

Vous êtes gardien(ne) de la paix affecté(e) au groupe de sécurité de proximité (GSP) au commissariat de Xville. Le groupe de sécurité de proximité dépend du service de voie publique (SVP).
À la prise de consignes, l'officier du service de voie publique a signifié à l'ensemble des effectifs la nécessité de renforcer la présence policière en centre-ville. Un collectif de commerçants dénonce la présence de marginaux troublant la tranquillité publique et importunant les passants.
Vous effectuez une patrouille à pied en compagnie de deux autres collègues : un gardien de la paix stagiaire et un policier adjoint (nouvelle appellation des adjoints de sécurité). Vous disposez d'une radio dont l'indicatif est TP 00 Alpha. Le centre d'information et de commandement (salle radio) répond à l'indicatif radio TN 00.
Alors que vous patrouillez en centre-ville, le gérant d'une supérette de quartier sort de son établissement pour se plaindre de personnes faisant la manche aux abords de son commerce et qui importunent la clientèle. Il vous montre deux marginaux installés sur le trottoir en face de la supérette.
Vous constatez effectivement, à une dizaine de mètres, la présence de deux hommes. À proximité immédiate des deux hommes se trouve une pancarte invitant les passants à effectuer des « dons » en numéraire. Les deux hommes importunent un vieil homme sur le trottoir, ce dernier n'arrive pas à poursuivre son chemin. Ils sont agressifs et vous entendez distinctement « Oh le vieux, tu vas les cracher tes tunes ».
Le gérant de la supérette s'exclame : « Et voilà c'est comme ça toute la journée. Ça va mal finir ! ».
Vous vous dirigez vers ce groupe. À votre vue, les marginaux s'écartent et le vieil homme est choqué. Lorsque vous arrivez à hauteur du groupe, ces derniers vous disent : « C'est bon, on part, on n'a rien fait de mal. »

Une infraction a-t-elle été commise ? Si oui, quel article du Code pénal prévoit spécifiquement cette infraction ?

Que faites-vous ? Décrivez précisément les actions que vous allez mener.

D| Cas pratique n° 4 (noté sur 10 points)

Sujet

Pour votre premier poste, vous êtes affecté(e) en qualité de gardien(ne) de la paix stagiaire au sein du commissariat de police de Xville, à l'unité de police secours (UPS) de jour. L'UPS dépend du service de voie publique (SVP). Le SVP est placé sous la responsabilité du commandant de police ALPHA.
Votre chef direct est le major de police BRAVO. À la prise de service, le major BRAVO vous informe que vous ne patrouillerez pas mais que vous serez aujourd'hui responsable de la surveillance des gardés à vue.
Le commissariat dispose de :
– six cellules de garde à vue dont une réservée aux mineurs ;

– quatre chambres de dégrisement (cellules réservées aux personnes alcoolisées).
Le système de vidéosurveillance est en panne. Un technicien doit intervenir en fin de journée. Aujourd'hui, quatre individus ont été placés en garde à vue de manière individuelle. Les gardés à vue sont calmes. Les chambres de dégrisement ne sont pas occupées.

Dans cette situation, en tant que responsable des locaux de garde à vue ce jour, quelle est selon vous l'action prioritaire que vous devez mener ? Justifiez votre réponse.

Affecté(e) en police secours, pensez-vous avoir la possibilité de refuser d'assurer la surveillance des gardés à vue ? Justifiez votre réponse.

Le chef de poste vous avise que le contrôleur général des lieux de privation de liberté vient d'arriver au commissariat et qu'il va effectuer une visite des locaux de garde à vue.

Pourquoi le contrôleur général des lieux de privation de liberté dispose de la faculté de visiter les locaux de garde à vue ?

Que vérifie le contrôleur général des lieux de privation de liberté lors d'une telle visite ?

E | Cas pratique n° 5 (noté sur 10 points)

Sujet

Vous êtes affecté(e) en qualité de gardien(ne) de la paix au sein du commissariat de police de Xville, à l'unité de police secours (UPS). Vous exercez en police secours de jour.
Vous avez pris votre service à 13 h 00 ce jour. Vous allez effectuer votre patrouille avec deux collègues gardiens de la paix à bord d'un véhicule de police dont l'indicatif radio est TV 00 Alpha. Le centre
d'information et de commandement (salle radio) répond à l'indicatif radio TN 00.
Lors de votre patrouille, vous êtes requis par le centre d'information et de commandement pour vous rendre dans la zone industrielle de Xville pour un accident survenu au sein de l'entreprise de construction métallurgique DELTA.
Sur place, vous constatez la présence d'un fourgon des pompiers ainsi que du SAMU.
Vous prenez attache avec le directeur du site qui vous conduit dans les ateliers où les secours s'affairent autour d'un homme allongé au sol très sérieusement blessé. Il est inconscient. Les blessures sont particulièrement graves.
L'ouvrier décédera de ses blessures quelques minutes après votre arrivée sur les lieux.

Dans cette situation, afin de permettre aux enquêteurs d'établir la cause, la nature et les circonstances de l'accident, quels sont les actes que vous devez réaliser sur place ? Vous détaillerez et justifierez votre réponse en vous basant sur vos propres réflexions.

L'officier de police judiciaire, pris par le temps, vous demande de bien vouloir aviser la famille de l'ouvrier de son décès. Il vous remet les coordonnées complètes de l'épouse de l'ouvrier (identité, numéro de téléphone et adresse à Xville).

Comment procédez-vous à cet avis ?

Quelles sont les précautions que vous allez prendre lors de l'avis à famille ?

Une intervention de ce type peut être particulièrement éprouvante pour les services de police. Lorsqu'un policier est confronté à la mort lors de ses missions, quels sont les dispositifs mis en place par la police nationale pour lui permettre de gérer et surmonter la situation ? Vous exploiterez les documents fournis afin de répondre à la question.

DOSSIER DOCUMENTAIRE

EXTRAITS DE LA NOTE DE SERVICE RELATIVE À LA DOCTRINE FIXANT L'ORGANISATION DES CENTRES D'INFORMATION ET DE COMMANDEMENT DES SERVICES DE SÉCURITÉ PUBLIQUE DU 27 JUIN 2011

Le centre d'information et de commandement (*CIC ou « salle radio »*) est à la fois :

- un centre opérationnel départemental qui met en œuvre les instructions du directeur départemental de la sécurité publique dans les domaines de l'ordre public, la circulation routière, la police administrative et la police judiciaire ;
- un instrument de pilotage centralisé de la police d'intervention d'urgence, du maintien de l'ordre public, de la police de prévention et de la police d'investigation, de la police administrative et judiciaire et de la remontée des informations auprès des autorités hiérarchiques ;
- un centre de recueil et de traitement de l'ensemble des appels d'urgences : il doit faire face à un nombre croissant d'appels quotidiens et apporter une réponse optimale aux demandes légitimes du public.

Le CIC sert :

- les autorités policières,
- les partenaires institutionnalisés du CIC sur place,
- le public (appels 17 police secours et interventions.)

En agissant sur :

- la connaissance du déroulement des interventions/événements,
- la connaissance de la situation des différentes ressources.

Dans le but de :

- réagir simultanément à un ou plusieurs événements donnés,
- pouvoir commander en temps réel toutes les unités opérationnelles disponibles,
- pouvoir assister en temps réel aussi bien les unités opérationnelles que le public,
- pouvoir coordonner et contrôler les interventions/événements,
- informer les autorités décisionnelles et éclairer leur prise de décision,
- prêter assistance à d'autres services de police en cas de besoin.

...

Le CIC doit avoir la connaissance en temps réel de la globalité des missions et de la situation sur le terrain.

La gestion de l'urgence

C'est la mission prioritaire du CIC.

L'opérateur radio traitera les informations au vu de celles qu'il aura reçues.

Des outils d'aide à la décision peuvent dans une certaine mesure aider l'opérateur à gérer des opérations multiples. La coordination des centres d'urgence de la police, des pompiers et des ambulances peut être assurée par des moyens radio et téléphoniques.

Le pilotage opérationnel

Dans le cadre de ses missions de commandement le CIC anime les réseaux radio et assure à tout instant un rôle de coordination et d'assistance de toutes les unités opérationnelles...

Le CIC doit être en relation permanente avec toute personne, toute autorité susceptible de prendre une décision sur une affaire en cours : réception et transmission d'ordres, transmission d'informations de situation.

Le CIC centralise l'ensemble des informations à caractère opérationnel que doivent lui fournir en temps opportun toutes les autorités centrales et locales, l'ensemble des unités œuvrant tant en civil qu'en tenue et les autres services partenaires notamment ceux de sécurité et de secours (*SAMU, COG, SDIS...)*. Le CIC doit prendre en compte ces informations d'un point de vue opérationnel et les communiquer en temps réel aux autorités et aux services concernés, tant internes qu'externes.

Les effectifs engagés sur une mission par le CIC sont tenus de rendre compte sans délai par radio en priorité, ou par téléphone en cas de nécessité, de l'évolution de la situation (*prise en compte de la mission, arrivée sur les lieux, fin de la mission...*).

GUIDE DE LA COMMUNICATION EN SÉCURITÉ PUBLIQUE (EXTRAIT)

Depuis le 1er septembre 2013, le traitement des demandes de presse est organisé comme suit :

Les médias locaux :

Il convient de rappeler que les demandes émanant de médias locaux bénéficient d'un traitement déconcentré en liaison avec le préfet du département.

En revanche, les demandes de reportages, d'articles, de tournages ou d'interviews pouvant avoir un retentissement national doivent être portées sans délai à la connaissance du SICoP *(Service d'information et communication de la police nationale*) et du référent communication ; la procédure à respecter sera celle des médias nationaux.

Les médias nationaux :

1er cas : La demande de presse émane du SICoP (initiative du SICoP ou sollicitations de médias nationaux qui ont contacté le SICoP).

...

Le SICoP saisit directement l'échelon territorial au niveau zonal ou départemental. Le chargé de communication territorial traite la demande à son niveau (avis du service, de la préfecture et, en matière d'enquêtes, de l'autorité judiciaire). À ce stade, des contacts directs entre le SICoP et le chargé de communication peuvent être établis afin d'assurer un traitement efficace du dossier (précisions sur la demande du journaliste, élaboration d'éléments de langage...).

Une fois traitée localement, la demande est alors transmise, avec l'ensemble des avis nécessaires, par le chargé de communication territorial au référent communication de la DCSP *(Direction centrale de la sécurité publique)* qui, au final, communiquera le contenu au SICoP, assorti de l'avis de la DCSP.

Le SICoP pourra être amené à encadrer les demandes de presse qui nécessitent une attention particulière.

2e cas : La DCSP souhaite communiquer de son initiative.

Après avoir recueilli tous les avis nécessaires, le référent communication de la DCSP soumettra au SICoP, les sujets que le directeur central de la sécurité publique veut médiatiser. Le SICoP se chargera de contacter les médias et de les mettre en relation avec les interlocuteurs désignés par la DCSP.

3e cas : un service territorial de la sécurité publique, d'initiative ou en réponse à une sollicitation, souhaite communiquer avec la presse nationale (y compris les antennes locales de médias nationaux). Après recueil de tous les avis nécessaires, la demande est transmise par le chargé de communication territorial au référent communication de la DCSP qui communiquera la demande au SICoP, assortie de l'avis de la DCSP.

DCSP – État Major – Référent communication

Les officiers de presse qui traitent les demandes au SICoP sont joignables par téléphone au 01 40 07 60 70 ou par mail à l'adresse : sicopmedia@interieur.gouv.fr

Précisions sur le traitement des demandes de presse :

- Conformément aux directives de la DGPN la procédure est écrite.

- Les informations nécessaires à l'instruction de la demande de presse doivent être transmises par mail à l'adresse : dcsp-em-referentcommunication@interieur.gouv.fr. Les documents envoyés doivent comporter les éléments nécessaires à l'appréciation (lieu, média, période ou jour, unité ou fonctionnaire concerné, copie de la demande médiatique). Les différents avis locaux indispensables devront y figurer (directeur départemental, préfet et le cas échéant l'autorité judiciaire).

- Tout avis défavorable à une demande de presse devra être motivé.

- Un référent encadrant le reportage ou le tournage doit être désigné. Il peut s'agir du chargé de communication ou de toute autre personne désignée par le directeur départemental.

- Le référent désigné a en charge la responsabilité de l'action de communication (recueil des autorisations de diffusion pour les fonctionnaires de police, encadrement du tournage, briefing des équipes sur le terrain, signalement des dysfonctionnements éventuels, surveillance du respect des restrictions apposées dans la demande de presse...).

DOCTRINE DE DÉPLOIEMENT DES TECHNIQUES D'OPTIMISATION DU POTENTIEL DANS LA POLICE NATIONALE (EXTRAITS)

L'exercice exigeant des différents métiers de la Police nationale, la multiplication des interventions complexes, la confrontation avec des publics parfois agressifs voire violents, les périodes d'extrêmes tensions, nécessitent de proposer à l'ensemble des effectifs de la Police nationale des outils pour mieux vivre leur profession.

Les militaires, à l'instar des sportifs de haut niveau, utilisent depuis plusieurs années les Techniques d'Optimisation du Potentiel (TOP).

Issues des travaux de recherche du Dr Édith PERREAUT-PIERRE, médecin militaire, les TOP sont des procédés et des stratégies mentales permettant à chacun de mobiliser ses ressources internes psycho-cognitives, physiques, physiologiques et comportementales. Outil de motivation et de gestion de la fatigue et du stress, elles permettent de gagner en performance dans tous types de situations personnelles et professionnelles, y compris les plus difficiles.

Leurs trois principaux objectifs résident dans la dynamisation, la régulation et la récupération et sont obtenus au moyen de techniques fondées sur la respiration, l'imagerie mentale et la relaxation.

CHARTE DE L'ACCUEIL DU PUBLIC ET DES VICTIMES (EXTRAITS)

Article 1 : L'accueil du public constitue une priorité majeure pour la Police nationale et la Gendarmerie nationale.

Article 2 : L'assurance d'être écouté à tout moment par une unité de la Gendarmerie nationale ou un service de la Police nationale, d'être assisté et secouru constitue un droit ouvert à chaque citoyen.

Article 3 : La qualité de l'accueil s'appuie sur un comportement empreint de politesse, de retenue et de correction. Elle se traduit par une prise en compte immédiate des demandes du public.

Article 4 : Les victimes d'infractions pénales bénéficient d'un accueil privilégié.

Article 5 : Les services de la Police nationale et de la Gendarmerie nationale sont tenus de recevoir les plaintes déposées par les victimes d'infractions pénales, quel que soit le lieu de commission.

Article 6 : Tout signalement d'une disparition de personne fait l'objet d'une attention particulière et d'un traitement immédiat.

Article 7 : Les services de la Police nationale et les unités de la Gendarmerie nationale veillent à informer le plaignant des actes entrepris à la suite de sa déposition et de leurs résultats.

Article 8 : Dans le seul but d'identifier les auteurs d'infractions, des informations relatives aux victimes peuvent être enregistrées dans certains fichiers de police judiciaire.

ARTICLES DU CODE PÉNAL

Article 121-4

Est auteur de l'infraction la personne qui :

1° Commet les faits incriminés ;

2° Tente de commettre un crime ou, dans les cas prévus par la loi, un délit.

Article 311-1

Le vol est la soustraction frauduleuse de la chose d'autrui.

Article 311-3

Le vol est puni de trois ans d'emprisonnement et de 45 000 euros d'amende.

Article 311-4

Le vol est puni de cinq ans d'emprisonnement et de 75 000 euros d'amende :

1° Lorsqu'il est commis par plusieurs personnes agissant en qualité d'auteur ou de complice, sans qu'elles constituent une bande organisée ;

2° Lorsqu'il est commis par une personne dépositaire de l'autorité publique ou chargée d'une mission de service public, dans l'exercice ou à l'occasion de l'exercice de ses fonctions ou de sa mission ;

3° Lorsqu'il est commis par une personne qui prend indûment la qualité d'une personne dépositaire de l'autorité publique ou chargée d'une mission de service public ;

4° Lorsqu'il est précédé, accompagné ou suivi de violences sur autrui n'ayant pas entraîné une incapacité totale de travail ;

5° Lorsqu'il porte sur du matériel destiné à prodiguer des soins de premiers secours ;

6° Lorsqu'il est commis dans un local d'habitation ou dans un lieu utilisé ou destiné à l'entrepôt de fonds, valeurs, marchandises ou matériels ;

7° Lorsqu'il est commis dans un véhicule affecté au transport collectif de voyageurs ou dans un lieu destiné à l'accès à un moyen de transport collectif de voyageurs ;

8° Lorsqu'il est précédé, accompagné ou suivi d'un acte de destruction, dégradation ou détérioration ;

9° (Abrogé)

10° Lorsqu'il est commis par une personne dissimulant volontairement en tout ou partie son visage afin de ne pas être identifiée ;

11° Lorsqu'il est commis dans les établissements d'enseignement ou d'éducation ainsi que, lors des entrées ou sorties des élèves ou dans un temps très voisin de celles-ci, aux abords de ces établissements.

Les peines sont portées à sept ans d'emprisonnement et à 100 000 euros d'amende lorsque le vol est commis dans deux des circonstances prévues par le présent article. Elles sont portées à dix ans d'emprisonnement et à 150 000 euros d'amende lorsque le vol est commis dans trois de ces circonstances.

Article 311-5

Le vol est puni de sept ans d'emprisonnement et de 100 000 € d'amende :

1° Lorsqu'il est précédé, accompagné ou suivi de violence sur autrui ayant entraîné une incapacité totale de travail pendant huit jours au plus ;

2° Lorsqu'il est facilité par l'état d'une personne dont la particulière vulnérabilité, due à son âge, à une maladie, à une infirmité, à une déficience physique ou psychique ou à un état de grossesse, est apparente ou connue de son auteur ;

3° Lorsqu'il est commis dans un local d'habitation ou dans un lieu utilisé ou destiné à l'entrepôt de fonds, valeurs, marchandises ou matériels, en pénétrant dans les lieux par ruse, effraction ou escalade.

…

Les peines sont portées à dix ans d'emprisonnement et à 150 000 euros d'amende lorsque le vol est commis dans deux des circonstances prévues par le présent article ou lorsque le vol prévu au présent article est également commis dans l'une des circonstances prévues par l'article 311-4.

Article 312-12-1

Le fait, en réunion et de manière agressive, ou sous la menace d'un animal dangereux, de solliciter, sur la voie publique, la remise de fonds, de valeurs ou d'un bien est puni de six mois d'emprisonnement et de 3 750 euros d'amende.

ARTICLES DU CODE DE PROCÉDURE PÉNALE

Article 53 (extraits)

Est qualifié crime ou délit flagrant le crime ou le délit qui se commet actuellement, ou qui vient de se commettre. Il y a aussi crime ou délit flagrant lorsque, dans un temps très voisin de l'action, la personne soupçonnée est poursuivie par la clameur publique, ou est trouvée en possession d'objets, ou présente des traces ou indices, laissant penser qu'elle a participé au crime ou au délit.

Article 73

Dans les cas de crime flagrant ou de délit flagrant puni d'une peine d'emprisonnement, toute personne a qualité pour en appréhender l'auteur et le conduire devant l'officier de police judiciaire le plus proche.

Lorsque la personne est présentée devant l'officier de police judiciaire, son placement en garde à vue, lorsque les conditions de cette mesure prévues par le présent code sont réunies, n'est pas obligatoire dès lors qu'elle n'est pas tenue sous la contrainte de demeurer à la disposition des enquêteurs et qu'elle a été informée qu'elle peut à tout moment quitter les locaux de police ou de gendarmerie. Le présent alinéa n'est toutefois pas applicable si la personne a été conduite, sous contrainte, par la force publique devant l'officier de police judiciaire.

Article 78-2 (extraits)

Les officiers de police judiciaire et, sur l'ordre et sous la responsabilité de ceux-ci, les agents de police judiciaire et agents de police judiciaire adjoints mentionnés aux articles 20 et 21-1° peuvent inviter à justifier, par tout moyen, de son identité toute personne à l'égard de laquelle existe une ou plusieurs raisons plausibles de soupçonner :

- qu'elle a commis ou tenté de commettre une infraction ;
- ou qu'elle se prépare à commettre un crime ou un délit ;
- ou qu'elle est susceptible de fournir des renseignements utiles à l'enquête en cas de crime ou de délit ;
- ou qu'elle a violé les obligations ou interdictions auxquelles elle est soumise dans le cadre d'un contrôle judiciaire, d'une mesure d'assignation à résidence avec surveillance électronique, d'une peine ou d'une mesure suivie par le juge de l'application des peines ;
- ou qu'elle fait l'objet de recherches ordonnées par une autorité judiciaire.

...

Article 803

Nul ne peut être soumis au port des menottes ou des entraves que s'il est considéré soit comme dangereux pour autrui ou pour lui-même, soit comme susceptible de tenter de prendre la fuite.

Dans ces deux hypothèses, toutes mesures utiles doivent être prises, dans les conditions compatibles avec les exigences de sécurité, pour éviter qu'une personne menottée ou entravée soit photographiée ou fasse l'objet d'un enregistrement audiovisuel.

CODE DE DÉONTOLOGIE DE LA POLICE NATIONALE ET DE LA GENDARMERIE NATIONALE (EXTRAITS)

Article R. 434-4 – Principe hiérarchique

I. - L'autorité investie du pouvoir hiérarchique prend des décisions, donne des ordres et les fait appliquer. Elle veille à ce que ses instructions soient précises et apporte à ceux qui sont chargés de les exécuter toutes informations pertinentes nécessaires à leur compréhension.

L'autorité hiérarchique assume la responsabilité des ordres donnés.

Ordres et instructions parviennent à leurs destinataires par la voie hiérarchique. Si l'urgence impose une transmission directe, la hiérarchie intermédiaire en est informée sans délai.

II. - Le policier ou le gendarme porte sans délai à la connaissance de l'autorité hiérarchique tout fait survenu à l'occasion ou en dehors du service, ayant entraîné ou susceptible d'entraîner sa convocation par une autorité de police, juridictionnelle, ou de contrôle.

Article R. 434-5 – Obéissance

I. - Le policier ou le gendarme exécute loyalement et fidèlement les instructions et obéit de même aux ordres qu'il reçoit de l'autorité investie du pouvoir hiérarchique, sauf dans le cas où l'ordre donné est manifestement illégal et de nature à compromettre gravement un intérêt public.

S'il pense être confronté à un tel ordre, il fait part de ses objections à l'autorité qui le lui a donné, ou, à défaut, à la première autorité qu'il a la possibilité de joindre, en mentionnant expressément le caractère d'illégalité manifeste qu'il lui attribue. Si, malgré ses objections, l'ordre est maintenu, il peut en demander la confirmation écrite lorsque les circonstances le permettent. Il a droit à ce qu'il soit pris acte de son opposition. Même si le policier ou le gendarme reçoit la confirmation écrite demandée et s'il exécute l'ordre, l'ordre écrit ne l'exonère pas de sa responsabilité.

L'invocation à tort d'un motif d'illégalité manifeste pour ne pas exécuter un ordre régulièrement donné expose le subordonné à ce que sa responsabilité soit engagée.

Dans l'exécution d'un ordre, la responsabilité du subordonné n'exonère pas l'auteur de l'ordre de sa propre responsabilité.

II. - Le policier ou le gendarme rend compte à l'autorité investie du pouvoir hiérarchique de l'exécution des ordres reçus ou, le cas échéant, des raisons de leur inexécution. Dans les actes qu'il rédige, les faits ou événements sont relatés avec fidélité et précision.

...

Article R. 434-10 - Discernement

Le policier ou le gendarme fait, dans l'exercice de ses fonctions, preuve de discernement.

Il tient compte en toutes circonstances de la nature des risques et menaces de chaque situation à laquelle il est confronté et des délais qu'il a pour agir, pour choisir la meilleure réponse légale à lui apporter.

Article R. 434-14 - Relation avec la population

Le policier ou le gendarme est au service de la population.

Sa relation avec celle-ci est empreinte de courtoisie et requiert l'usage du vouvoiement.

Respectueux de la dignité des personnes, il veille à se comporter en toute circonstance d'une manière exemplaire, propre à inspirer en retour respect et considération.

Article R. 434-16 – Contrôles d'identité

Lorsque la loi l'autorise à procéder à un contrôle d'identité, le policier ou le gendarme ne se fonde sur aucune caractéristique physique ou aucun signe distinctif pour déterminer les personnes à contrôler, sauf s'il dispose d'un signalement précis motivant le contrôle.

Le contrôle d'identité se déroule sans qu'il soit porté atteinte à la dignité de la personne qui en fait l'objet.

La palpation de sécurité est exclusivement une mesure de sûreté. Elle ne revêt pas un caractère systématique.

Elle est réservée aux cas dans lesquels elle apparaît nécessaire à la garantie de la sécurité du policier ou du gendarme qui l'accomplit ou de celle d'autrui. Elle a pour finalité de vérifier que la personne contrôlée n'est pas porteuse d'un objet dangereux pour elle-même ou pour autrui.

Chaque fois que les circonstances le permettent, la palpation de sécurité est pratiquée à l'abri du regard du public.

Article R. 434-17 - Protection et respect des personnes privées de liberté

Toute personne appréhendée est placée sous la protection des policiers ou des gendarmes et préservée de toute forme de violence et de tout traitement inhumain ou dégradant.

Nul ne peut être intégralement dévêtu, hors le cas et dans les conditions prévus par l'article 63-7 du code de procédure pénale visant la recherche des preuves d'un crime ou d'un délit.

Le policier ou le gendarme ayant la garde d'une personne appréhendée est attentif à son état physique et psychologique et prend toutes les mesures possibles pour préserver la vie, la santé et la dignité de cette personne.

L'utilisation du port des menottes ou des entraves n'est justifiée que lorsque la personne appréhendée est considérée soit comme dangereuse pour autrui ou pour elle-même, soit comme susceptible de tenter de s'enfuir.

Article R. 434-18 – Emploi de la force

Le policier ou le gendarme emploie la force dans le cadre fixé par la loi, seulement lorsque c'est nécessaire, et de façon proportionnée au but à atteindre ou à la gravité de la menace, selon le cas.

Il ne fait usage des armes qu'en cas d'absolue nécessité et dans le cadre des dispositions législatives applicables à son propre statut.

...

Article R. 434-19 – Assistance aux personnes

Lorsque les circonstances le requièrent, le policier ou le gendarme, même lorsqu'il n'est pas en service, intervient de sa propre initiative, avec les moyens dont il dispose, notamment pour porter assistance aux personnes en danger.

Article R. 434-20 – Aide aux victimes

Sans se départir de son impartialité, le policier ou le gendarme accorde une attention particulière aux victimes et veille à la qualité de leur prise en charge tout au long de la procédure les concernant. Il garantit la confidentialité de leurs propos et déclarations.

EXTRAIT DU SITE INTERNET WWW.JOURNALS.OPENEDITION.ORG « OPENEDITION JOURNALS » - LA POLICE NATIONALE AU DÉFI DES RELATIONS PRESSE. UNE INFORMATION SOUS CONTRÔLE ? (EXTRAIT)

Le premier indicateur tient à la majoration des enjeux rattachés à la visibilité médiatique de la force publique.

Les enquêtés évoquent les enjeux symboliques, en termes de notoriété et d'image, notamment pour les directions et les services de la sécurité publique. Mais ils insistent également sur les enjeux pratiques, au sens où les relations presse ont une incidence concrète. D'abord, dans une optique managériale, de nombreux chefs de service désignent les retombées presse comme un levier à part entière pour motiver leurs effectifs. Ensuite, ils attribuent à la communication policière une fonction informative, auprès du grand public, mais aussi une vertu dissuasive, quand elle manifeste l'efficacité de l'action policière :

« Je pense que c'est toujours bon de montrer son travail : les médias sont un levier pour le management dans la fonction publique. Quand ils voient que leur travail est reconnu, les gars sont contents. En outre, ça nous permet de montrer à la population que la police bosse, qu'elle fait son boulot, ça permet de montrer les faits élucidés, ça peut même avoir un impact auprès des voyous. // *Auprès des voyous ?* // Oui, ça peut avoir un effet dissuasif. Par exemple, on a eu une fraude avec la CPAM, on a décidé de communiquer pour que soit publié un article stratégique contre les fraudes. Donc ça permet de montrer qu'il y a des partenariats efficaces entre les institutions, et que ça paie. Le message, c'est qu'il n'y a pas d'impunité. » (Propos rapporté d'un chef de service de la police nationale)

ARTICLE DU SITE INTERNET WWW.LEDAUPHINE.COM « EN CELLULES DE GARDE À VUE, DES CONDITIONS "INSATISFAISANTES" » – PUBLIÉ LE 28/03/2019 (EXTRAITS)

Dans son rapport annuel le contrôleur général des lieux de privation de liberté (CGLPL) dresse l'état des lieux des locaux de garde à vue.

Quelle situation dans les commissariats ?

Le constat de la situation des commissariats est inquiétant. "Les nécessaires d'hygiène, notamment pour les femmes font souvent défaut, les couvertures sont mal entretenues, les

...

matelas sont en nombre insuffisant, les douches ne peuvent être utilisées faute de serviettes, les odeurs nauséabondes imprègnent geôles et sanitaires, voire les bureaux, le chauffage ne fonctionne pas toujours et n'est parfois même pas installé dans les geôles."

Le rapport met également en lumière, la promiscuité dans des cellules collectives parfois surpeuplées, à Paris et en proche banlieue.

Pour dresser son état des lieux, le Contrôleur général des lieux de privation de liberté (CGLPL) a visité 31 locaux de police nationale et 18 de la gendarmerie.

ARTICLE DU SITE INTERNET WWW.VOSDROITSENDIRECT.COM

Faisant suite à une question écrite d'un député relative aux mauvaises conditions d'hygiène imposées aux personnes placées en garde à vue dans certains commissariats, le ministre de l'intérieur, de l'outre mer et des collectivités locales a précisé ce qui suit :

« Le respect de la dignité des personnes qui font, conformément à la loi, l'objet de mesures de garde à vue constitue une priorité absolue : il s'agit d'une disposition d'ordre public qui s'impose à tous. D'importantes garanties juridiques y contribuent. La garde à vue ne peut être décidée que pour les nécessités de l'enquête, par un officier de police judiciaire et pour une durée déterminée. Elle n'est pas systématique et doit être adaptée aux circonstances de l'affaire et à la personnalité de l'individu mis en cause. Cette mesure ouvre des droits au profit des personnes concernées (visite d'un avocat, visite médicale, faire prévenir un proche, etc.). Elle est placée sous le contrôle de l'autorité judiciaire, qui en est informée dès le début et peut y mettre fin à tout moment. Les mesures de sécurité qui peuvent être mises en œuvre (palpation de sécurité, fouille de sécurité, menottage, etc.) à cette occasion sont strictement encadrées.

Les conditions matérielles de la garde à vue (aspects immobiliers, hygiène des locaux) sont tout aussi importantes pour assurer le respect de la dignité des personnes. Des efforts importants ont été entrepris en ce sens, notamment en application de la circulaire du 11 mars 2003 du ministre de l'intérieur relative à la garantie de la dignité des personnes placées en garde à vue. Cette instruction fait en particulier référence aux normes que le Comité européen pour la prévention de la torture et des peines ou traitements inhumains ou dégradants préconise pour le traitement des personnes retenues. C'est dans ce cadre que la conception architecturale des zones de sûreté a été repensée, pour faire l'objet d'un référentiel dont les principales prescriptions portent sur une réorganisation de l'espace et sur des équipements mobiliers spécifiques.

La mise en œuvre de ces recommandations est adaptée aux réalités immobilières.

Pour les constructions neuves, elle est rigoureusement respectée.

Dans les cas de restructuration ou de rénovation de bâtiments, les contraintes immobilières existantes doivent en revanche être prises en considération. Un plan de mise aux normes des locaux existants de garde à vue a ainsi été mis en œuvre, à raison de deux sites par an, dans le ressort de chaque secrétariat général pour l'administration de la police. Les sites les plus dégradés et accueillant le plus grand nombre de personnes sont prioritaires. Au titre de l'année 2008, 5 820 000 euros ont ainsi été engagés pour assurer la mise aux normes des locaux de garde à vue d'Alès, d'Amiens, de Compiègne, de Coquelles, de Fréjus, de

...

Grenoble, de Montbéliard, de Nancy, de Noisy-le-Sec, de Nouméa, d'Orléans, de Paris, de Perpignan et de Tarbes.

Cette amélioration des conditions d'hébergement se traduit par des mesures concernant l'hygiène et le confort des personnes gardées à vue. Il s'agit en particulier de la définition d'une cellule individuelle d'une surface minimale de 7 mètres carrés, dotée d'un éclairage naturel et d'une banquette destinée à recevoir un matelas ; de l'aménagement de sanitaires individuels et d'un lave-mains ; de l'offre de repas conditionnés sous vide servis chauds à des heures normales et respectant les convictions religieuses de chacun ; de l'installation d'un système de chauffage. S'agissant de la mise à disposition de couvertures pour les personnes placées en garde à vue, elle est laissée à l'appréciation des directeurs départementaux de la sécurité publique qui, dans la majorité des cas, en prescrivent l'utilisation. Cette couverture doit en principe faire l'objet d'un nettoyage après chaque usage. Dans certains cas, cependant, l'utilisation dangereuse qui pourrait en être faite par les personnes retenues pour attenter à leur intégrité physique ou l'existence d'un système de chauffage suffisant conduisent les autorités locales à dispenser les locaux de garde à vue de son équipement ».

ARTICLE DU SITE INTERNET WWW.CAIRN.INFO – EXTRAITS REVUE « LA GARDE À VUE SOUS LE REGARD DU CONTRÔLEUR GÉNÉRAL DES LIEUX DE PRIVATION DE LIBERTÉ » 2011

Le premier des droits est le droit à la sûreté. L'article 7 de la Déclaration des droits de l'Homme et du citoyen est clair : « *Nul homme ne peut être accusé, arrêté ou détenu que dans les cas déterminés par la loi et selon les formes qu'elle a prescrites. Ceux qui sollicitent, expédient, exécutent ou font exécuter des ordres arbitraires doivent être punis ; mais tout citoyen appelé ou saisi en vertu de la loi doit obéir à l'instant ; il se rend coupable par la résistance.* ».

Aussi, le contrôle général s'attache-t-il particulièrement, dans les locaux de garde à vue, comme dans tout lieu de privation de liberté, à vérifier la réalité formelle du titre de détention, et l'effectivité des procédures d'enregistrement de la présence, comme de l'évolution pendant le temps, de la mesure de garde à vue. En arrivant, combien y a-t-il de personnes dans les cellules ?

La première mission du contrôleur, lorsqu'il arrive dans un local de garde à vue, est de s'assurer si des personnes se trouvent dans les lieux et si leur présence est dûment enregistrée.

Sont également regardés avec précision les contrôles hiérarchiques effectués. Les situations sont diverses. Dans les locaux de garde à vue de la gendarmerie, l'inspection annoncée du commandant de compagnie est systématiquement opérée. Elle est l'occasion d'un contrôle formel des registres de garde à vue, et des conditions matérielles. Elle produit, cela a été observé à plusieurs reprises, des évolutions sensibles dans la conduite quotidienne des gardes à vue.

L'obligation faite depuis 2000 aux parquets d'une visite annuelle des locaux est prévue par l'article 41 du code de procédure pénale, et il s'agit d'un élément d'appréciation apporté à la connaissance des contrôleurs, qui s'entretiennent à chaque visite avec le procureur de la République, qui, toujours selon l'article 41 du CPP « *contrôle les mesures de garde à vue* ».

...

Mais c'est autour des trois droits fondamentaux que sont l'information d'un proche, le droit à être examiné par un médecin et celui de pouvoir s'entretenir avec un avocat que le contrôle général concentre son attention.

ARTICLE DU SITE INTERNET WWW.ESTREPUBLICAIN.FR « VERDUN - FAITS DIVERS - ACCIDENT MORTEL DU TRAVAIL CHEZ MAXIMO » *PUBLIÉ LE 27/02/2018*

Il était environ 15 h ce lundi quand les pompiers de la Meuse ont été appelés chez Maximo à Verdun, pour un accident du travail dans un entrepôt de l'épicerie. Immédiatement, un véhicule de secours aux victimes et un fourgon de secours routier se sont rendus sur place, tout comme une équipe du SAMU de Verdun. En vain : à l'arrivée des secours, un technicien de l'entreprise, âgé de 56 ans, était décédé. Selon les premiers éléments de l'enquête, diligentée par le commissariat de police de Verdun, le quinquagénaire intervenait sur une ligne de tri.

Quand, pour une raison encore indéterminée, celle-ci s'est bloquée à cause d'un carton. Il a tenté de l'enlever pour débloquer la machine : il y est resté coincé au niveau du cou. Ce qu'a confirmé l'examen du corps effectué peu de temps après par le médecin légiste de Verdun.

Une enquête pénale a été ouverte par le procureur de Verdun, Guillaume Dupont, pour homicide involontaire.

« Il s'agit de définir s'il y a eu un dysfonctionnement dans la machine et si toutes les règles de sécurité et d'hygiène ont bien été respectées. Sans incriminer, à l'heure actuelle, l'entreprise. »

Les services de l'inspection du travail se sont rendus sur les lieux dès qu'ils ont appris l'accident. Leur rapport permettra de mettre toute la lumière sur ce drame.

ARTICLE DU SITE INTERNET WWW.LEFIGARO.FR « DES PSYCHOLOGUES POUR LES FORCES DE L'ORDRE » PUBLIÉ LE 23/10/2012

Les blessures dont souffrent policiers et gendarmes ne sont pas que physiques. Elles sont aussi psychologiques, et des mesures sont prises pour les aider à surmonter des scènes pénibles ou des situations difficiles.

Face aux risques inhérents à des missions chaque jour plus complexes et périlleuses, le ministère de l'Intérieur cargue les voiles. Pour panser les traumatismes et les bleus à l'âme dans la police, un Service de soutien psychologique opérationnel (SSPO) a été mis en place en 1996. Une soixantaine de cliniciens y animent une permanence reliée à un numéro vert fonctionnant sept jours sur sept, 24 heures sur 24.

En toute confidentialité, ces psychologues animent des groupes de parole dans les services confrontés à des scènes de crime particulièrement pénibles ou des épisodes sordides ou

...

déstabilisants. « Le SSPO traite le mal-être du policier, mais aussi, plus largement, celui de son entourage familial », précise Pascal Garibian.

Cette démarche est impérieuse dans une profession en proie au burn out, où le taux de suicide est de 36 % supérieur à la moyenne nationale. L'année dernière, 43 policiers ont mis fin à leurs jours, en utilisant leur arme de service dans la moitié des cas. « Les risques psychologiques de chaque policier, du gardien au commissaire, sont évalués dès le recrutement, note-t-on à la DGPN.

Des praticiens établissent le profil des candidats et identifient les failles éventuelles pour obtenir des recrues stables émotionnellement. » En théorie, le suivi se fait tout au long de la carrière où les policiers peuvent désormais bénéficier de stages de « gestion du stress » en cas d'attaques ou de guets-apens.

« Les cauchemars, angoisses, réactions anormales ou les difficultés à se concentrer font systématiquement l'objet d'une thérapie, précise le colonel Pages Xatart Pares, sous-directeur accompagnement du personnel. Les prises en charge s'inscrivent sur le long terme, sachant que les blessures psychologiques reviennent parfois plus de six mois après les faits. »

En cas de tragédie, comme celle qui a coûté la vie d'un major à Nice, des renforts en blouse blanche sont dépêchés sur place pour aider les collègues, mais aussi les proches endeuillés.

ARTICLE DU SITE INTERNET WWW.RESEARCHGATE.NET EXTRAITS « CAHIERS DE LA SÉCURITÉ N° 58, DÉCEMBRE 2005 » - « PERCEPTION ET GESTION DU STRESS POLICIER. « SITUATIONS DIFFICILES » ET PRISE EN CHARGE PAR L'INSTITUTION »

« Depuis le milieu des années 1990, comme dans d'autres activités de service public réputées difficiles, la police nationale a mis en place des dispositifs de formation à la gestion du stress et des situations difficiles, ainsi que le suivi psychologique pour les policiers ayant vécu une expérience traumatique. Cette psychologisation des problèmes rencontrés dans le travail se heurte toutefois à une « culture policière » qui valorise le soutien informel par les pairs et la hiérarchie, le rôle du collectif de travail, plutôt qu'une approche fondée sur les ressentis individuels »

…« Le stress est reconnu par l'institution. Des situations difficiles, traumatisantes parsèment les parcours professionnels des policiers : morts violentes, visions directes et brutales de corps abîmés, rencontres avec la misère et la déchéance humaine, … Autant de situations qui entraînent des réactions psychologiques individuelles variables. Face à des possibilités de « malaise », dont les suicides de policiers ont pu être interprétés comme un des symptômes, l'institution a mis en place des dispositifs de gestion du stress. »

«… Depuis le milieu des années 1990, la direction de la formation et les différentes délégations régionales à la formation et au recrutement propose aux fonctionnaires de police des stages intitulés « faire face aux situations professionnelles difficiles : la gestion du stress ». La mise en avant de l'expression « situation difficile » traduit à l'époque la volonté de ne pas pathologiser la réaction du policier (le stress) pour insister plutôt sur les compétences à mettre en œuvre afin de surmonter les inévitables confrontations à la mort, la violence et les situations de crise.

…

Le stage – d'une durée de quatre jours, plus un cinquième jour en différé, deux mois plus tard, pour le retour d'expérience- est fait d'exposés d'experts et de discussions de groupe. Il s'agit, pour les policiers, de mieux comprendre leurs réactions personnelles en situation de stress pour mieux les contrôler. « Le but est d'apprendre à mieux connaître ce qu'est le stress, à mieux l'identifier... Parce qu'on a souvent une conception erronée du stress et à voir comment on peut s'en servir, s'en faire un allié aussi, parce que le stress c'est pas que négatif, ça peut être positif, surtout dans un métier de policier. Déjà, apprendre à repérer et identifier les symptômes du stress, la définition du stress. Et ensuite savoir comment on peut éventuellement agir et avoir une vision différente des évènements qui nous arrivent. ».

« ... En 1995, il est décidé de créer une cellule de soutien psychologique opérationnel (SPO) visant à aider individuellement et collectivement les policiers qui en sentiraient le besoin. Le texte prévoyait que : « peuvent bénéficier de ce soutien psychologique, les fonctionnaires, ayant participé à des opérations de police difficiles avec séquestration, menaces, humiliations, etc. ; fait usage de leur arme ; blessé un tiers dans l'exercice de leur fonction ; été fragilisés par une situation professionnelle dramatique (mort d'un collègue, suicide ou tentative de suicide, mort d'usagers (d'enfants en particulier), assistance à des accidents graves ou des événements avec des blessés graves) ; été exposés à toute situation occasionnant un stress particulièrement intense : prise d'otage, agression physique, incivilités répétées dans l'exercice du métier dans les secteurs difficiles. Ces situations ne sont pas limitatives. »

« ... Le débriefing collectif, c'est ce qu'on appelle un débriefing émotionnel, à bien distinguer du débriefing technique, avec leur chef de service, nous le débriefing émotionnel, parler de ce qu'on a vécu, ressenti durant l'événement, dans quel état d'esprit on se trouvait avant et maintenant. Qu'est-ce qu'il se passe maintenant, est-ce qu'il y a des flash, des cauchemars, tous les symptômes d'un éventuel syndrome post traumatique. [...] Ceux qui sont plus à l'aise peuvent en parler et ceux qui sont moins à l'aise entendent que leurs collègues ont vécu la chose, c'est aussi rassurant pour eux, quand on a eu très peur ou que ça a été très violent comme émotion, ça permet que la parole soit libérée » (entretien psychologue SPO) »

« ... Si le contact avec des blessés ou des morts est craint, c'est bien évidemment parce que la vue de personnes blessées ou mutilées est toujours quelque chose *a priori* pénible, mais c'est aussi parce qu'il est difficile pour les policiers de reconstruire une signification positive à ce type de situation. Tout d'abord, leur rôle, certes important, dans ce cas est secondaire par rapport à celui des équipes médicales : faire la circulation, recueillir les premiers éléments d'enquête ».

« Si pour les enquêteurs, le cadavre peut être le point de départ d'une enquête intéressante, ce n'est pas le cas pour le policier en police secours qui se sent avant tout démuni face à la souffrance des victimes et des proches. ... C'est pourquoi, finalement, le policier appréhende plus le contact avec les blessures ou la mort des autres que d'être blessé ou tué lui-même ».

ARTICLE SITE INTERNET WWW.CAIRN.INFO.FR – REVUE ÉTUDES SUR LA MORT PAR MARIE-FRÉDÉRIQUE BACQUÉ 2008 – EXTRAITS

Question fondamentale qui se pose aussi bien à la Police, la Gendarmerie, les pompiers, les médecins et autres soignants, et tous dans certaines situations extrêmes. L'annonce de la mort est un sujet grave qui ne fait pas l'objet d'une marche à suivre précise, comme s'il devait rester dans les limbes de notre Société. Pourtant, non seulement il se pose chez les professionnels soignants ou funéraires, mais bien souvent chez tous, lorsque nous devons transmettre une information grave à des proches.

L'annonce de la mort : un stress majeur mortifère

De nombreuses études (dès les années soixante-dix avec Colin Murray Parkes) ont montré que l'annonce de la mort d'un proche était un événement stressant au sens strictement biologique du terme. Aujourd'hui encore des recherches sur les époux ayant perdu leur femme montrent une augmentation de la morbidité et de la mortalité très significative (80 % chez les hommes contre 60 % chez les veuves). Il y a donc des raisons très spécifiques de limiter les effets délétères de l'annonce.

Réactions normales à l'annonce de la mort

Plus la nouvelle est disproportionnée, plus la mort est éloignée en termes d'âge (défunt trop jeune), de valeur (enfant, être sans défense, femme enceinte), d'impréparation (accident), de nombre (catastrophe collective) et plus les risques de bloquer la vie psychique sont importants.

2 Corrigés

A| Cas pratique n° 1

Comment réagissez-vous face à cette demande ?

Chargé de l'accueil du commissariat, je suis seul et le hall du service est bondé. Je reçois le journaliste et je l'entends exposer sa demande. Je le traite comme n'importe quel plaignant et je dois l'écouter (article 1 de la Charte de l'Accueil du Public et des Victimes).

Je suis soumis, comme tout fonctionnaire de police, à cette charte et mon comportement doit être « empreint de politesse ; de retenue et de correction ».

Me rendant compte que sa démarche n'est pas officielle, je l'informe qu'une procédure spécifique existe afin que sa demande d'action de communication puisse aboutir.

Je l'informe que j'avise ma hiérarchie de sa présence et de sa demande. Je lui déclare toutefois que je n'ai pas le pouvoir de lui donner d'autorisation.

Quelles démarches doit effectuer Monsieur X ?

Ce journaliste pense pouvoir commencer immédiatement son action de communication mais il existe un protocole devant être respecté.

Il ne m'appartient donc pas de lui donner une autorisation ou un refus de filmer.

Le guide de communication en sécurité publique organise depuis le 1er septembre 2013 le traitement des demandes de presse en distinguant celles émanant des médias locaux et celles des organes nationaux. Conformément aux directives de la Direction générale de la police nationale (DGPN), la procédure de demande est écrite.

La demande de Monsieur X correspond au 3e cas du guide. Je l'informe donc qu'après recueil de tous les avis nécessaires, sa demande sera transmise par le chargé de communication territorial au référent communication de la DCSP qui communiquera la demande au SICOP, assortie de l'avis de la DCSP.

Je lui déclare aussi qu'il peut entrer en contact avec le référent communication territorialement compétent. De même, les coordonnées des officiers de presse du SICOP pourront également lui être communiquées.

Selon vous, quels sont les avantages que peut tirer l'institution policière de la réalisation de reportages télévisés ?

Selon l'extrait du site internet www.journals.openedition.org « Open Edition Journals » La police nationale au défi des relations presse. Une information sous contrôle ? », il existe trois raisons positives de communiquer pour la police :

- la reconnaissance du travail des fonctionnaires de police ;
- la démonstration que la police « bosse » ;
- un effet dissuasif certain sur les délinquants et le fait que ceux-ci voient « qu'il n'y a pas d'impunité ».

Mais de nombreux autres avantages existent comme la bonne image donnée de la police, une certaine humanisation des fonctionnaires, susciter des vocations pour ce métier et l'amélioration des relations entre la population et sa police.

B| Cas pratique n° 2

Face à cette situation, qu'allez-vous faire ? Vous détaillerez avec précision les actions menées en les justifiant.

Face à cette situation, je me trouve en flagrant délit selon l'article 53 du Code de procédure car il s'agit d'un délit qui vient de se commettre

Selon l'article R434-10 du Code de déontologie de la police nationale et de la gendarmerie nationale, « je dois faire preuve de discernement et dois tenir compte en toutes circonstances de la nature des risques et menaces de chaque situation à laquelle je suis confronté et de la meilleure réponse légale à apporter ».

Dans le cas d'espèce, je choisis de porter assistance à la victime mais aussi d'essayer d'interpeller l'auteur.

Je vais donc vers la personne handicapée afin de la secourir car l'assistance à la victime est prioritaire et je dis à deux de mes coéquipiers de partir en courant vers l'auteur en fuite afin de l'interpeller.

J'annonce au centre d'information et de commandement que mon équipage se scinde et que je vais rester seul avec la victime ainsi que les particuliers qui lui portent déjà assistance. Je demande donc qu'un équipage vienne très rapidement en renfort auprès de moi car je suis seul mais en compagnie de particuliers et j'indique que mes deux collègues sont partis en courant pour interpeller l'auteur. Je précise la direction de fuite afin que d'autres équipages de police puissent venir en soutien de ceux-ci.

Au vu de la vulnérabilité de la victime, je demande l'intervention des sapeurs-pompiers afin qu'elle puisse être vue médicalement.

Après analyse globale de la situation, quelle est la peine encourue par l'auteur des faits ? Vous justifierez votre réponse en vous basant sur les documents fournis en annexe.

La personne handicapée se fait arracher son téléphone portable avec violence (coup de poing et fauteuil violemment renversé).

L'infraction de base est donc un vol défini par l'article 311-1 du Code pénal (« Le vol est la soustraction frauduleuse de la chose d'autrui. Cette infraction est punie de trois ans d'emprisonnement et de 45 000 euros d'amende »).

Toutefois, la victime a huit jours d'incapacité totale de travail suite à ce vol avec violence.

Il s'agit de deux circonstances aggravantes du vol prévues par l'article 311-5 du Code pénal, à savoir :

« 1° Lorsqu'il est précédé, accompagné ou suivi de violence sur autrui ayant entraîné une incapacité totale de travail pendant huit jours au plus ; (coups de poing avec fauteuil renversé et ITT de 8 jours)

2° Lorsqu'il est facilité par l'état d'une personne dont la particulière vulnérabilité, due à son âge, à une maladie, à une infirmité, à une déficience physique ou psychique ou à un état de grossesse, est apparente ou connue de son auteur. » (personne handicapée en fauteuil roulant).

Il s'agit donc bien d'un vol aggravé par deux circonstances et l'article 311-5 indique dès lors que la peine est portée **à dix ans d'emprisonnement et à 150 000 euros d'amende**.

C| Cas pratique n° 3

Une infraction a-t-elle été commise ? Si oui, laquelle ?

Dans le cas d'espèce, une infraction a bien été commise. Il s'agit de mendicité agressive qui est définie par l'article 312-12-1 du Code pénal.

Cet article énonce que « le fait, en réunion et de manière agressive, ou sous la menace d'un animal dangereux, de solliciter, sur la voie publique, la remise de fonds, de valeurs ou d'un bien est puni de 6 mois d'emprisonnement.

Les éléments de l'infraction sont bien caractérisés car les deux marginaux effectuent de la mendicité (pancarte) et importunent un vieil homme en bloquant son chemin et en lui demandant de l'argent de manière agressive. Par ailleurs, cette vieille personne est choquée.

Que faites-vous ? Décrivez précisément les actions que vous allez mener.

L'infraction étant caractérisée, je vais vers les deux marginaux en indiquant mes jeunes collègues (gardien stagiaire et policier adjoint) d'être vigilants sur le contrôle que nous allons effectuer.

Je fais appel au CIC et demande un équipage en renfort.

Après en avoir avisé l'officier de police judiciaire de permanence et étant en flagrance (article 53 du Code de procédure pénale, je décide de procéder à leur interpellation (article 73 du CPP).

Je fais effectuer par mes collègues une palpation de sécurité (article 534-16 du Code de sécurité intérieure et du RGEPN) ;

Je procède à un contrôle d'identité conformément à l'article 78-2 alinéa 2 du code de procédure pénale (« qu'elle a commis ou tenté de commettre une infraction »).

Au vu de l'attitude agressive des deux personnes et de la faiblesse numérique de mon équipage, je décide de procéder au menottage des deux individus conformément à l'article 803 du CPP (« nul ne peut être soumis au port des menottes ou des entraves que s'il est considéré soit comme dangereux pour autrui ou pour lui-même, soit comme susceptible de tenter de prendre la fuite »).

Une fois l'équipage de renfort arrivé, les deux individus sont pris en compte séparément afin d'être emmenés au commissariat et présentés à l'officier de police judiciaire afin que soit diligentée l'enquête.

De même, je demande au Centre d'Information et de Commandement un autre équipage de police afin de prendre en charge la victime aux fins de dépôt de plainte au service.

L'identité du témoin présent est prise afin d'être consignée sur la main courante et il lui est demandé de venir rapidement au commissariat afin qu'il puisse être entendu dans le cadre de la procédure initiée.

D| Cas pratique n° 4

Dans cette situation, en tant que responsable des locaux de garde à vue ce jour, quelle est selon vous l'action prioritaire que vous devez mener ? Justifiez votre réponse.

L'article R434-17 du Code de déontologie de la police et de la gendarmerie nationale énonce que « le policier ou le gendarme ayant la garde d'une personne appréhendée est attentif à son état physique et psychologique et prend toutes les mesures possibles pour préserver la vie, la santé et la dignité de cette personne ».

Ayant la surveillance des gardes à vue et le système de vidéosurveillance étant en panne, je serai donc obligé de faire des rondes régulières afin de m'enquérir de l'état de santé des personnes retenues.

Affecté(e) en police secours, pensez-vous avoir la possibilité de refuser d'assurer la surveillance des gardes à vue ? Justifiez votre réponse.

En tant que policier, j'ai un devoir d'obéissance et je ne pourrai refuser d'obéir à cet ordre. Ce devoir d'obéissance est consacré par l'article R434-5 du Code de déontologie qui énonce :

« Le policier ou le gendarme exécute loyalement et fidèlement les instructions et obéit de même aux ordres qu'il reçoit de l'autorité investie du pouvoir hiérarchique, sauf dans le cas où l'ordre donné est manifestement illégal et de nature à compromettre un intérêt public. »

Dans le cas d'espèce, l'ordre donné par le major BRAVO est tout à fait légitime et je m'y conforme.

Pourquoi le contrôleur général des lieux de privation de liberté dispose de la faculté de visiter les locaux de garde à vue ?

Les conditions matérielles de garde à vue sont régulièrement dénoncées par de nombreuses associations des droits de l'Homme.

Cette institution a donc été créée afin de permettre un regard extérieur et indépendant de tout pouvoir sur les conditions de détention. Ce contrôle a pour but de permettre de « vérifier la réalité formelle du titre de détention et l'effectivité des procédures d'enregistrement de la présence, comme de son évolution dans le temps, de la mesure de garde à vue ».

Ce contrôle permet aussi de vérifier aussi les conditions matérielles de cette garde à vue (aspects immobiliers, hygiène des locaux).

Enfin, le contrôleur se concentre sur les droits fondamentaux que sont « l'information d'un proche, le droit à être examiné par un médecin et celui de pouvoir s'entretenir avec un avocat ».

Que vérifie le contrôleur général des lieux de privation de liberté lors d'une telle visite ?

Le contrôleur fait un état des lieux avec le nombre de cellules et le nombre de gardes à vue à l'instant de sa visite.

Il note l'état général des locaux et fait des observations sur les conditions matérielles (équipement, entretien, hygiène, propreté, sécurité, etc.).

Il fait en outre un diagnostic de sécurité générale et individuelle (état de la vidéosurveillance, nombre et fréquence des rondes par le geôlier, éventuels incidents constatés, fouilles, etc.).

Il fait un diagnostic du respect du maintien de la dignité des personnes appréhendées (local de fouille) ainsi que de la confidentialité (examen médical, entretien avec l'avocat…).

E | Cas pratique n° 5

Dans cette situation, afin de permettre aux enquêteurs d'établir la cause, la nature et les circonstances de l'accident, quels sont les actes que vous devez réaliser sur place ? Vous détaillerez et justifierez votre réponse en vous basant sur vos propres réflexions.

Il s'agit pour moi de veiller à la préservation des lieux pour les constatations à venir de l'officier de police judiciaire, de prendre l'identité des témoins pour l'enquête, de prendre des informations complètes sur la victime, de relever les informations sur la société et son ou ses gérants ou responsables et enfin de faire les avis nécessaires.

Dans un premier temps, j'établis donc un périmètre de sécurité dans le but de permettre une intervention sans difficultés des services de secours et afin de figer les lieux pour les constatations de la procédure judiciaire.

Je relève l'identité complète de tous les témoins ayant assisté à la scène et je leur demande de rester sur place en attente de l'officier de police judiciaire.

Je me fais communiquer l'identité de la victime, sa situation individuelle et familiale ainsi que les coordonnées des personnes à contacter.

Je prends ensuite l'essentiel des informations sur l'entreprise (type, secteur d'activité, KBIS dirigeants, effectifs, risques connus, éventuels accidents antérieurs).

Enfin, je fais un compte rendu à la salle d'information et de commandement ainsi qu'à l'officier de police judiciaire qui me donnera d'éventuelles autres instructions.

Comment procédez-vous à cet avis ?

Je ne peux annoncer un décès par téléphone et je me déplace au domicile de la victime afin d'annoncer cette terrible nouvelle. En effet, l'annonce de la mort peut créer auprès des proches un stress mortifère et un blocage de la vie psychique.

Quelles sont les précautions que vous allez prendre lors de l'avis à famille ?

Je me rendrai au domicile avec au moins un collègue et nous allons préparer cette annonce en nous répartissant les rôles.

Il n'est pas possible d'annoncer cette nouvelle sur le pas de la porte et je demanderai à entrer et si ce n'est pas un domicile, je demanderai un lieu confidentiel.

Je m'assurerai au préalable de la présence d'un tiers qui pourra accompagner la famille (proche, voisin). La réaction de la famille pouvant être violente, je me tiens prêt à solliciter un appui médical en cas de nécessité.

En ce qui concerne les modalités d'annonce, j'évoquerai les faits avec mesure et de manière graduelle en utilisant un langage simple et clair.

Je resterai le temps nécessaire pour prévenir d'éventuelles réactions violentes (évanouissement, crise de nerfs, excitation, etc.).

Je partirai en m'assurant que la personne ne reste pas seule, que ce soit avec la présence de la famille, d'un proche ou d'un voisin.

Toute cette phase d'accompagnement doit être empreinte d'empathie.

Une intervention de ce type peut être particulièrement éprouvante pour les services de police. Lorsqu'un policier est confronté à la mort lors de ses missions, quels sont les dispositifs mis en place par la police nationale pour lui permettre de gérer et surmonter la situation ?

Pour répondre à ces interventions traumatisantes, le ministère de l'Intérieur a mis en place un service de soutien psychologique opérationnel en 1996 (SSPO). Une soixantaine de psychologues y animent une permanence reliée à un numéro vert fonctionnant sept jours sur sept, 24 heures sur 24. Peuvent bénéficier de ce soutien psychologique les fonctionnaires ayant notamment participé à des opérations de police difficiles avec séquestrations, etc. ; fait usage de leur arme ; blessé un tiers dans l'exercice de leur fonction ; être fragilisés par une situation professionnelle traumatique (mort d'un collègue, suicide ou tentative de suicide, morts d'usagers (enfants en particulier) ; assistance à des accidents graves ou des évènements avec des blessés graves ; exposés à des accidents graves ou des événements avec des blessés graves ; exposés à toute situation occasionnant un stress particulièrement intense : prise d'otage, agression physique, incivilités répétées dans l'exercice du métier dans les secteurs difficiles.

De même, des stages ont été mis en place, s'intitulant notamment « faire face aux situations difficiles : la gestion du stress ».

À l'issue de chaque intervention difficile, il est possible de faire un debriefing collectif ou émotionnel ou un debriefing plus technique qui sera fait lui par le chef de service.

Des retours d'expérience peuvent aussi être faits.

Tests psychotechniques

Durée : 2 heures

Méthode

1. Présentation de l'épreuve
2. Méthode de l'épreuve
3. Entraînement guidé

Entraînement

- Annales corrigées

✔ **FAITES LE POINT !**

1 PRÉSENTATION DE L'ÉPREUVE

À tout niveau de recrutement, la police nationale fait passer des tests psychotechniques aux candidats dont le métier exigera de porter une arme de service. Cette épreuve écrite, obligatoire, est destinée à évaluer le profil psychologique du candidat et certaines qualités requises pour exercer le métier de policier.

1 Quelle est cette épreuve ?

Les tests psychotechniques se présentent sous forme de « batteries » constituées de différents exercices d'aptitude (logique, numérique, verbale, observation et attention, etc.) qui mesurent des aspects de l'intelligence et de la personnalité du candidat.

Il existe plusieurs batteries de niveau équivalent, qui mesurent les mêmes aspects avec des questions variées. À chaque concours ses tests :

- pour les **candidats externes**, ils durent 2 heures, sans coefficient et sans note ;
- pour les **candidats policiers adjoints**, ils durent aussi 2 heures et constituent la première épreuve après que leur dossier a été jugé recevable. La réussite à ces tests conditionne la passation de la dernière épreuve de sélection : l'entretien avec les membres de la commission départementale de sélection.

TÉMOIGNAGE

Adèle, 22 ans

Pour nous les policiers adjoints, la batterie de tests psychotechniques était la même que celle des gardiens de la paix : comparaison de mots/chiffres identiques, pliages, suites de lettres, opérations basiques, pourcentages, équations, comparaison de figures, compréhension d'expression de la langue française, etc. Et enfin le test de personnalité. La totalité a duré 2 h 30. J'étais épuisée à la fin.

L'objectif des tests est de **mesurer les capacités de compréhension de consignes, d'analyse, de mémorisation et d'observation**. Sont aussi appréciées la rapidité et la maîtrise que le candidat a de lui-même, comme la gestion du stress face à de nouveaux exercices.

CONSEIL
Ne bloquez jamais sur un exercice : passez rapidement à l'exercice suivant car le temps est précieux. De plus, la solution des exercices suivants vous révèlera peut-être le moyen de résoudre la difficulté sur laquelle vous vous êtes arrêté.

L'épreuve de tests se présente sous la forme de **questions à choix multiples (QCM)** avec possibilité de choisir entre plusieurs réponses proposées.

CONSEIL
Avec les QCM, vous pouvez vous servir des réponses proposées pour découvrir la solution. Essayez parfois de procéder par élimination successive lorsque vous ne trouvez pas immédiatement la réponse.

2 Quels sont les types de tests ?

Dans le cadre de votre concours, vous pouvez retrouver plusieurs types de tests :

- les tests de raisonnement logique ;
- les tests d'aptitude verbale ;
- les tests d'aptitude numérique ;
- les tests d'attention visuelle ;
- les tests de personnalité (sous la forme d'une longue série de questions, ils ont pour rôle d'établir votre profil psychologique).

TÉMOIGNAGE

Bastien, 27 ans

Pour les tests psychotechniques chronométrés, j'ai eu du calcul mental, des problèmes de maths avec beaucoup de pourcentages, un test de compréhension verbale où l'on devait relier des proverbes avec d'autres voulant dire la même chose, un test de logique comme les tests de QI, un test visuel où il fallait trouver les différences entre plusieurs images. Il ne faut pas chercher à tout faire car je ne pense pas que l'on puisse y arriver. Il faut répondre juste au maximum. Franchement, ça reste de la logique. J'ai réussi mais je n'y suis pas allé comme un touriste : j'avais révisé !

A| Les tests de raisonnement logique

Les tests de logique sont variés ; ils peuvent comporter des suites de nombres et/ou de lettres, des dominos, des cartes à jouer, des séries de figures, des formes géométriques, des carrés à remplir, etc. Ces tests sont destinés à mesurer l'aptitude à raisonner sur des chiffres, des lettres, des mots ou des figures, à travers une multitude d'exercices aussi variés et déconcertants que l'imagination des concepteurs peut en créer.

Les méthodes de résolution comportent peu de difficultés et ne requièrent pas de connaissances particulières. Nombreux sont les exercices qui appréhendent l'esprit logique par l'intermédiaire de suites de chiffres et/ou de lettres, et il suffit toujours de dégager la loi qui régit ces séries.

Enfin, certaines questions font appel aux quatre opérations de base, à la logique de déduction, au bon sens, à la perspicacité ou à l'intuition.

TÉMOIGNAGE

Karim, 30 ans

« Je suis tombé sur des tests de logique qui ressemblaient à des tests de QI. Surtout, ne perdez pas votre temps. Si vous ne trouvez vraiment pas la logique, zappez la question. Il y a des questions de pure logique et des questions improbables. Surtout ne perdez pas de temps, soyez rapide et concentré car le temps est très court. »

B| Les tests d'aptitude verbale

Ces tests mesurent vos capacités de compréhension de la langue française.

Vous pouvez retrouver des questions sur les intrus, les synonymes, les contraires, les analogies, les proverbes, les expressions, etc.

CONSEILS

- Ayez le réflexe de rechercher l'ensemble des mots que vous découvrez dans un dictionnaire, pour en vérifier l'orthographe mais surtout le sens et, dans tous les cas, enrichir votre vocabulaire.
- Commencez par trouver la signification du mot qui vous sert de référence.
- Faites attention de ne pas confondre le synonyme (mot de même sens) et l'antonyme (mot de sens contraire).
- Consultez les proverbes répertoriés dans les dictionnaires.

C| Les tests d'aptitude numérique

Ces tests mesurent les capacités de raisonnement et de résolution de problèmes mathématiques. Ils regroupent des questions qui font appel au calcul mental et à la résolution de problèmes.

CONSEIL

L'aptitude numérique représente l'épreuve la plus redoutée des candidats. De plus, l'ensemble des exercices est à réaliser sans l'aide de la calculatrice. Ne paniquez jamais car les exercices sont réalisables après quelques révisions pour les réussir et tous sont à votre portée.

Les calculs impliquent une bonne maîtrise des quatre opérations de base (addition, soustraction, multiplication et division) à réaliser sans l'aide d'une calculatrice. Il faut donc revoir toutes les techniques opératoires mais aussi réapprendre les tables de multiplication et s'entraîner à réaliser ces opérations mentalement, le plus rapidement possible et sans erreur.

Ces opérations portent sur les nombres entiers ou décimaux mais aussi sur les fractions qu'il faut simplifier ou réduire au même dénominateur avant de les additionner par exemple.

Vous êtes également confronté à des conversions d'unités de mesure : rien de compliqué pour qui maîtrise parfaitement les tableaux de conversion et est habitué à s'en servir.

Vous rencontrerez des problèmes mathématiques ayant pour support des situations de la vie courante. Ceux-ci demandent de calculer des pourcentages ou des valeurs à partir de situations de proportionnalité. De nombreux exercices concernent aussi des calculs de vitesse, de distance ou d'échelle.

Enfin, certains exercices ne peuvent être résolus qu'en posant un système d'équation(s) à une ou plusieurs inconnue(s). Après avoir identifié les inconnues, il faut alors traduire les phrases de l'énoncé en relations mathématiques, poser les équations et les résoudre.

IMPORTANT

Préparez-vous à cette épreuve en révisant bien les tables de multiplication.

CONSEILS

- Maîtrisez parfaitement la pratique des quatre opérations.
- Révisez impérativement les tables de multiplication.
- Familiarisez-vous avec le calcul mental et les estimations afin d'acquérir de la rapidité car tous les exercices doivent être exécutés sans calculatrice.
- Faites des approximations lorsque les solutions sont proposées.
- Pour plus de sureté, n'hésitez pas à poser tous les calculs sur un brouillon.

D| Les tests d'observation et d'attention visuelle

Ces tests cherchent à apprécier les capacités d'attention et de précision des candidats : leurs capacités visuelles sont mises à rude épreuve.

Il s'agit essentiellement de percevoir des différences ou des identités dans des séries de symboles (verbaux, numériques et graphiques) et/ou de dénombrer les éléments différents ou communs dans les figures.

Ces tests sont sans grande difficulté et les résultats varient essentiellement selon l'effort de concentration exigé. Pour les figures, la difficulté réside dans le nombre de détails différents, leur positionnement et, également, le nombre parfois considérable de figures.

E| Les tests de personnalité

Les tests de personnalité sont une étape particulière du concours. Un gardien de la paix doit en effet avoir une personnalité lui permettant de faire face aux situations difficiles auxquelles il sera confronté.

Ces tests, sous la forme d'une longue série de questions, ont pour objectif d'établir le profil psychologique du candidat. Leur contenu est secret et, de toute façon, ininterprétable sans la grille d'interprétation. Ils sont très importants (on ne recrutera pas un candidat dont la personnalité est incompatible avec le métier de gardien de la paix) mais ils ne se préparent pas comme les autres épreuves (il n'est pas possible de modifier sa personnalité) ; raison pour laquelle il n'y a pas de tests de personnalité dans cet ouvrage.

À partir de ces questionnaires de personnalité, les psychologues effectuent un bilan qui sert d'aide à la décision des examinateurs qui font passer l'entretien avec le jury.

Il est impératif de répondre honnêtement aux inventaires de personnalité. Il s'agit bien sûr d'une question d'honnêteté mais aussi d'efficacité : dans le cas contraire, les psychologues, rompus à ce genre de situations, vous démasqueront rapidement.

CONSEIL

Il n'y a pas besoin de se préparer à ce type de tests. Il ne faut pas mentir et se mentir à soi-même. Répondez avec franchise car les questions du début du test reviennent à la fin pour vérifier votre cohérence. Vous n'avez aucun intérêt à répondre différemment !

3 Quelles sont les conditions de passation et d'évaluation ?

Le candidat fournit ses réponses sur une feuille destinée à une correction par lecture optique afin d'éviter les erreurs de correction.

CONSEIL

Lisez attentivement les consignes figurant sur la première page de l'épreuve et vérifiez toujours le numéro de la question à laquelle vous répondez.

La note attribuée n'est pas « absolue » : elle permet de situer vos résultats par rapport à un étalonnage de référence.

CONSEIL

Répondez aux questions dont vous êtes certain de la réponse. Le fait de n'avoir pas résolu tous les exercices ne signifie pas que vous avez échoué.

Ces tests ne sont pas notés et ne sont pas éliminatoires. Toutefois, les résultats sont utilisés pendant la phase d'admission lors de l'épreuve d'entretien. En effet, le jury d'oral comprend en son sein un psychologue, qui interprète le résultat de ces tests. Ce dernier est chargé d'évaluer si le candidat possède les dispositions pour s'adapter au métier.

2 MÉTHODE DE L'ÉPREUVE

Vous préparer et vous entraîner est un passage obligé si vous voulez réussir cette épreuve de tests psychotechniques. Un candidat non familiarisé avec ces questions a peu de chances de réussir. Voici la marche à suivre afin de vous préparer méthodiquement et avec succès à cette épreuve.

1 Vous préparer est indispensable !

Découvrir le jour du concours des tests que l'on n'a jamais rencontrés entraîne une perte de temps, des erreurs et de la panique. Or, la durée de l'épreuve est courte et chaque minute doit être optimisée. Savoir comment fonctionne un type de tests fait gagner de précieuses minutes, qui sont alors consacrées à leur résolution et non à la compréhension de leur logique.

Avec une préparation rigoureuse et un entraînement régulier, l'ensemble des aptitudes logiques, verbales, numériques et mathématiques, d'observation et d'attention peut s'acquérir et être amélioré.

CONSEIL

Maîtrisez toutes les familles de tests car, chaque année, les sujets ont recours à des types d'exercices spécifiques : raisonnements logiques et analogiques, abstraction, déduction, observation, attention et aptitude à résoudre des problèmes numériques et arithmétiques, etc.

Vous préparer sérieusement est primordial afin :

- de vous familiariser avec les questions à choix multiple (QCM) ;
- d'assimiler les stratégies, les méthodes et les logiques de résolution correspondant à chaque type de question ;
- d'éviter de paniquer face à la longueur de l'épreuve ;
- d'acquérir les comportements requis lors de ces tests de sélection :
  - choisir une méthode plutôt qu'une autre,

- passer rapidement à la question suivante si vous ne trouvez pas la réponse,
- procéder par élimination,
- ne pas vous laisser impressionner par les questions numériques.

TÉMOIGNAGE

Thibault, 25 ans

« Sur les forums, j'ai vu beaucoup de candidats échouer au concours parce qu'ils ne s'étaient pas suffisamment entraînés ; ils n'ont pas travaillé régulièrement tous les types de tests. Le plus souvent, ils réussissent à la session suivante après s'être entraînés assidûment. En ce qui me concerne, j'ai travaillé la méthode, fait des centaines d'exercices et des sujets. Je me suis mis régulièrement en condition de concours, sans calculatrice, sans être dérangé, téléphone éteint, etc. Alors, je n'ai qu'un conseil à vous donner : révisez et entraînez-vous ! »

2 La méthode pas à pas

A| Étape 1 : connaître l'épreuve et les aptitudes évaluées

La première chose à faire est de se familiariser avec les types de tests psychotechniques et les multiples exercices qui peuvent être proposés.

Commencez par étudier la fiche 1 de cette partie, qui présente l'épreuve et les connaissances indispensables, afin de planifier votre travail. Pour cela, nous avons découpé par chapitre, de manière progressive, l'ensemble des notions à acquérir dans la partie 5 de cet ouvrage. Il est conseillé de suivre l'ordre d'avancement pédagogique de ces acquisitions.

Prenez ensuite conscience des capacités évaluées afin de vérifier que vous avez acquis les compétences requises. Identifiez bien ce qui vous sera demandé.

4 types de capacité évalués

L'aptitude logique	L'aptitude verbale	L'aptitude numérique	L'observation et l'attention
Basée sur la réflexion, la logique, la déduction, la représentation dans l'espace	Basée sur la logique, le vocabulaire et la compréhension de la langue française	Basée sur les opérations, le calcul mental et les problèmes mathématiques	Basées sur le dénombrement, la perception, la rapidité et la concentration

CONSEIL

Ne vous découragez pas ! Avec de l'entraînement, une logique intellectuelle se met en place et permet d'acquérir les compétences nécessaires pour résoudre bien des questions.

B| Étape 2 : acquérir les connaissances et faire des exercices

Pour acquérir les connaissances nécessaires à votre concours, il est indispensable :

- de commencer par la partie logique ;
- de travailler ensuite la logique verbale ;
- d'alterner entre des calculs simples et des résolutions de problèmes ;
- de terminer par les tests d'observation.

Retenez l'essentiel au travers de la fiche 1 répertoriant toutes les connaissances et compétences à acquérir. Chaque type de tests est décrypté et illustré par des exemples. Voici un exemple de découpage par semaine afin d'acquérir les connaissances indispensables :

Semaine 1	Aptitude logique
Semaine 2	Aptitude verbale
Semaine 3	Aptitude numérique
Semaine 4	Tests d'observation et d'attention
Semaine 5	Entraînements

Terminez en vous entraînant : les sujets corrigés permettent de prendre connaissance des énoncés des questions, d'assimiler les notions étudiées et de prendre conscience des questions à retravailler.

CONSEIL

Prenez le temps de lire attentivement les consignes, qui peuvent varier et parfois induire en erreur. En général, tout est dit explicitement et précisément dans la consigne. Il n'y a pas de question piège.

Enfin, l'entraînement sur des questions type concours est essentiel pour :

- repérer les questions souvent posées ;
- acquérir des automatismes. Chaque test demande une approche légèrement différente mais certaines règles s'appliquent à tous. Même si les exemples de tests peuvent varier à l'infini, les raisonnements qui permettent de les résoudre sont relativement répétitifs ;
- diminuer les risques de se laisser surprendre pour une question plus ou moins insolite.

Ayez bien en tête tout au long de votre préparation que la calculatrice est interdite. Entraînez-vous à calculer mentalement. Ne soyez pas paresseux, toute activité quotidienne peut être prétexte au calcul mental.

CONSEILS

- Ne négligez aucun des exercices proposés : ils balayent, sous différentes formes, tous les types de tests abordés lors du concours, d'autant plus que les annales du concours sont quasi inexistantes et que la variété des questions possibles est importante.
- Multipliez les entraînements sur les types de tests où vous vous sentez faible et travaillez à fond la partie numérique et logique.

Vous pouvez également vous entraîner dans la vie de tous les jours en vous amusant :

- jouez avec les lettres en faisant des mots croisés, des mots fléchés, des anagrammes ;
- jouez avec les chiffres en remplissant des grilles de Sudoku, de Fubuki ;
- jouez avec les figures géométriques grâce à des jeux interactifs sur Internet ;
- aiguisez votre sens de l'observation en vous exerçant au jeu des 7 erreurs et différences.

C| Étape 3 : s'entraîner dans les conditions du concours

Afin d'appréhender tous les types de raisonnement des tests, de vous familiariser avec chaque type de question et de ne pas être surpris le jour du concours, une seule méthode : l'entraînement.

CONSEIL

En temps limité, comme au concours, ou illimité (chez vous lors de votre préparation au concours), ne restez jamais bloqué sur une question, passez rapidement à la suivante. Vous reviendrez à celles que vous jugez moins évidentes par la suite, lorsque les plus « faciles » auront été résolues.

Vous familiariser avec ce type de tests est primordial, car la logique utilisée lors des concours est toujours la même. La réponse à des questions qui peuvent paraître incongrues doit devenir une routine, vous devez finir par ne plus avoir besoin de réfléchir.

À force de faire et refaire les tests, vous développerez des automatismes qui seront utiles le jour du concours où le temps vous fera défaut. Grâce à la pratique en temps réel de sujets de concours, vous serez de plus en plus rapide ; acquérir plus d'assurance ; faire l'expérience du stress ; et contrôler le temps disponible pour finir votre épreuve.

CONSEILS

Cette épreuve est très sélective. Alors, quels que soient votre niveau et vos résultats, mettez-vous en situation de concours :

- assurez-vous une certaine tranquillité afin de respecter le temps de l'épreuve ;
- isolez-vous : prenez soin de ne pas être dérangé ;
- rassemblez un crayon de papier, une gomme, des feuilles de brouillon et une montre ;
- effectuez scrupuleusement un sujet sans interruption et surtout sans autre support que les connaissances que vous avez acquises ;
- après avoir terminé le sujet, et seulement à ce moment-là, consultez le corrigé du sujet.

3 Surmonter les obstacles

A| Être positif

La nervosité, la peur et la pression causées par le temps représentent les principaux obstacles à votre réussite. De plus, vous êtes conscient que de la réussite de cette épreuve dépend votre avenir, l'accès à une formation et à un emploi.

CONSEILS

- Commencez par dédramatiser cette épreuve et restez concentré. L'unique difficulté de ces tests réside dans la diversité des questions.
- Traitez les questions sans vous préoccuper des précédentes car elles sont indépendantes les unes des autres.
- Ne recherchez pas de réponses trop complexes ; faites appel à votre bon sens.
- Ne vous placez pas d'emblée dans une situation d'échec en imaginant que vous ne réussirez pas ou que vous ne comprendrez pas : positivez !

B| Être méthodique

Lisez attentivement les consignes car elles varient d'un exercice à l'autre, voire d'une question à l'autre au sein d'un même exercice.

Exercez vos facultés d'observation ainsi que votre mémoire ; ces aptitudes sont les plus sollicitées dans ces épreuves.

Ayez conscience, en permanence, que les minutes vous sont comptées et respectez impérativement le temps imparti. Gagnez du temps sur les questions faciles, cela vous donnera une marge pour traiter les questions plus difficiles.

TÉMOIGNAGE

Parole de jury

« Le temps revêt une importance considérable car la moindre hésitation peut devenir pénalisante si vous vous attardez trop longtemps sur une question ou une partie de l'épreuve. Ne bloquez surtout pas sur une question. Pour tous les tests limités dans le temps, et plus particulièrement lorsque les questions sont nombreuses, il est toujours préférable de passer sans attendre à la question suivante si la solution ne vous apparaît pas immédiatement. »

Il n'existe pas de méthode type pour aborder les tests. Le plus simple pour vous est de trouver vos propres repères et manières d'aborder les questions en vous exerçant.

Tout de même, comme il s'agit de QCM, questions pour lesquelles vous avez des propositions de réponses, 2 types de méthode de résolution sont possibles :

- vous partez de l'énoncé de la question, puis vous l'analysez pour trouver la logique qui préside ;
- vous partez des propositions de réponses.

Nous vous déconseillions cette seconde méthode qui est plus difficile car elle ne tient pas immédiatement compte de la question. En revanche, les propositions peuvent vous servir à réaliser des estimations ou à vérifier votre réponse.

TÉMOIGNAGE

Florian, 30 ans

Pour les questions non résolues, ne répondez pas au hasard. En effet, quelque fois, les mauvaises réponses sont sanctionnées par une perte de point. Faites très attention : lisez attentivement les consignes générales situées sur la première page du livret de tests.

3 ENTRAÎNEMENT GUIDÉ

Voici un sujet composé de 30 questions indépendantes afin de vous familiariser avec l'épreuve. Les modalités de réponses sont indiquées dans les énoncés relatifs à chaque exercice. Il n'y a pas de question sans réponse.

IMPORTANT

- L'utilisation de la calculatrice est interdite.
- L'utilisation du brouillon est autorisée.
- N'écrivez que la solution, sans le raisonnement.
- Une seule réponse par question est admise.

QUESTION 1

Quelle figure poursuit la série logique ?

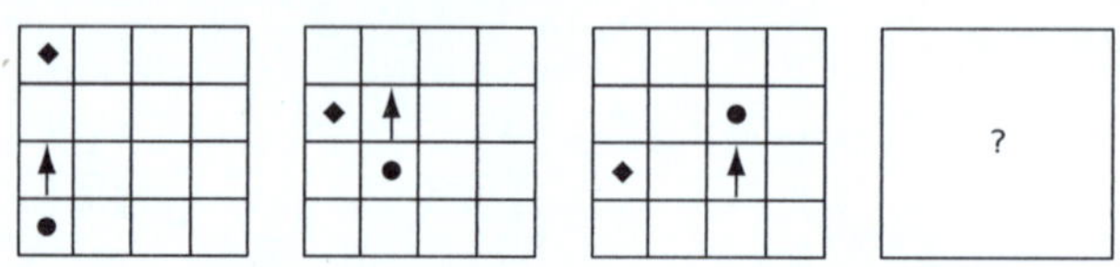

❑ A. 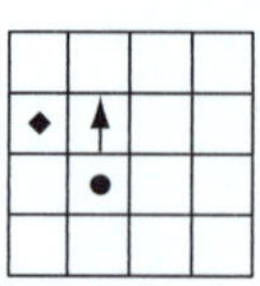

❑ B. 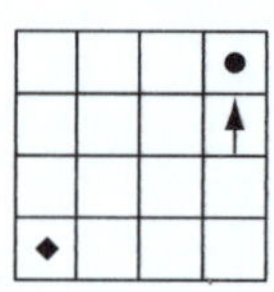

❑ C. 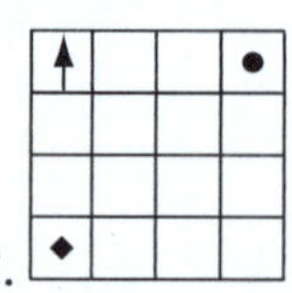

☒ D. 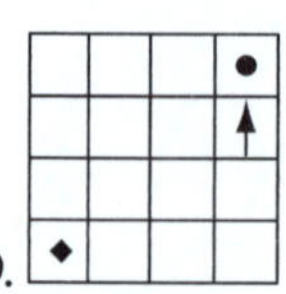

CONSEIL

Travaillez toujours sur un seul élément à la fois. Observez le déplacement de chaque symbole à l'intérieur de la grille et reconstituez la figure à trouver, puis comparez avec les propositions.

De la 1re à la 3e figure, le losange passe de la 1re à la 3e case de la 1re colonne : il se déplace verticalement dans la même colonne. Dans la 4e figure, il est dans 4e case de la 1re colonne.

De la 1re à la 3e figure, le point se déplace en diagonale de la case en bas à gauche à la case en haut à droite. Dans la 4e figure, il est en haut à droite.

La flèche se déplace en zigzag de la 3e case de la 1re colonne à la 3e case de la 3e colonne en passant par la 2e case de la 2e colonne. Dans la 4e figure, elle est dans la 2e case de la 4e colonne.

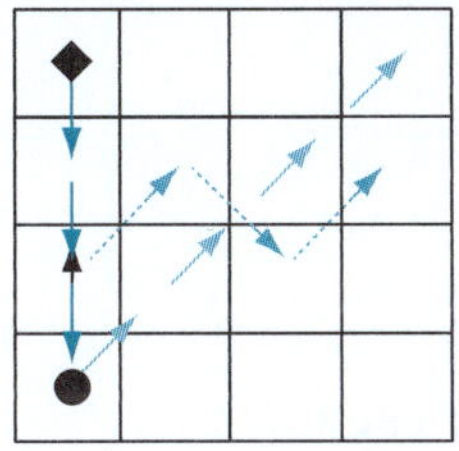

La réponse est **B.**

QUESTION 2

Que signifie ce proverbe ? « Au royaume des aveugles, le borgne est roi. »

❑ A. Tout est relatif.
❑ B. Mieux vaut être sourd qu'aveugle.
❑ C. La pauvreté est toujours un grand malheur.
❑ D. Aucune réponse ne convient.

CONSEIL

Commencez par lire attentivement l'expression dans sa globalité afin de bien la comprendre, d'en saisir et de retenir les principaux éléments comme les détails. Lisez ensuite calmement les phrases proposées.

Ce proverbe signifie que, entouré de personnes ignorantes ou stupides, un individu doté d'un maigre savoir ou d'une maigre intelligence passe pour un génie.

La réponse est **A.**

QUESTION 3

Une commerçante retire à la banque 3 billets de 100 €, 10 billets de 50 € et 3 paquets de 10 pièces de 2 €. Quelle est la somme dont elle dispose ?

❑ A. 540 € ❑ B. 680 € ❑ C. 820 € ☒ D. 860 €

MÉTHODE

Pour réaliser le maximum de questions, vous devez :

- réaliser les calculs numériques sans l'aide d'une calculatrice, donc vous entraîner régulièrement bien avant votre concours ;
- connaître parfaitement les tables de multiplication et les techniques opératoires des quatre opérations de base ;
- connaître les calculs de proportions et de pourcentages ;
- connaître les formules pour calculer le périmètre, l'aire et le volume.

Travaillez étape par étape c'est-à-dire une valeur à la fois.
Billets de 100 € : $3 \times 100 = 300$
Billets de 50 € : $10 \times 50 = 500$
Pièces de 2 € : $3 \times 10 \times 2 = 60$
Total : $300 + 500 + 60 = 860$ €

La réponse est **D**.

QUESTION 4

Blanc est à colombe ce que noir est à ... :

- ❑ A. deuil
- ❑ B. chat
- ❑ C. malheur
- ❑ D. corbeau

Une analogie est une ressemblance, établie par l'imagination, entre deux ou plusieurs « objets ». D'une manière générale, lors d'analogies, vous êtes en présence de « phrases » incomplètes, dont il manque le dernier mot. Vous avez plusieurs propositions correspondant au mot à découvrir après avoir compris la logique qui unit les couples.
Pour résoudre une analogie verbale, il faut s'intéresser au premier mot du second couple afin d'identifier, par analogie, le mot manquant (nom, adjectif, verbe, etc.), puis comprendre la relation sémantique (rapport de sens) existant entre ces deux mots. La logique est donnée par le sens de la phrase mais aussi par la position des mots. L'ordre et l'identité des mots sont primordiaux : ce sont eux qui déterminent la relation.

La colombe est blanche comme le corbeau est noir.

La réponse est **D**.

QUESTION 5

Quelle lettre complète cette suite ? A – D – G – J – M – ?

- ❑ A. O
- ❑ B. P
- ❑ C. Q
- ❑ D. R

CONSEIL
Comptez le nombre de lettres qui séparent chaque lettre de la suite.

Pour passer de A à D, vous ajoutez trois lettres (B, C, D). Pour passer de D à G, vous ajoutez E, F, G donc trois lettres également ; *idem*, pour tous les autres couples. À partir de M, vous ajoutez aussi trois lettres (N, O, P) et vous obtenez la lettre P.

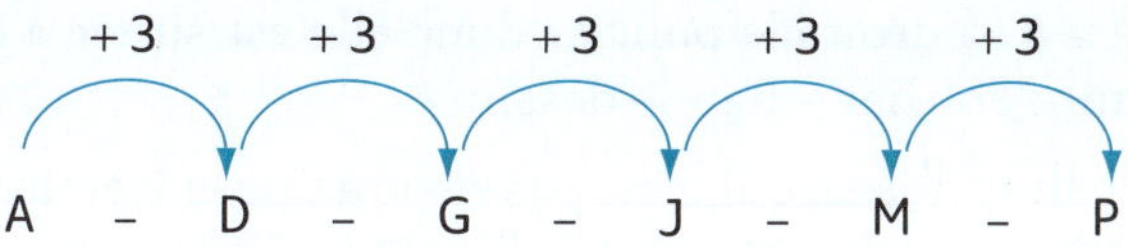

La réponse est **B**.

QUESTION 6

Quel est le domino manquant ?

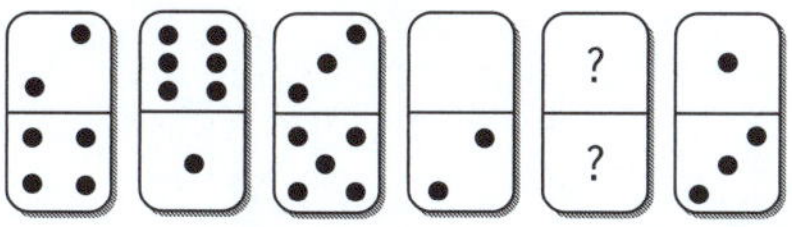

❑ A. 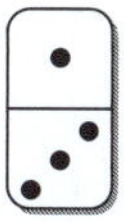

❑ B. 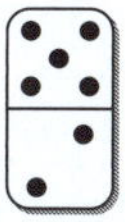

❑ C. 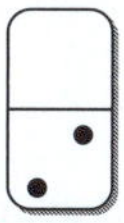

❑ D. 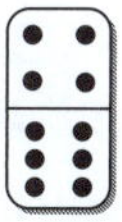

MÉTHODE

En partant de la partie supérieure du 1er domino et en zigzag, les valeurs se suivent selon la progression suivante : -1 ; +2 ; -1 ; +2 ; etc.
En partant de la partie inférieure du 1er domino, toujours en zigzag, les valeurs se suivent de la manière suivante : +2 ; -1 ; +2 ; -1 ; etc.

La réponse est **D**.

QUESTION 7

Dans une bibliothèque sont rangés quatre livres. Vous devez retrouver l'ordre des livres de gauche à droite dans la bibliothèque sachant que :

- **le roman se trouve à gauche du livre policier ;**
- **la bande-dessinée, qui a à sa droite le policier, ne côtoie pas l'essai ;**
- **l'essai ne se trouve pas à une extrémité.**

❑ A. Bande dessinée – Roman – Essai – Policier
❑ B. Roman – Essai – Policier – Bande dessinée
❑ C. Essai – Roman – Bande dessinée – Policier
❑ D. Policier – Bande dessinée – Roman – Essai

MÉTHODE

Pour résoudre ce type d'exercices, vous devez différencier les termes « se trouve à gauche de » et « se trouve juste à gauche » : dans le premier cas, les deux objets ne sont pas forcément côte à côte. Il faut également distinguer un objet « qui est à droite de » et un objet « qui a à sa droite », les positions de face étant alors inversées dans le dernier cas. Pour simplifier votre compréhension, portez les informations sur une droite ; cela vous aidera à établir des relations d'ordre entre les différents éléments et de les visualiser sur la droite.

La bande dessinée a à sa droite le policier donc elle est située à droite du policier. L'ordre est le suivant : Policier – Bande dessinée.

Elle ne côtoie pas le livre d'essai qui n'est pas situé à une extrémité. Celui-ci est donc intercalé entre le roman et le policier sur l'étagère. L'ordre des livres de gauche à droite est le suivant : Roman – Essai – Policier – Bande dessinée

La réponse est **B**.

QUESTION 8

Quel est l'intrus ?

- ❑ A. Audition
- ❑ B. Olfaction
- ❑ C. Sensation
- ❑ D. Vision
- ❑ E. Gustation

La sensation est une impression parmi des sens.

La réponse est **C**.

QUESTION 9

Quelle figure complète cette matrice ?

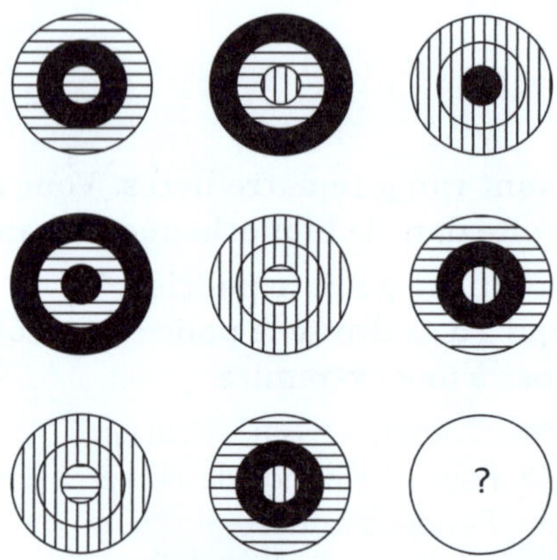

❑ A. 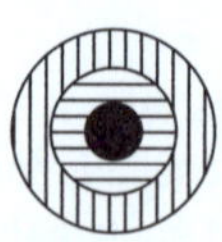
❑ B. 
❑ C. 
❑ D. 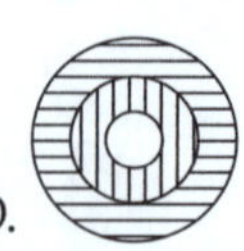

CONSEIL

Que vous travailliez en ligne ou en colonne, la logique est identique. Chaque figure est composée de trois cercles : externe, moyen et interne, de trois « couleurs » différentes (noir, hachures verticales et hachures horizontales).

En ligne, les trois cercles internes des trois figures sont de couleur différente ; les trois cercles moyens et les cercles externes également.

Dans la 3e figure, 3e ligne, il manque le cercle interne noir, le cercle moyen hachuré horizontalement et le cercle externe noir.

La réponse est **B**.

QUESTION 10

« Il y a dix ans, mon père avait le triple de mon âge ; dans deux ans, il aura le double », dit le fils. Quel est l'âge du père ?

- ❑ A. 12 ans
- ❑ B. 20 ans
- ❑ C. 36 ans
- ❑ D. 46 ans

Pour résoudre ce type d'exercices, il faut traduire sous forme d'équations les renseignements donnés dans le texte. Ici nous avons deux inconnues, il faut donc deux équations. Pour mettre en équations le problème, traduisez par deux expressions numériques les deux parties de la phrase.

L'âge du fils est désigné par F et l'âge du père par P. Prenez toujours des inconnues faciles à identifier et à retranscrire.

$$\begin{cases} P-10=3(F-10) \text{ équation (1)} \\ P+2=2(F+2) \text{ équation (2)} \end{cases}$$

Vous obtenez alors un système de deux équations à deux inconnues (F et P) maintenant facile à résoudre. Vous développez les seconds membres :

$$\begin{cases} P-10=3F-30 \text{ équation (1)} \\ P+2=2F+4 \text{ équation (2)} \end{cases}$$

Dans l'équation (1), vous ajoutez 10 à chaque membre pour calculer P en fonction de F : $P = 3F - 30 + 10$ donc $P = 3F - 20$: équation (3).

Vous reportez cette valeur de P dans l'équation (2) :

$3F - 20 + 2 = 2F + 4$

$3F - 18 = 2F + 4$

Vous ordonnez les valeurs :

$3F - 2F = 4 + 18 \Rightarrow F = 22$ ans.

Enfin, vous reportez l'âge du fils dans l'équation (3) : $P = 3 \times 22 - 20$ donc $P = 46$ ans.

Le père a 46 ans et le fils 22 ans.

Vous vérifiez : il y a 10 ans, le père avait 36 ans soit 3×12, le fils avait alors 12 ans ; dans 2 ans, le père aura 48 ans et le fils 24 ($12 + 10 + 2$).

La réponse est **D**.

QUESTION 11

Quelle lettre peut compléter le point d'interrogation ?
5 – C/10 – D/16 – S/22 – ?

❑ A. O ❑ B. T ❑ C. V ❑ D. X

La lettre correspond à la 1re lettre du chiffre qui précède, écrite en majuscule.

Par exemple, 5 (cinq) donc 22 (vingt-deux) donne V.

La réponse est **C**.

QUESTION 12

Quelle carte complète cette série ?

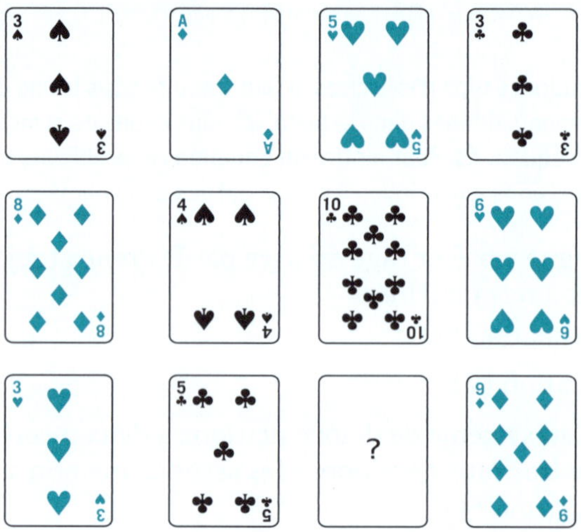

❑ A. 

❑ B. 

❑ C. 

❑ D. 

CONSEIL

Commencez par découvrir la couleur de la carte car cela peut vous aider à trouver la valeur.

Les cartes de chaque ligne sont de couleur différente. Donc sur la 3e ligne, il manque le pique.

La somme des 1re et 4e cartes de chaque ligne est égale à la somme des 2e et 3e cartes : sur la ligne 1, 3 + 3 = 1 + 5 = 6 ; sur la ligne 2, 8 + 6 = 4 + 10 = 14 ; sur la ligne 3, 3 + 9 = 12 donc 12 – 5 = 7.

La carte manquante est le 7 de pique.

La réponse est **A**.

QUESTION 13

Trouvez un mot qui peut terminer toutes les syllabes ci-dessous.

FERM
RAV
TOURN } (- - -)
ROU
AVANT

❑ A. ANT ❑ B. URE ❑ C. AGE ❑ D. ALE

Le plus souvent, le nombre de points ou de tirets entre parenthèses vous indique le nombre de lettres à découvrir. De plus, laissez place à l'imagination. Faites également attention si l'on vous demande de trouver un mot ou une syllabe. Dans le premier cas, les lettres doivent avoir un sens, pas dans le second cas.

Si vous ajoutez AGE à toutes les syllabes, vous obtenez les mots FERMAGE, RAVAGE, TOURNAGE, ROUAGE et AVANTAGE.

La réponse est **C**.

QUESTION 14

Peigne est à cheveux ce que brosse est à...

❑ A. pelage
❑ B. chien
❑ C. poil
❑ D. animaux

On peigne les cheveux comme on brosse les poils.

La réponse est **C**.

QUESTION 15

Pour le Noël des enfants de votre commissariat, vous avez été chargé acheter des ours en peluche à 17 € chacun et des poupées à 12 € chacune. Pour effectuer cet achat, vous disposez de 120 €. Combien pouvez-vous acheter d'ours si vous désirez impérativement acheter 3 poupées ?

❑ A. 1 ours ❑ B. 2 ours ❑ C. 3 ours ❑ D. 4 ours

Soyez conscient que tous les exercices doivent être exécutés sans calculatrice. Il est donc primordial de vous familiariser avec le calcul mental afin d'acquérir de la rapidité dans vos calculs.

Somme dépensée pour 3 poupées : 3 × 12 = 36 €.
Somme restante : 120 – 36 = 84 €.
Nombre d'ours pouvant être achetés : 84 ÷ 17 = 4,94 ; soit 4 ours.

La réponse est **D**.

QUESTION 16

Choisissiez le nombre manquant.
4 – 9 – 17 – 35 – ? – 139

- ❑ A. 59
- ❑ B. 69
- ❑ C. 71
- ❑ D. 87

La progression est × 2 + 1 ; × 2 – 1 ; × 2 +1 ; × 2 — 1 ; × 2 + 1 donc 35 × 2 = 70 et 70 – 1 = 69.

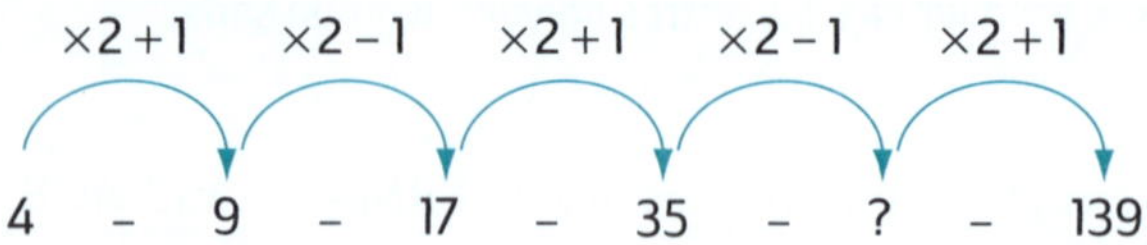

La réponse est **B**.

QUESTION 17

Indiquez si les deux colonnes sont constituées de noms identiques ou différents.

VLADIMIROVITCH BÉRÉGOSTRICH VLADIMIRROVITCH BÉRÉGOSTRICH

- ❑ A. Identique
- ❑ B. Différent

Il y a une erreur entre ces deux colonnes : VLADIMIRROVITCH BÉRÉGOSTRICH.

La réponse est **B**.

QUESTION 18

Un lion, un léopard et un chacal dévorent ensemble un zèbre. Le lion tout seul dévorerait le zèbre en 1 heure. Le léopard mettrait 3 heures et le chacal pas moins de 6 heures. En combien de temps dévoreraient-ils ensemble le zèbre ?

- ❑ A. 30 min
- ❑ B. 40 min
- ❑ C. 1 h 05
- ❑ D. 1 h 06

En 1 heure, le lion dévore 1 zèbre, le léopard dévore $\frac{1}{3}$ de zèbre, le chacal dévore $\frac{1}{6}$ de zèbre.

En 1 heure, les 3 animaux dévorent ensemble :

$1+\frac{1}{3}+\frac{1}{6}=\frac{6}{6}+\frac{2}{6}+\frac{1}{6}=\frac{9}{6}=\frac{3}{2}$ zèbre.

En x heure, ils dévorent 1 zèbre : $\frac{1\times 1}{\frac{3}{2}}=\frac{2}{3}$ heure, soit 40 minutes.

La réponse est **B.**

QUESTION 19

Indiquez l'intrus parmi les cinq propositions.

- ❑ A. Chien
- ❑ B. Cheval
- ❑ C. Chat
- ❑ D. Lotte
- ❑ E. Hamster

La lotte est un poisson parmi des mammifères.

La réponse est **D.**

QUESTION 20

Complétez le carré vide avec le nombre qui convient.

84	
14	12

81	
18	9

88	
?	11

- ❑ A. 44
- ❑ B. 16
- ❑ C. 22
- ❑ D. 48

CONSEIL

Pour trouver le nombre recherché, utilisez toutes les données c'est-à-dire les deux autres nombres de cet exercice.

Dans le cas présent, le chiffre du haut est divisé par le chiffre de droite, puis le résultat est multiplié par 2 afin de donner le nombre à découvrir.
Ainsi pour la 1re figure, vous avez : $84 \div 12 = 7$ et $7 \times 2 = 14$.
Pour la 2e figure, vous avez : $81 \div 9 = 9$ et $9 \times 2 = 18$.
Vous appliquez la même loi pour la 3e figure : $88 \div 11 = 8$ et $8 \times 2 = 16$.

La réponse est **B**.

QUESTION 21

On suppose que :
– Tous les livres sont des ouvrages de référence.
– Aucun des ouvrages de référence n'est une encyclopédie.

Quelle conclusion découle des affirmations ci-dessus ?

- ❑ A. Aucun des livres n'est une encyclopédie.
- ❑ B. Tous les livres sont des encyclopédies.
- ❑ C. Aucun des livres n'est pas une encyclopédie.
- ❑ D. Aucune conclusion valide n'est possible.

MÉTHODE

Il s'agit d'un syllogisme c'est-à-dire un mode de raisonnement logique qui consiste en deux propositions dont on déduit une troisième. À partir d'affirmations, vous devez retrouver une affirmation soit qui découle des premières soit qui les contredit. La modélisation des différentes propositions sous forme d'ensembles vous aidera souvent à résoudre plus facilement un syllogisme. En effet, en représentant par des ensembles chaque groupe, vous pouvez visualiser les liens qui les unissent ou pas.

Ce syllogisme peut se traduire par les ensembles suivants :

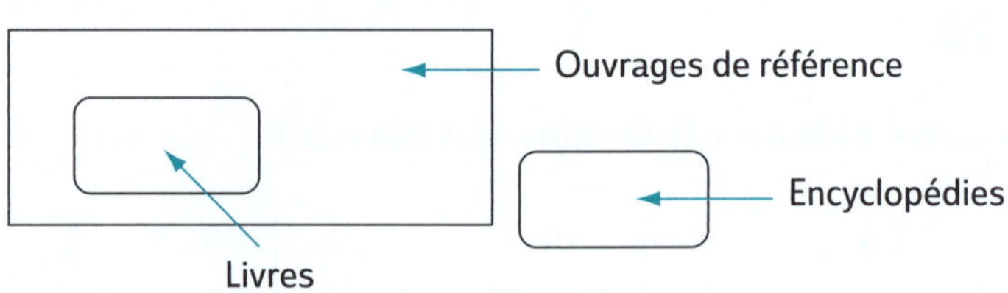

Grâce au schéma, on s'aperçoit qu'il n'y a aucun élément en commun entre les ouvrages de référence et les encyclopédies.

La réponse est **A**.

QUESTION 22

Quel nombre poursuit cette suite ?
113 – 15 – 98 – 21 – 77 – 9 – ?

❏ A. 8
❏ B. 91
❏ C. 68
❏ D. 112

La différence entre les deux premiers nombres donne le 3e nombre :
113 – 15 = 98 ; 98 – 21 = 77 et 77 – 9 = 68.

La réponse est **C**.

QUESTION 23

Quelle est la signification de ce proverbe ?
« Il n'y a pas de fumée sans feu. »

❏ A. Toute cheminée fume sans discontinuité.
❏ B. Il y a souvent un fond de vérité dans les rumeurs.
❏ C. Un feu alerte souvent les promeneurs.

Ce proverbe signifie qu'à l'origine des rumeurs, il y a toujours quelque chose de vrai.

La réponse est **B**.

QUESTION 24

Dans une corbeille, un quart des fruits sont des oranges, la moitié des pommes et le reste correspondent à trois bananes. Quel est le nombre total de fruits ?

❏ A. 3 ❏ B. 12 ❏ C. 9 ❏ D. 10

CONSEIL
Pour résoudre cet exercice, vous devez écrire une équation à partir des phrases de l'énoncé.

Si C est le nombre de fruits dans la corbeille, vous pouvez poser l'équation suivante :
$C = \frac{C}{4} + \frac{C}{2} + 3$.
Ensuite, vous résolvez cette équation en mettant tout sous le dénominateur commun (4) et vous obtenez : $4C = C + 2C + 4 \times 3$ donc $4C = 3C + 12$ donc $4C - 3C = 12$ donc $C = 12$.

La réponse est **B**.

QUESTION 25

Quel dessin doit aller dans la case vide ?

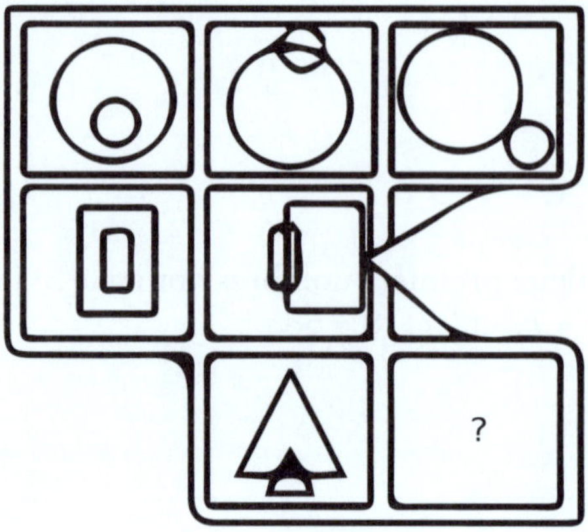

❑ A. 

❑ B. 

❑ C. 

❑ D. 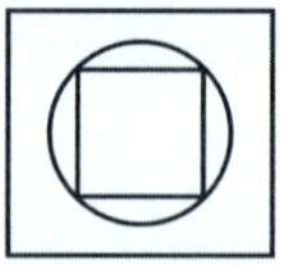

❑ E. 

❑ F. 

CONSEIL

La 2e forme d'une case est à l'intérieur, forme une intersection ou est à l'extérieur.

La réponse est **E.**

QUESTION 26

Quelle lettre complète cette suite ?

A – D – E/A – E – F/D – C – G/C – S – V/? – R – V

❑ A. D ❑ B. F ❑ C. N ❑ D. R

MÉTHODE

Réalisez le tableau de correspondance entre les lettres et leur place dans l'alphabet.

A	B	C	D	E	F	G	H	I	J	K	L	M	N	O	P	Q	R	S	T	U	V	W	X	Y	Z
1	2	3	4	5	6	7	8	9	10	11	12	13	14	15	16	17	18	19	20	21	22	23	24	25	26
26	25	24	23	22	21	20	19	18	17	16	15	14	13	12	11	10	9	8	7	6	5	4	3	2	1

La 3e lettre de chaque groupe est obtenue par l'addition de la position alphabétique de la 1re lettre et de la 2e lettre. Vous trouvez ainsi la place de cette 3e lettre : à convertir en la lettre souhaitée. Par exemple, A (1re lettre) + D (4e lettre) = E (5e lettre) donc D (4e lettre) + R (18e lettre) = V (22e lettre).

La réponse est **A**.

QUESTION 27

Lequel de ces mots est un intrus ?

- ❑ A. ECROU
- ❑ B. FUMER
- ❑ C. RAME
- ❑ D. RANCE
- ❑ E. TONAL

MÉTHODE Deux exercices en un vous permettent, dans un premier temps, d'identifier l'anagramme des cinq mots puis, dans un second temps, de trouver le mot qui n'est pas une partie du corps.

Les anagrammes de ces mots sont : ECROU = CŒUR, FUMER = FEMUR, RANCE = CRANE, TONAL = TALON et RAME = ARME ou MARE qui n'appartient pas à l'anatomie humaine.

La réponse est **C**.

QUESTION 28

Seul un des cinq détails est issu de la scène principale. Lequel ?

❑ A. 

❑ D. 

❑ B. 

❑ E. 

❑ C. 

La réponse est **B**.

QUESTION 29

Johan veut acheter trois ordinateurs à 1 250 € l'unité. Le vendeur lui propose une réduction de 20 % supplémentaires sur un modèle à 1 299 € l'unité. Si Johan accepte l'offre du vendeur, quelle sera son économie ?

❑ A. 543,80 €
❑ B. 632,40 €
❑ C. 721,10 €
❑ D. 839,50 €

Premiers ordinateurs : $3 \times 1\,250 = 3\,750$ €.
Ordinateurs avec remise : $3 \times 1\,299 \times 0{,}8 = 3\,117{,}60$ €.
Économie : $3\,750 - 3\,117{,}6 = 632{,}40$ €.

La réponse est **B**.

QUESTION 30

Dans les lignes suivantes, découvrez le nombre de 3.

AABCAABBBB3CCCCACCBBACAAAABBCCBBAAAAACCCBBABBCCCCCAAAAAAAAAACCCCBB
AAAABCCABABAAAAACCCBBBCABBBACCCCABBBCCAAABBBCABABABACBABCAACCC3BAC
BCAABCACBACBBBBBACABACABCABCCABACBACABAAA3BACAABCABACAABCABBACCABC
ABACCCABACABACABCABACCAABCABCB3CCCAABCABCABCABCCAABCCCAACCA3BCABCB
ABCABACCABACAACCCBACAACBACBACABACABACBACCCBACCABCACBACCABCABACCAC
CACCBACCCACA3BBCACABCACBACCABACCABCACABCACCABCACCABCAAAAAAABBBCCC
BCABACCABCCCABACAAACBACCAAABCACCABCCABCACCCACBACABCCBACABCCABCABA
CABACACCABCACCBCA3CABCABCABCCABACCAAABBCBACABACABACACCCAAC3BBCABCB

❑ A. 3
❑ B. 9
❑ C. 8
❑ D. 6

Le chiffre 3 est présent 8 fois : 1 fois sur les lignes 1, 2, 3 et 6 ; 2 fois sur les lignes 4 et 8.

La réponse est **C**.

Annales corrigées

Concours Gardien de la paix de la police nationale	Durée : 2 heures

1 Le sujet

1. Quel est le résultat de l'opération 389 × 104 ?

❑ A. 4 532 ☒ B. 40 456 ❑ C. 56 326

2. Dans un certain code, BACH est codé YZXS. Alors comment est codé MOZART ?

❑ A. OMAJZH ☒ B. NLAZIG ❑ C. NLZAGI

3. On a découpé un carré d'aire 1 en bandes d'égale largeur et on a tracé la diagonale comme le montre la figure ci-dessous. Quelle est l'aire de la partie bleue ?

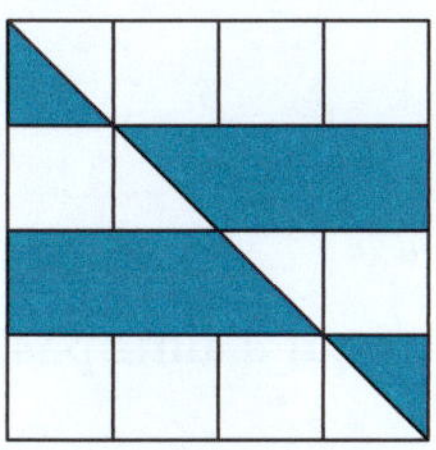

❑ A. 1/2 ❑ B. 4/9 ❑ C. 3/8

4. Laquelle des 6 figures n'obéit pas à la même logique que les autres ?

❑ A. 

❑ C. 

❑ E. 

❑ B. 

❑ D. 

❑ F. 

5. Calculez 47 % de 69 000.

❑ A. 32 430
❑ B. 30 624
❑ C. 38 572

6. Quel est le domino manquant ?

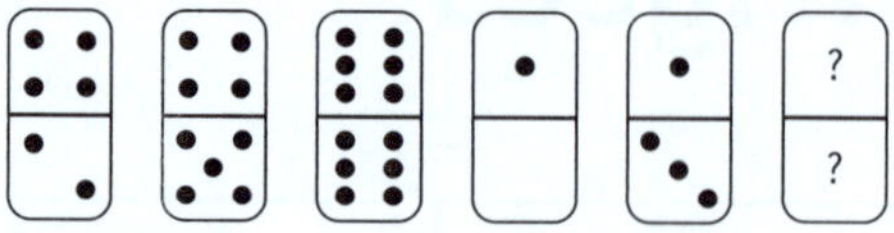

❑ A. 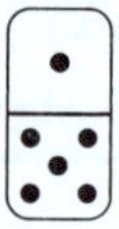

❑ B. 

❑ C. 

❑ D. 

7. Quel nombre doit se situer dans le dernier triangle ?

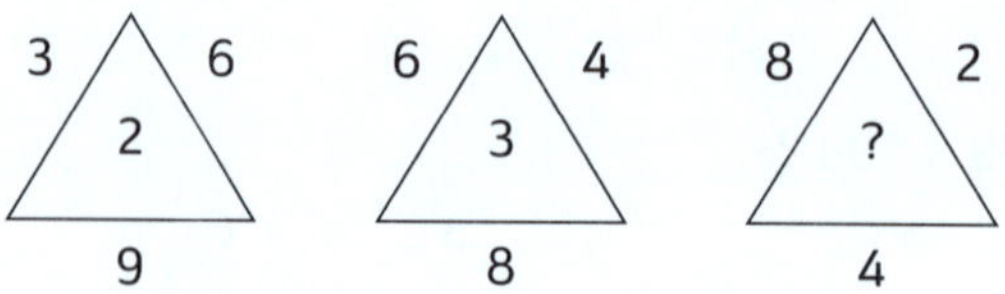

❑ A. 2
❑ B. 4
❑ C. 6

8. Deux peintres mettent 2 heures pour couvrir 40 m^2. Combien mettront cinq peintres pour couvrir 80 m^2 ?

❑ A. 1 heure 20
❑ B. 1 heure 40
❑ C. 1 heure 36

9. « Les enfants bruns aiment le chocolat. Il n'existe pas d'enfant qui n'aime pas les bonbons. » Que peut-on en déduire ?

❑ A. Patrick n'aime pas les bonbons, donc il est brun.
❑ B. Pierre aime les bonbons, donc il est brun.
❑ C. Si Alain est un enfant brun, alors il aime les bonbons et le chocolat.
❑ D. Un enfant brun n'aime pas forcément le chocolat.

10. Quelle figure peut remplacer le point d'interrogation ?

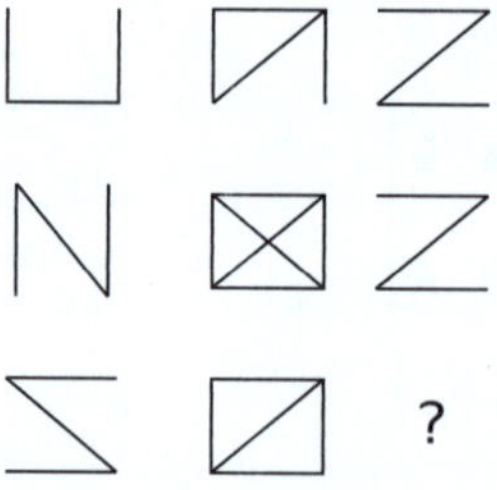

❑ A. 

❑ B. 

❑ C. 

❑ D. 

11. Maçon est à maison ce que boulanger est à :

❑ A. Farine
❑ B. Levure
❑ C. Pain

12. À 8 heures, trois bus desservant les trois lignes d'une ville partent d'une même station. Les départs successifs sont régulièrement espacés pour chaque ligne de 15 minutes, 20 minutes et 24 minutes. À quelle heure verra-t-on les trois bus partir en même temps ?

❑ A. 9 heures 10
❑ B. 9 heures 20
❑ C. 10 heures

13. Prenez connaissance attentivement de la phrase écrite entre guillemets. Il s'agit d'une pensée de Miguel de Unamuno : « Une foi qui ne doute pas est une foi morte. » Quel est, parmi les cinq phrases qui suivent cette pensée, l'énoncé dont le sens vous paraît équivalent à celui de la pensée ?

❑ A. Il faut pouvoir douter pour pouvoir croire.
❑ B. Celui qui doute n'a pas la foi.
❑ C. Le doute est l'état d'âme normal de celui qui cherche.

14. Le gâteau au chocolat a été volé dans le réfrigérateur. Soazic va vite questionner ses trois amies : Anna, Justine et Ismaelle. Soazic connaît bien les trois filles et sait qu'Anna ne ment jamais, que Justine ment toujours et qu'Ismaelle dit parfois la vérité et parfois des mensonges. Voici ce qu'ont raconté les trois filles :

- Justine : « C'est moi qui ai tout pris. »
- Anna : « C'est impossible que ce soit Ismaelle. »
- Ismaelle : « Encore un coup de Justine. »

Qui est la coupable ?

❑ A. Anna
❑ B. Justine
❑ C. Ismaelle

15. Quelle lettre vient à la place du point d'interrogation ?

U – D – T – Q – C – S – S – H – ?

❑ A. D
❑ B. N
❑ C. O

16. Remplacez le point d'interrogation de cette équation en ajoutant le signe (+, x ou ÷) qui convient.

$(((8 - 2) \times 3) ? 9) + 8 = 10$

❑ A. +
❑ B. ×
❑ C. ÷

ADMISSIBILITÉ – TESTS PSYCHOTECHNIQUES
Annales corrigées

17. Parmi les cinq cartes ci-dessous, quelle est celle que vous devez retourner pour vérifier la règle suivante : « S'il y a une voyelle d'un côté d'une carte, alors il y a un nombre pair de l'autre » ?

K	A	B	3	4

❑ A. K
❑ B. A
❑ C. B

18. Quel est l'intrus ?

❑ A. Ballon
❑ B. Crayon
❑ C. Fonction
❑ D. Sauge
❑ E. Troc

19. Le jour de son premier cours auprès des étudiants en école de gardien de la paix, l'enseignant remarque que les 48 places de la salle de cours sont occupées. Il compte 30 étudiantes et observe que seules des filles portent des boucles d'oreilles. 30 auditeurs ne portent pas de boucles d'oreilles. Combien d'étudiantes ne portent pas de boucles d'oreilles ce jour-là ?

❑ A. 10
❑ B. 12
❑ C. 15

20. Complétez la suite logique.

A - B - 2 - 1 - E - F - 6 - 5 - O - P - ? - ?

❑ A. 15 - 16
❑ B. 16 - 15
❑ C. 10 - 11

21. Un nénuphar prospère sur un étang et double chaque jour sa surface. En 14 jours, il a recouvert toute la superficie de l'étang. En combien de jours a-t-il recouvert la moitié de cet étang ?

❑ A. 6 jours
❑ B. 7 jours
❑ C. 13 jours

22. Éloïse a enroulé un bout de laine autour d'un morceau de bois ; en voici la vue d'un côté :

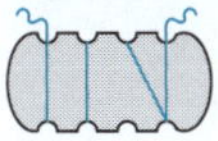

Parmi les dessins ci-dessous, lequel peut représenter l'autre côté du morceau de bois d'Éloïse ?

❏ A. 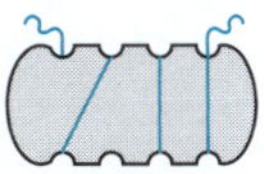

❏ B. 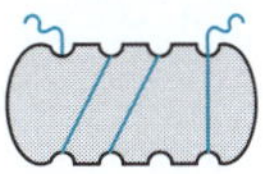

❏ C. 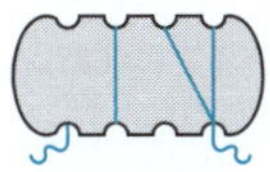

❏ D. 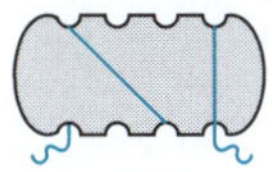

❏ E. 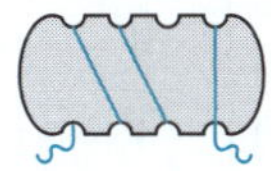

23. Quel réservoir va se remplir en premier ?

❏ A. 1
❏ B. 2
❏ C. 3
❏ D. 4

24. Un tiroir contient 20 chaussettes noires et 20 chaussettes blanches. Combien faut-il en tirer au minimum pour être sûr d'en avoir deux de la même couleur ?

❏ A. 2
❏ B. 3
❏ C. 5

25. Quel nombre complète cette suite ?

35 – 34 – 25 – 29 – 85 – ?

❏ A. 81
❏ B. 89
❏ C. 84

26. Remplacez le point d'interrogation par le total adéquat.

☺	○	○	15
☹	⃠	☺	8
○	⃠	☹	14
11	15	?	

❏ A. 13
❏ B. 11
❏ C. 9

27. Si ORME = 2-5-26-18, TABLE = 7-14-15-25-18, OUBLIER = 2-8-15-25-22-18-5 alors BRAMER = ?

- ❑ A. 12-5-22-15-7-5
- ❑ B. 5-10-6-20-9-7
- ❑ C. 15-5-14-26-18-5

28. Quelle carte peut remplacer le point d'interrogation ?

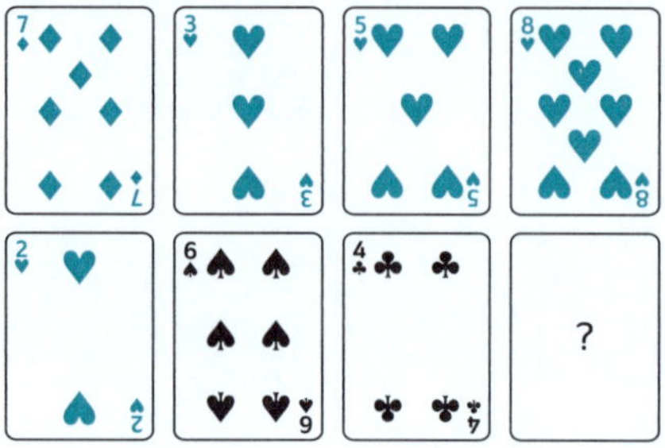

❑ A.  ❑ B.  ❑ C. 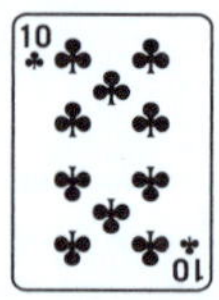 ❑ D. 

29. Une pelote de fil a un diamètre de 60 cm. Le fil a 1 millimètre de diamètre et il est enroulé si serré qu'on considère qu'il n'y a aucun vide dans la pelote. Quelle est la mesure qui s'approche le plus de la longueur du fil ?

❑ A. 144 km ❑ B. 72 km ❑ C. 108 km

30. Quel est l'intrus ?

- ❑ A. Granit
- ❑ B. Glaise
- ❑ C. Marne
- ❑ D. Tourbe

31. Jean est le grand-père maternel de mon oncle paternel Jacques. Qui suis-je ?

- ❑ A. Le fils de Jean
- ❑ B. Le frère de Jean
- ❑ C. L'arrière-petit-fils de Jean

32. Pour calculer un prix TTC, pour un taux de TVA à 5,5 %, le coefficient à appliquer est :

- ❑ A. 0,55
- ❑ B. 1,055
- ❑ C. 1,55

33. Parmi les réponses suivantes, laquelle remplace le X ?

ANTENNE – NEON - X - ESTIMATION

- ❑ A. ORAGE
- ❑ B. AUTRE
- ❑ C. PHARAON
- ❑ D. ONDEES

34. Jean dispose de lettres en carton : 200 lettres « E », 150 lettres « S », 70 lettres « M ». Combien d'exemplaires du mot SEMEES peut-il écrire ?

- ❑ A. 66
- ❑ B. 75
- ❑ C. 101

35. Paul a deux fois l'âge de sa sœur Anne. Il a trois fois l'âge de son petit frère Simon. Si on additionne l'âge de Paul, d'Anne et de Simon, on obtient la moitié de l'âge de leur père. Sachant que la mère de Paul a 6 ans de plus que son père, quel est l'âge du père de Paul ?

- ❑ A. 46 ans
- ❑ B. 36 ans
- ❑ C. Impossible à déterminer

36. Quel nombre complète le point d'interrogation ?

21 – 25 – 19 – 23 – 17 – ?

- ❑ A. 11
- ❑ B. 23
- ❑ C. 21

37. Si  **est à**  **alors** 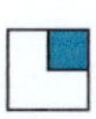 **est à ?**

❑ A. 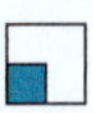 ❑ B. 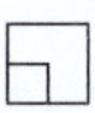 ❑ C. 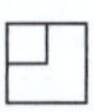 ❑ D. 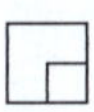

38. Si Eve se traduit par le chiffre 32, que vaut Adam ?

- ❑ A. 19
- ❑ B. 12
- ❑ C. 21

39. Pour passer l'hiver, le gardien d'un zoo achète pour ses camélidés des pantoufles pour leurs pattes et des bonnets pour leurs bosses. Il n'a que des chameaux et des dromadaires, et il a acheté 19 bonnets et 24 paires de pantoufles. Combien a-t-il de chameaux et combien de dromadaires ?

- ❑ A. 3 dromadaires et 5 chameaux
- ❑ B. 5 dromadaires et 7 chameaux
- ❑ C. 6 dromadaires et 7 chameaux

40. On tire une carte au hasard d'un jeu de 52 cartes (roi, dame, valet, 10, 9, 8, 7, 6, 5, 4, 3, 2 et as) dans les quatre couleurs (cœur, carreau, trèfle et pique). Quelle est la probabilité de tirer un roi ?

❑ A. 1/4
❑ B. 2/16
❑ C. 4/52

41. Combien coûte un terrain rectangulaire de 12 m sur 40 m vendu au prix de 70 euros le mètre carré ?

❑ A. 36 400 euros
❑ B. 37 280 euros
❑ C. 33 600 euros

42. Dans la salle 1 du cinéma, il y a 200 personnes dont 40 % de femmes. Dans la salle 2, sur les 160 personnes, 50 % sont des femmes. Quelle affirmation est vraie ?

❑ A. Il y a plus de femmes dans la salle 1 que dans la salle 2.
❑ B. Il y a plus de femmes dans la salle 2 que dans la salle 1.
❑ C. II y a autant de femmes dans les 2 salles.

43. Hélène s'est réveillée à 06 h 04 après une nuit de 09 h 08. À quelle heure s'est-elle endormie ?

❑ A. 21 h 34
❑ B. 20 h 56
❑ C. 21 h 18

44. En pédalant à vitesse constante, Vincent parcourt 10 km en 15 minutes. Combien de temps mettra-t-il pour parcourir 25 km ?

❑ A. 30 minutes 10
❑ B. 35 minutes 20
❑ C. 37 minutes 30

45. Durant la première année de location, votre loyer est d'un montant de 625 euros et 40 euros de charges. L'année suivant, votre loyer augmente de 2 % et les charges de 70 euros. Quel est le nouveau montant total du loyer ?

❑ A. 637,5 euros
❑ B. 707,5 euros
❑ C. 747,5 euros

46. Dans la Grand-Rue, il y a une boucherie, une boulangerie, une droguerie et une épicerie. Chaque boutique est peinte d'une couleur différente : bleue, jaune, rouge ou verte.

- La droguerie est uniquement à côté de la maison rouge.
- La maison bleue n'est ni l'épicerie ni la boulangerie.
- La boucherie est entre la droguerie et la boulangerie.
- La boulangerie n'est pas la maison jaune.
Quelle est la couleur de la droguerie ?

❑ A. Verte
❑ B. Bleue
❑ C. Rouge

47. Quel est le numéro de la place de parking utilisée par la voiture ?

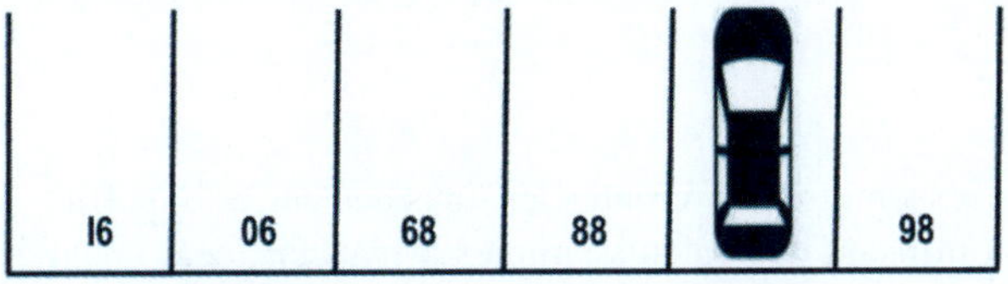

❑ A. 118
❑ B. 206
❑ C. 87

48. Combien peut-on voir de triangles dans la figure suivante ?

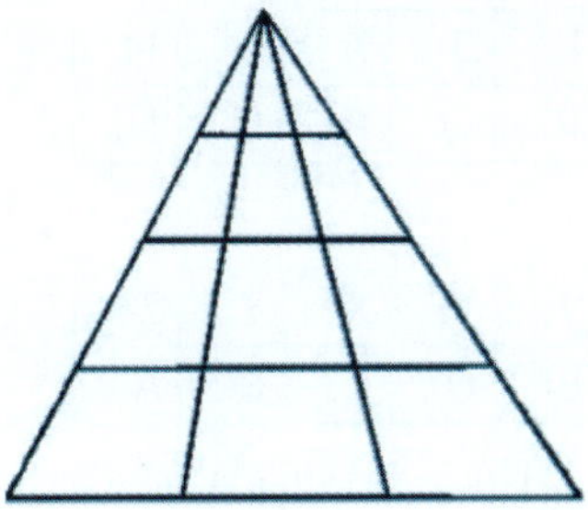

❑ A. 12
❑ B. 16
❑ C. 24

49. Dans une usine, le directeur a constaté que toutes les montres fabriquées en septembre ont des défauts. Il en tire trois conclusions. Laquelle de ces conclusions du directeur est correcte ?

❑ A. Il prend une montre qui a été fabriquée en juillet et conclut qu'elle ne peut pas avoir de défaut.
❑ B. Il prend une montre qui a un défaut et conclut qu'elle doit avoir été fabriquée en septembre.
❑ C. Il prend une montre qui n'a pas de défaut et conclut qu'elle n'a pas été fabriquée en septembre.

50. Sur cet engrenage, dans quel sens tourne la roue E ?

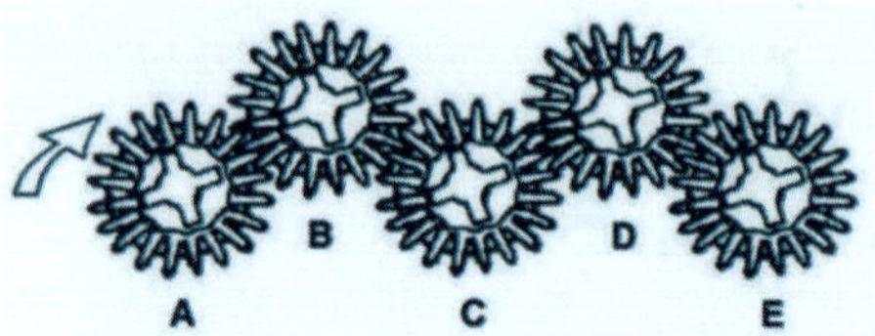

❑ A. Dans le sens inverse dans aiguille d'une montre
❑ B. Dans le sens dans aiguille d'une montre
❑ C. Dans le même sens que la roue B

2 Le corrigé

1. B. Lorsque les réponses proposées sont très différentes les unes des autres, il suffit de calculer une approximation en utilisant des calculs simples à réaliser ; ceci vous permettra de gagner du temps pour répondre à un plus grand nombre de questions.
$389 \times 104 \approx 400 \times 100 \approx 40\,000$

Il faut donc choisir la réponse B car 40 456 est la valeur la plus proche de 40 000.

2. B. Faites correspondre les lettres, dans l'ordre alphabétique, avec leur code.

Lettre	A	B	C	D	E	F	G	H	I	J	K	L	M
Code	Z	Y	X	W	V	U	T	S	R	Q	P	O	N

Lettre	N	O	P	Q	R	S	T	U	V	W	X	Y	Z
Code	M	L	K	J	I	H	G	F	E	D	C	B	A

À l'aide du tableau, vous découvrez le codage : la première lettre de l'alphabet (A) correspond à la dernière (Z), la deuxième lettre de l'alphabet (B) correspond à l'avant-dernière (Y), etc. Avec le tableau, vous pouvez aisément découvrir le code de MOZART.

M est codé par N, O est codé par L, Z est codé par A, A est codé par Z, R est codé par I et T est codé par G. La solution est donc : NLAZIG.

3. C. On peut déterminer l'aire de la figure en s'aidant des bandes verticales. Il y a 4 demi-carrés noirs (= 2 carrés) et 4 carrés entiers soit 6 carrés au total. L'aire bleue est de 6 carrés sur 16 carrés au total. On a donc : 6/16 = 3/8.

4. F. À chaque fois, on a deux éléments (★ et ♦), une lettre et un chiffre. La figure F est donc l'intrus car il y a deux chiffres.

5. A. $\frac{47 \times 69\ 000}{100} = 32\ 430$

6. C. On part du haut du premier domino. On ajoute 1 à 4 et on obtient 5, le chiffre du bas du domino suivant. On ajoute 1, on obtient 6 le chiffre du haut du troisième domino, etc. On arrive ainsi à 2 pour le chiffre du bas du dernier domino.

On part du bas du premier domino. On ajoute 2 à 2. On obtient 4, le chiffre du haut du domino suivant. On ajoute 2, on obtient 6, le chiffre du bas du troisième domino, etc. On arrive ainsi à 5 pour le chiffre du haut du dernier domino.

7. B. Il faut multiplier les nombres au sommet puis les diviser par le nombre à la base pour obtenir le nombre dans le triangle.

D'où : $8 \times 2 = 16$. Or $16 \div 4 = 4$.

8. C. Un peintre met 4 heures pour couvrir 40 m^2 donc 8 heures (deux fois plus) pour couvrir 80 m^2.
Les cinq peintres mettront cinq fois moins de temps qu'un seul peintre :

480 minutes (8 heures × 60 minutes) ÷ 5 = 96 minutes, soit 1 heures 36.

9. C. Si Alain est un enfant brun, alors il aime le chocolat d'après la première phrase de l'énoncé. Il aime aussi les bonbons puisque c'est un enfant et qu'il n'existe pas d'enfant qui n'aime pas les bonbons.

10. C. Il faut « soustraire » la figure 1 de la figure 2 pour obtenir la figure 3. Dit autrement, quand on superpose la figure 1 à la figure 2, si chaque figure a un trait au même endroit, il disparaît.

11. C. Rapport d'artisan au produit fini : le maçon construit la maison comme le boulanger produit le pain.

12. C. Il faut rechercher le plus petit commun multiple (PPCM), c'est-à-dire le plus petit des multiples communs non nuls à ces nombres.
Après décomposition de 15, 20 et 24 en produits de facteurs premiers, on a : $15 = 3 \times 5$; $20 = 4 \times 5$ et $24 = 3 \times 8$. Le PPCM de 15, 20 et 24 est : $3 \times 5 \times 8 = 120$.

Les bus partiront ensemble au bout de 120 minutes, soit 2 heures donc à 8 + 2 = 10 heures.

13. A.

ADMISSIBILITÉ – TESTS PSYCHOTECHNIQUES
Annales corrigées

14. A. Anna ne ment jamais. ⇒ Elle dit toujours la vérité. ⇒ Ce n'est pas Ismaelle qui a volé le gâteau. Justine ment toujours. ⇒ Ce n'est pas elle qui a volé le gâteau. La coupable ne peut donc qu'être Anna.

15. B. C'est l'initiale des mots désignant les premiers nombres : Un – Deux – Trois – Quatre – etc. Vient ensuite Neuf donc N.

16. C. L'équation est la suivante : $8 - 2 \times 3 \div 9 + 8 = 10$ car $(8 - 2) = 6$; $6 \times 3 = 18$; $18 \div 2 = 9$ et $2 + 8 = 10$. Les parenthèses sont ici importantes car elles imposent l'ordre des calculs.

17. C. Si on retourne K, il y a bien une voyelle à droite mais pas d'autre carte à gauche. Si on retourne A, il y a deux lettres de chaque côté.

Si on retourne B, il y a une voyelle à gauche (A) et un nombre pair à droite (4). Cette affirmation est vraie.

18. A. Si on enlève la première lettre de chaque mot, on obtient un autre mot : rayon, onction, auge, roc.

19. B. Sur les 48 étudiants de la classe, il y a 30 filles et 18 garçons (48 – 30). Parmi les 30 élèves qui ne portent pas de boucles d'oreille, il y a les 18 garçons donc 30 – 18 = 12 filles qui ne portent pas de boucles d'oreille.

20. B. Travaillez sur les lettres et les nombres ensemble et faites correspondre le nombre à la place de la lettre dans l'alphabet.

A	B	C	D	E	F	G	H	I	J	K	L	M
1	2	3	4	5	6	7	8	9	10	11	12	13

N	O	P	Q	R	S	T	U	V	W	X	Y	Z
14	15	16	17	18	19	20	21	22	23	24	25	26

Chaque groupe de deux lettres est suivi du nombre formé par son rang dans l'alphabet écrit en sens inverse. Donc O et P correspondent respectivement à la 15e et à la 16e places de l'alphabet. Inversé, cela donne : 16 - 15.

21. C. Si le nénuphar double sa surface chaque jour, la veille il aura recouvert la moitié de l'étang, c'est-à-dire au 13e jour.

22. E. On peut le comprendre en retournant le morceau E par la pensée et par une symétrie d'axe horizontal. On peut vérifier qu'aucun des autres dessins ne convient.

23. C.

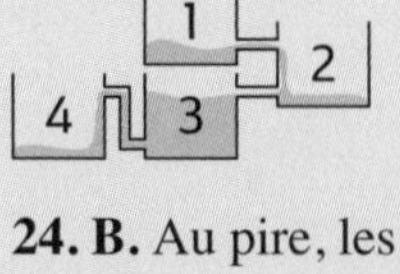

24. B. Au pire, les deux premières chaussettes tirées sont de couleur différente. Donc en tirant trois chaussettes, vous êtes sûr dans avoir deux, voire trois (si vous avez eu de la chance), de la même couleur.

25. B. En partant de 35 : $3^2 + 5^2 = 9 + 25 = 34$; $3^2 + 4^2 = 9 + 16 = 25$; $2^2 + 5^2 = 4 + 25 = 29$; $2^2 + 9^2 = 4 + 81 = 85$; $8^2 + 5^2 = 64 + 25 = 89$.

26. B. Pas besoin de faire de savants calculs car la 1re et la 3e colonnes sont identiques donc la somme est identique.

27. C. La 3e lettre de OUBLIER est B = 15 donc BRAMER commence par 15.

28. B. La somme totale des colonnes donne 9 : 7 + 2 = 9 ; 3 + 6 = 9 ; 5 + 4 = 9 et 8 + ? = 9. Il manque l'as de cœur.

29. A. Calcul du volume d'une sphère selon la formule : $4/3 \times \pi \times r^3$.
Diamètre de la bobine (sphère) = 60 cm donc rayon (r) = 30 cm = 0,3 m
Volume de la bobine = $4/3 \times 3{,}14 \times 0{,}3^3 = 0{,}113\ m^3$ soit $113{,}10^6\ mm^3$
Diamètre du fil = 1 mm donc rayon (r) = 0,5 mm
Section du fil = $\pi \times r^2 = 3{,}14 \times 0{,}5^2 = 0{,}785\ mm^2$
On peut alors calculer la longueur du fil :

$L = V/S = 113{,}10^6/0{,}785 = 1{,}44.10^8$ mm = 144 km

30. C. Il faut compter le nombre de lettres de chaque mot : Granit = 6 lettres, Glaise = 6 lettres, Marne = 5 lettres et Tourbe = 6 lettres. Donc Marne est le mot intrus.

31. C. Je suis le fils du frère de Jacques. Donc, je suis l'arrière-petit-fils de Jean.

32. B.
$P_{TTC} = P_{HT} + P_{HT} \times 5{,}5/100$
$P_{TTC} = P_{HT} + 0{,}055P_{HT}$
$P_{TTC} = (1 + 0{,}055) \times P_{HT}$

$P_{TTC} = 1{,}055 \times P_{HT}$

33. D. La fin du mot compose le début du mot suivant.

34. A. On peut écrire moins de 70 fois le SEMEES car on ne dispose que de 70 lettres « M ». Seule la réponse A convient.

35. C. Il faut transformer ces phrases en un système de 5 équations puisqu'il il y a 5 inconnues (âges des 5 personnes) :

- « Paul a deux fois l'âge de sa sœur Anne » : $P = 2 \times A$
- « Il a trois fois l'âge de son petit frère Simon » : $P = 3 \times S$
- « Si on additionne l'âge de Paul, d'Anne et de Simon, on obtient la moitié de l'âge de leur père » : P + A + S = Père ÷ 2
- « la mère de Paul a 6 ans de plus que son père » : M = Père +6

Il est impossible de déterminer la réponse car nous avons seulement un système de 4 équations pour 5 inconnues.

36. C. La progression est de : + 4, - 6, + 4, - 6 et + 4 donc 17 + 4 = 21.

37. B.

38. A. On additionne les nombres qui correspondent à la place de chaque lettre du prénom dans l'alphabet : EVE = 5 + 22 + 5 = 32 et ADAM = 1 + 4 + 1 + 13 = 19.

39. B. Sachant que le dromadaire a 1 bosse et 4 pattes et que le chameau a 2 bosses et 4 pattes, il faut écrire un système de deux équations à deux inconnues.

Soit D, le nombre de dromadaires qui ont 1 seule bosse et C, le nombre de chameaux qui ont 2 bosses :

- pour les 19 bonnets : $19 = D + 2C \Rightarrow D = 19 - 2C$
- pour les 24 paires de pantoufles soit 48 pantoufles : $48 = 4D + 4C$

Pour calculer le nombre de chameaux, on remplace D par son expression en fonction de C dans la 2e équation :

$48 = 4\,(19 - 2C) + 4C$

$\Rightarrow 48 = 76 - 8C + 4C$

$\Rightarrow 48 - 76 = -4C$

$\Rightarrow -28 = -4C \Rightarrow 28 = 4C \Rightarrow C = 28 \div 4 \Rightarrow C = 7 \Rightarrow$ Il y a 7 chameaux.

Calcul du nombre de dromadaires :

$D = 19 - 2 \times 7 \Rightarrow D = 19 - 14 \Rightarrow D = 5 \Rightarrow$ Il y a 5 dromadaires.

40. C.

Probabilité = nombre de cas possibles/nombre de cas total

Nombre de possibilité de tirer un roi = 4 car il y a 4 couleurs

Nombre de cas possible = 52 car il y a 52 cartes

Probabilité = 4/52

41. C.

Calcul de la surface : $40 \times 12 = 480$ m^2

Calcul du prix : $480 \times 70 = 33\,600$ euros

42. C.

Nombre de femmes dans la salle 1 : $200 \times 40/100 = 80$ femmes

Nombre de femmes dans la salle 2 : $160 \div 2 = 80$ femmes

Donc il y a autant de femmes dans les deux salles.

43. B. Si Hélène se réveille à 6 h 04 après une nuit de 9 h 08, alors elle s'est endormie à 20 h 56 car il y a 8 minutes entre 20 h 56 et 21 h 04 additionnée de 9 heures entre 21 h 04 et 06 h 04.

44. C. Vincent parcourt 10 km en 15 minutes.

Il parcourra 25 km en : $25 \times 15/10 = 37{,}5$

Conversion de 37,5 minutes : 37 minutes et la moitié d'une minute = 37 minutes 30 secondes

45. C.

Calcul du nouveau loyer : $625 \times 1{,}02 = 637{,}5$ euros

Calcul des nouvelles charges : $40 + 70 = 110$ euros

Montant total du loyer : $637{,}5 + 110 = 747{,}5$ euros

46. B. D'après le 4e indice, la boulangerie ne peut pas être la première maison ; elle est en 2e, 3e ou 4e position.

D'après le 3e indice, on a : Droguerie – Boucherie – Boulangerie. Il manque l'épicerie et on peut poser : Épicerie – Droguerie – Boucherie – Boulangerie.

D'après le 1er indice, la maison rouge est la boucherie. Pour les couleurs, on a alors : Jaune – ? – Rouge – ?

D'après le 2e indice, on a : la maison bleue est donc entre la maison jaune et la rouge.

$\Rightarrow$ Jaune – Bleue – Rouge.

Il ne reste plus qu'à placer la maison verte en 4ᵉ position : Jaune – Bleue – Rouge – Verte.
En résumé :

Maison	Épicerie	Droguerie	Boucherie	Boulangerie
Couleur	Jaune	Bleue	Rouge	Verte

47. C. Si on tourne la feuille ou si on s'imagine du côté où arrive la voiture, on constate que les places sont numérotées dans l'ordre : 86, 87, 88, 89, 90 et 91.

48. C. Sur l'étage inférieur, on dénombre : 3 triangles à une surface, 2 triangles avec deux surfaces et 1 triangle avec trois surfaces, soit 6 triangles. Sur les quatre étages, on dénombre donc : $4 \times 6 = 24$ triangles.

49. C. L'affirmation A est fausse car rien ne nous dit qu'il n'y a que les montres fabriquées en septembre qui ont des défauts.
L'affirmation B est fausse pour la même raison.

L'affirmation C est vraie car les montres fabriquées en septembre ont TOUTES des défauts.

50. B. Dans un engrenage, les roues paires tournent dans un sens pendant que les roues impaires tournent dans l'autre sens.

FAITES LE POINT !

Pour faire le point sur vos capacités à résoudre les tests psychotechniques, répondez aux questions suivantes en cherchant la solution avant de regarder le corrigé.

Répondez à ces 10 questions en choisissant la réponse qui vous semble le mieux convenir parmi les 4 propositions. Ne répondez pas au hasard, cela fausserait votre évaluation.

Vous pouvez vous aider d'un brouillon mais l'utilisation de la calculatrice est interdite.

MÉTHODE

Vous allez réaliser ici un test d'auto-évaluation.

- Si vous obtenez moins de 3 réponses correctes, vous avez probablement besoin de vous remettre à niveau sur l'ensemble des tests.
- Si vous obtenez entre 4 et 6 réponses correctes, vous devez revoir toutes les fiches connaissances puis vous entraîner avec les sujets.
- Si vous obtenez plus de 6 réponses correctes, vous manquez juste d'un peu d'entraînement.

Le résultat de ce test est simplement indicatif : il a pour seul objectif de vous aider à évaluer votre niveau et le travail à fournir.

1. Complétez logiquement la série logique.

9 – 7 – 21 – 19 – 57 – ?

❑ A. 171
❑ B. 114
❑ C. 64
❑ D. 55

2. Si PIN va avec LAPIN et EAU avec MOINEAU alors qui va avec CROCODILE ?

❑ A. RAT
❑ B. ILE
❑ C. CROCO
❑ D. UTILE

3. Dans 15 ans, j'aurai le triple de l'âge que j'avais il y a 7 ans. Quel est mon âge aujourd'hui ?

❑ A. 7 ans
❑ B. 11 ans
❑ C. 15 ans
❑ D. 18 ans

4. Choisissez parmi les figures de droite (A, B, C et D), celle qui complète cette série.

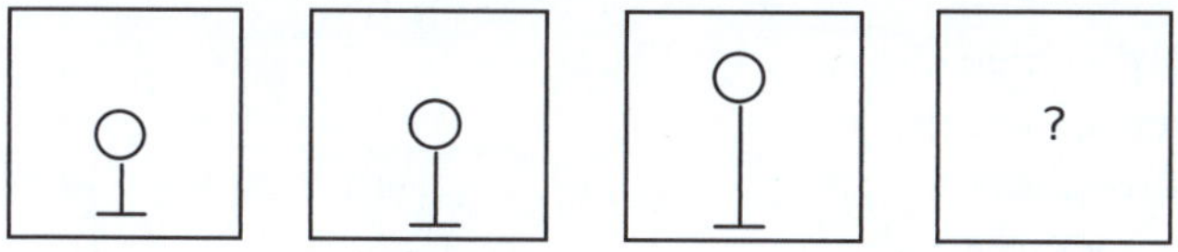

❑ A. 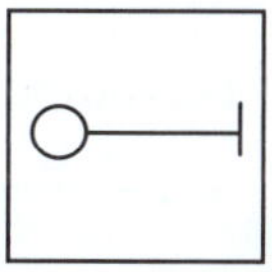

❑ B. 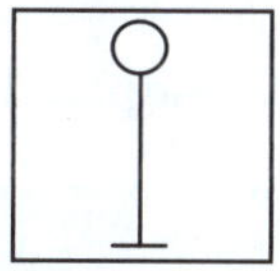

❑ C. 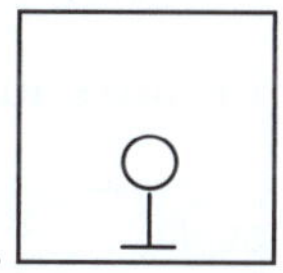

❑ D. 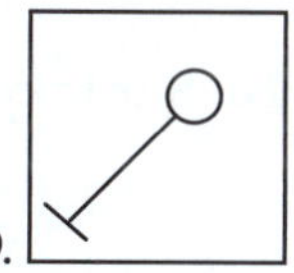

5. Retrouvez l'intrus parmi la liste suivante.

❑ A. Rectangle
❑ B. Carré
❑ C. Cube
❑ D. Triangle

6. Quel domino complète cette suite ?

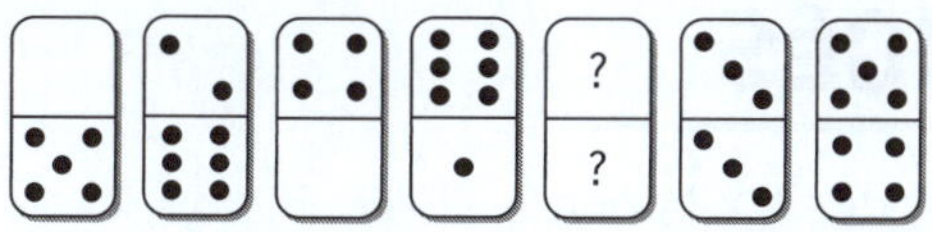

❑ A. 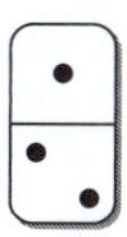

❑ B. 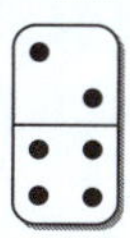

❑ C. 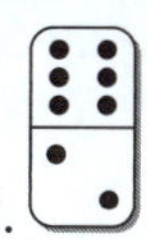

❑ D. 

7. Cette année 10 245 personnes ont passé le concours de gardien de la paix mais seuls 257 candidats ont été définitivement admis. Calculez le pourcentage de candidats reçus au concours.

❑ A. 1 %
❑ B. 1,9 %
❑ C. 2,5 %
❑ D. 4 %

8. Quel est le chiffre manquant ?

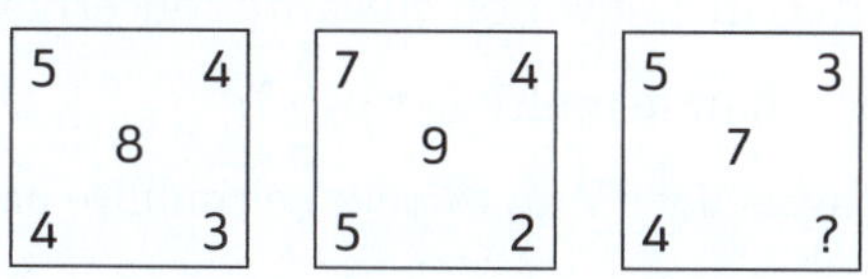

❑ A. 3
❑ B. 4
❑ C. 2
❑ D. 1

9. Quel couple de mots permet de compléter l'analogie suivante ?

... est à éléphant ce que jappement est à ...

- ❑ A. Lourd - chien
- ❑ B. Défense - courir
- ❑ C. Safari - chat
- ❑ D. Barrissement - chien

10. Sur la copie (par rapport au modèle), comptez le nombre d'erreurs.

Modèle	Copie
11121221222122211122121221212112212112	1112122121212211122212122121112212212

- ❑ A. 3
- ❑ B. 5
- ❑ C. 6
- ❑ D. 4

CORRIGÉS

1. D. La progression est de -2, ×3 donc 9 - 2 = 7 ; 7 × 3 = 21 ; 21 - 2 = 19 ; 19 × 3 = 57 et 57 - 2 = 55. La solution est 55.

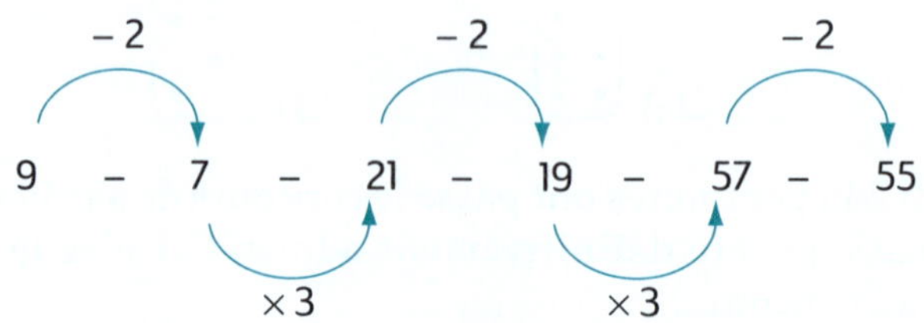

2. B. Dans les deux exemples donnés, on associe à un animal un mot qui se termine par les trois dernières lettres du nom de l'animal. Comme ici on cherche le mot à associer à l'animal CROCODILE, on va prendre les trois dernières de celui-ci : ILE.

3. D. Soit A mon âge aujourd'hui.

« Dans 15 ans » permet d'écrire la relation suivante concernant mon âge : A + 15.

Cet âge est le triple, donc il faut le multiplier par 3.

L'expression « l'âge que j'avais il y a 7 ans » peut se traduire par la relation : A - 7.

Il ne reste plus qu'à associer les différentes relations :
$A + 15 = 3(A - 7)$
$A + 15 = 3A - 3 \times 7 = 3A - 21$
$15 + 21 = 3A - A \Rightarrow 36 = 2A \Rightarrow A = 36 \div 2 \Rightarrow A = 18$.

Mon âge est aujourd'hui de 18 ans.

4. B. La forme s’allonge vers le haut.

5. C. Tous les mots proposés correspondent à des figures planes, c’est-à-dire qui sont dessinées sur une feuille. Parmi cette liste, le mot cube désigne un solide, c’est-à-dire un objet à trois dimensions et non à deux dimensions.

6. A. Sur les parties supérieures des dominos, on ajoute 2 : 0 + 2 = 2 ; 2 + 2 = 4 ; 4 + 2 = 6 et 6 + 2 = 1. Sur les parties inférieures, on ajoute 1 : 5 + 1 = 6 ; 6 + 1 = 0 ; 0 + 1 = 1 ; 1 + 1 = 2.

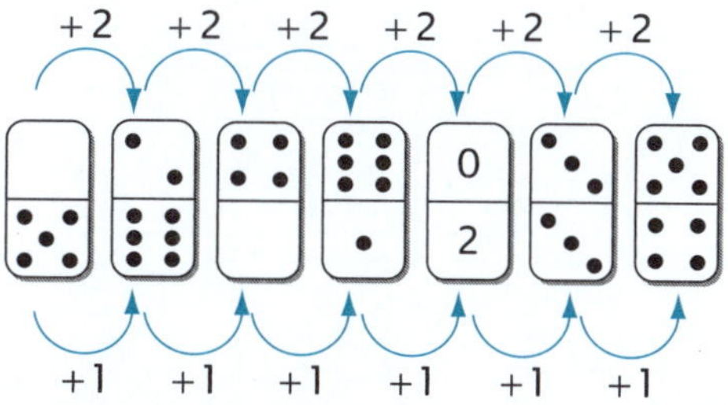

7. C. On peut écrire la relation suivante :

$$\begin{cases} 257 \text{ admis} \rightarrow 10\,245 \text{ candiats} \\ x \text{ admis} \rightarrow 100 \text{ candiats} \end{cases} \Rightarrow x = \frac{257 \times 100}{10\,245} = 2{,}5\ \%.$$

8. C. La somme des deux nombres sur les diagonales est égale au nombre inscrit au centre du carré. Dans le premier carré : 4 + 4 = 5 + 3 = 8 ; dans le deuxième carré : 7 + 2 = 5 + 4 = 9 ; dans le troisième carré : 4 + 3 = 7 et 5 + x = 7 donc x = 2.

9. D. L’analogie contient le nom d’un animal « éléphant » et un cri d’animal « jappement ». Il faut donc rechercher dans la liste le cri que pousse un éléphant : il s’agit du barrissement et quel animal jappe : il s’agit du chien. Donc barrissement est à éléphant ce que jappement est à chien.

10. B. La copie comporte 5 erreurs : 111212212121221112221212212111122122212.

Partie 3
LES ÉPREUVES DE PRÉ-ADMISSION

Épreuves physiques

Épreuves physiques

Coefficient 4

Méthode

1 PRÉSENTATION DES ÉPREUVES

1 Les spécificités réglementaires

La note retenue pour les épreuves physiques est la moyenne des notes obtenues suite à l'exécution de 2 épreuves : le parcours d'habileté motrice (PHM) et le test cardiorespiratoire. Toute note inférieure à 7 sur 20 à l'une ou l'autre des épreuves est éliminatoire. Le coefficient attribué est 4.

Tout candidat doit être en possession d'un certificat médical d'aptitude délivré par le médecin de son choix ou, à défaut, signer une décharge personnelle (remise par le service organisateur).

Seuls les candidats appartenant à un corps actif de la police nationale et les policiers adjoints, blessés pendant le service, ainsi que les femmes enceintes peuvent bénéficier d'une **dispense**. Dans ce cas, la note attribuée est la note moyenne obtenue aux épreuves d'exercice physique lors du concours auquel ils participent par les candidats de même sexe, plafonnée à 10 sur 20.

2 Le parcours d'habileté motrice

Le PHM consiste en un déplacement couru et chronométré comprenant un enchaînement de 10 ateliers à réaliser le plus vite possible.

Le jour de l'épreuve, un instructeur vous apporte des explications concernant ce PHM. À l'issue d'une démonstration, vous avez la possibilité d'évoluer sur les différents ateliers. Cette évolution doit permettre de prendre contact avec la spécificité du matériel mais ne constitue pas un échauffement suffisant.

ATTENTION

Une erreur de réalisation sur un atelier entraîne des pénalités en temps qui se rajoutent au temps de course : 10 secondes par atelier non tenté ou échoué sauf échelle (pénalité 20 secondes si progression, 30 secondes si suspension), 5 secondes par plot non contourné.

Il est possible de retenter l'atelier : s'il est correctement réalisé, la pénalité est annulée.

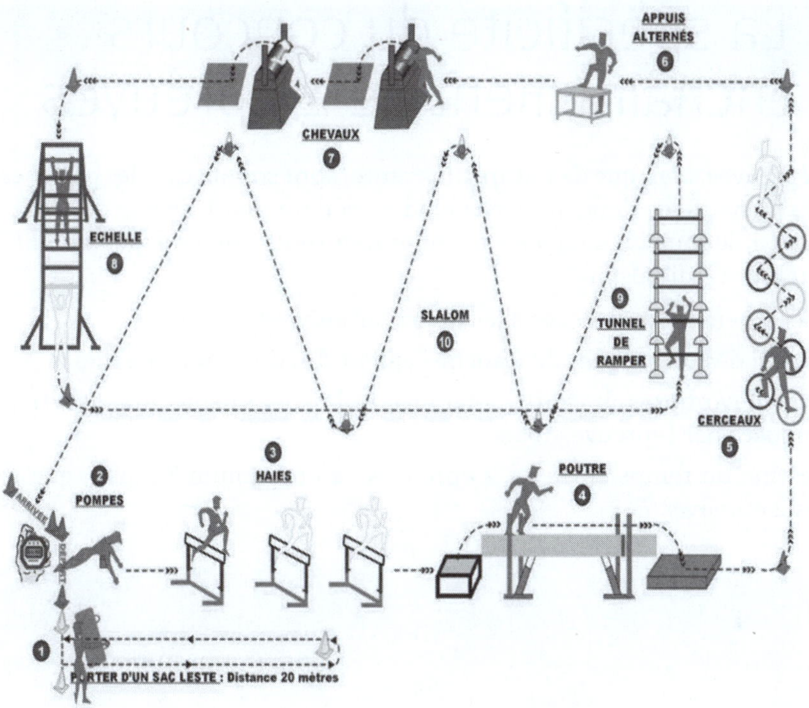

 # vidéo
Le parcours d'habileté motrice
foucherconnect.fr/20rcgardien03

3 Le test d'endurance cardiorespiratoire

Le TECR est un test de course à pied qui impose des allers et des retours entre deux lignes espacées de 20 mètres qu'il faut atteindre à un rythme imposé et de plus en plus rapide par des signaux sonores. À chaque signal, il faut atteindre la ligne et effectuer un ½ tour en bloquant un de ses pieds immédiatement derrière pour amorcer le retour. Les virages en courbes sont interdits.

 # vidéo
Le test d'endurance cardiorespiratoire
foucherconnect.fr/20rcgardien04

4 La spécificité du concours : un enchaînement de 2 épreuves

Ces 2 épreuves, bien que de nature différente, sont soumises à des barèmes de notation distincts. Elles doivent être considérées d'un point de vue de l'entraînement mais aussi, le jour du concours, comme une seule épreuve globale : PHM + test d'endurance cardiorespiratoire.

Cet enchaînement oriente les axes de travail suivants :

- travail des techniques de franchissement des différents ateliers ;
- travail cardiorespiratoire : adaptation de l'organisme aux efforts physiques imposés par l'épreuve globale ;
- gestion du temps entre les 2 épreuves : au minimum 20 min ; que faire entre les 2 épreuves ?

2 MÉTHODE DES ÉPREUVES

1 Avant les épreuves

A| L'importance de l'échauffement

L'objectif est d'atteindre un « certain état physique » afin d'être performant dans l'épreuve globale.

Les exercices d'échauffement sont spécifiques à la première épreuve physique : le PHM. Pour être prêt à débuter cette épreuve, le candidat doit être en état d'essoufflement.

Suite au PHM, il doit récupérer au mieux afin d'aborder le test d'endurance cardio-respiratoire « le plus frais possible » : une activité physique de type footing est indispensable jusqu'au début de la deuxième épreuve : c'est une récupération active.

A contrario, un nouvel échauffement n'est pas nécessaire, il est inclus dans le test.

B| Les principes de l'échauffement

Il comporte 5 phases qui peuvent durer entre 10 et 15 minutes en les enchaînant.

» Phase 1 - Exercices préventifs

CONSEIL

Selon Alain Tronqual (ex-entraîneur national de saut en longueur et professeur à l'UEREPS) : « Mettre en jeu sans brusquerie les parties élastiques des muscles et tendons (jonctions myotendineuses). » Il faut protéger avant de performer !

- Protéger ses tendons d'Achille : debout, monter sur demi pointe sur deux pieds et redescendre sur un pied, 5 fois à droite, 5 fois à gauche.
- Protéger les tendons des muscles qui permettent d'approcher le genou du buste : assis genoux pliés, poser ses mains sur un genou. La cuisse doit résister à l'ouverture de la hanche : 5 fois à droite, 5 fois à gauche.

- Protéger les tendons des muscles de l'avant de la cuisse : debout, plier les genoux comme si on allait s'asseoir mais sur une jambe, remonter sur ses deux pieds.
- Mains contre un mur, pieds reculés d'un mètre, plier les coudes pour approcher le visage du mur puis faire suivre les pieds (résister à l'approche du mur = demi pompe) puis se replacer.

» Phase 2 - Mobilisation des articulations dans leur amplitude maximale du moment et dans tous les axes de mouvements possibles pour chaque articulation

L'amplitude augmente au fur et à mesure de l'échauffement et des entraînements.

- Sur une jambe puis l'autre : mobilisation des articulations des hanches : genou vers l'avant et l'arrière, sur les côtés, en rotation.
- Marcher en avant avec enjambement d'obstacles imaginaires (type haies) : lever le genou de la jambe avant le plus haut possible et ramener la jambe arrière en gardant le pied le plus proche possible du bassin.
- Même organisation avec franchissement latéral des obstacles imaginaires.
- Mobilisation des articulations des épaules : élévations/descentes frontales et latérales des bras.
- Rotations des coudes, mains sur les épaules, dans un sens puis l'autre.

» Phase 3 - Étirements dynamiques : enchaînement de postures avec maintien en position d'étirement

3×4 secondes maximum par posture pour ne pas risquer de perdre en capacité de contraction musculaire et nuire à la performance.

- Étirement fessier et ischio : debout, amener le genou droit le plus haut possible contre la poitrine.
- Étirement quadriceps : debout, amener « talon/fesse » droit et pousser le bassin vers l'avant.
- Étirement muscles jambe gauche : fente avant jambe droite devant, poser le genou gauche au sol, avancer le bassin.
- Étirement muscles postérieurs de la jambe droite : de la fente avant, tendre la jambe avant et incliner le buste vers l'avant sans arrondir le dos.

» Phase 4 - Sollicitations neuromusculaires et activation des fonctions cardiaques et ventilatoires

Enchaînement de courses variées nécessaires à toute pratique physique sur la base des coordinations imposées par les ateliers du PHM.

- Petite course jambes tendues avec rebonds sur les demi pointes : en avant, en arrière, dans l'axe et avec appuis latéraux (cerceaux).
- Course sur une ligne dans l'axe de déplacement (poutre).
- Petite course en pas croisés de face, en avant et en arrière : en suivant une ligne : poser le pied droit à gauche de la ligne et le pied gauche à droite (cerceaux, poutre, slalom).
- Course jambes tendues en allant chercher le sol avec la plante des pieds.

- Talons/fesses en avant et en arrière.
- Montées de genoux, pas plus haut que la « cuisse à l'horizontale » (haies, appuis alternés).
- Déplacements latéraux (pas chassés jambes légèrement fléchies puis tendues) et en croisant les jambes façon « Sirtaki » (pas croisés de profil).

» Phase 5 - Adaptation physiologique optimale juste avant l'épreuve du PHM

3 à 4 accélérations progressives sur une distance de 20 à 30 m.

CONSEIL
L'échauffement doit être un rituel : « Je sais combien de temps dure mon échauffement et je sais quels exercices je pratique pour être prêt. »

2 Les épreuves

A| Organisation globale

Après l'appel des candidats, les moniteurs de sport organisateurs expliquent les épreuves dans le détail.

Au sujet du PHM, le règlement est revu atelier par atelier puis une démonstration est effectuée. Enfin, les candidats ont accès aux ateliers afin de les essayer et de s'échauffer durant environ 15 minutes.

L'épreuve commence : les candidats sont appelés un par un à la table de marque. Un passage dure environ 3 minutes, ce qui permet à chaque candidat de déterminer approximativement son horaire de passage et d'ajuster au mieux son échauffement.

ATTENTION
L'échauffement est possible durant l'épreuve et le passage des autres candidats à condition de ne pas gêner le déroulement du concours.

B| Le PHM : les techniques

La première partie du PHM consiste à transporter une masse (40 kg pour les hommes et 25 kg pour les femmes) sur une distance de 20 m (10 m aller-retour). Bien que limité en temps (3 minutes maximum) et en essais (3 maximum), le temps mis pour réaliser cet atelier n'est pas comptabilisé pour la notation.

» Porté d'un sac lesté

- Saisir le sac : réaliser un quart de squat pieds ouverts pour saisir les poignées du sac.
- Décoller le sac du sol : placer le poids sur les talons, rentrer le ventre (contraction du muscle transverse pour sécuriser ses lombaires) et auto grandir sa colonne vertébrale.

- Progresser avec le sac : adopter un déplacement dynamique en conservant les coudes relativement tendus, le sac contre l'abdomen, le regard orienté vers le plot à atteindre.
- Déposer le sac : poser le sac une fois que les pieds ont franchi le plot.

» Transition porté d'un sac lesté/flexions extensions (pompes)

Une fois le sac posé, le candidat a 15 secondes pour se mettre en position et débuter les pompes avant que le chronomètre ne soit déclenché. Mais il peut s'élancer avant. En effet, une fois en position, le fait de commencer les pompes déclenche le chronomètre.

CONSEIL

Ne subissez pas le départ, provoquez-le !

» Flexions extensions (pompes)

- Se préparer (ce qu'il faut faire avant de débuter l'atelier) : mains au sol de manière à avoir les bras à la verticale, pieds serrés, le corps aligné. Les pieds doivent être placés derrière la ligne de départ, à chacun d'ajuster la position du bloc de mousse à l'aplomb de la poitrine.
- Réaliser les flexions extensions le plus dynamiquement possible : penser à anticiper la montée avant d'avoir le buste en contact avec le cube en mousse.
- Terminer la dernière extension avant de se redresser grâce à des appuis rapprochés et dynamiques.

» Franchissement de haies

- Les deux jambes doivent passer par-dessus la haie (éviter de sauter les genoux à l'intérieur et les pieds sur les extérieurs : risque de pénalité et de blessure).
- Courir avec 2, 3 ou 4 appuis inter haies (lors des entraînements, ne pas se formater à franchir toujours de la même jambe : il se peut que le jour de l'épreuve, l'adrénaline créée par le stress modifie le nombre d'appuis inter haies).

» Passage en équilibre sur la poutre

- La poutre est équipée d'une marche : attaquer par le talon la marche et la poutre puis dérouler le pied jusqu'à monter le centre de gravité au-dessus du « pied de poutre ». Il faut gérer sa vitesse et ralentir à l'approche de la poutre.
- Progression : regarder l'extrémité de la poutre. Conserver les pieds dans l'axe. Deux solutions : augmenter soit l'amplitude (pas de « géant ») soit la fréquence (course). Avant de descendre, orienter son regard vers le plot de contournement.
- Descente : descendre un pied après l'autre comme pour poursuivre la course au sol.

» Multibonds dans des cerceaux

Assurer la pose d'appuis dans les premiers cerceaux, puis accélérer sur les derniers (attention à une survitesse sur les premiers cerceaux qui conduirait à une pénalité).

» Appuis alternés

Veiller à poser au moins la moitié du pied sur le banc (se rapprocher du banc). La première pose de pied compte pour un appui.

» Franchissement de barrières

- Placer le premier appui au milieu de la paroi verticale de l'obstacle (comme s'il y avait une marche).
- Placer les mains au-dessus et au milieu du plateau de l'obstacle puis monter le deuxième appui : la jambe du premier appui esquive et glisse par-dessus l'obstacle. Adopter une technique qui permet un déplacement « rasant » très proche des obstacles pour favoriser le déplacement horizontal et éviter les risques de chute et les pertes d'énergie en montant trop haut.

» Échelle horizontale

- Saisir le premier et le dernier barreau à 2 mains.
- Progresser avec une main ou deux mains par barreau, en conservant le corps gainé (ventre rentré) pour éviter de balancer latéralement.
- Adopter un rythme à garder tout au long de la progression.

» Ramper

- Ramper en regardant le sol et en gardant le plus possible les coudes et les genoux groupés.
- Se redresser 1 m après le dernier obstacle afin d'éviter que le bassin ne le renverse.
- Ajuster sa coiffure : éviter les « queues de cheval » trop hautes.

» Course en slalom

- Adopter une hyper fréquence des appuis à l'approche du plot, pendant le virage et sur la relance de la vitesse (appuis rapprochés et dynamiques).
- 1 m avant le plot, orienter son regard vers le plot suivant.
- Pendant le virage, tendre le bras à l'intérieur du virage pour résister à la force centrifuge.

CONSEILS

- Avant votre passage au PHM : vérifiez la position des barres amovibles de l'échelle. Placez une barre ou deux si besoin afin de vous aider à saisir le premier barreau. Remarque, la deuxième barre est haute et peu constituer une gêne à la progression : dans la majorité des cas, la première suffit. Il est possible d'essuyer rapidement les barreaux : tâche à se répartir entre les candidats pour ne pas occasionner une gêne dans l'organisation en faisant perdre du temps aux organisateurs.
- Pendant : les accélérations et les décélérations successives rendues nécessaires par le franchissement des ateliers sont très énergivores. Privilégiez des relances douces afin d'aborder les ateliers avec une vitesse adéquate. Bien qu'élevée, la vitesse ne doit pas vous mettre en danger du point de vue de la réalisation technique. On a plus à perdre avec les pénalités qu'on a à gagner avec des relances brutales : pas de précipitation, adoptez le rapport vitesse/précision optimal.
- À la fin : imaginez que l'arrivée se trouve 5 m derrière l'arrivée réelle (les plots) afin de conserver votre vitesse jusqu'à l'arrêt du chronomètre.

C| La transition PHM-test d'endurance cardiorespiratoire

À l'issue du PHM, le fait de rester en activité (marche rapide puis course trottinée) assure une récupération physiologique presque complète en 20 minutes : ne restez pas immobile !

Dans ce cas, un petit footing de 15 à 20 minutes est un moyen idéal pour récupérer. Il faut donc être capable de courir à vitesse lente longtemps et sans fatigue.

3 Le test d'endurance cardiorespiratoire

Réguler scrupuleusement sa vitesse sur les signaux sonores est indispensable. Une vitesse trop élevée au début du test utilise prématurément des ressources nécessaires pour la fin de l'épreuve.

En fin de test, l'essoufflement est très élevé : vous avez atteint votre vitesse maximale possible grâce à la fabrication de l'énergie musculaire avec de l'oxygène. C'est la vitesse maximale aérobie (VMA). Comme l'intensité de l'exercice continue d'augmenter, votre organisme doit fabriquer de l'énergie musculaire sans oxygène (processus anaérobie). Bien que vous soyez très fatigué, ce processus vous permet de continuer à accélérer pendant environ 1 minute. C'est en grande partie grâce à votre mental, alors tenez bon !

4 S'entraîner

A| Les pré requis

L'endurance fondamentale est un préalable : elle conditionne la capacité qu'a l'athlète à supporter des entraînements plus intenses et elle facilite la récupération après ceux-ci.

MÉTHODE

Posez-vous la question : suis-je capable de faire un footing de 1 heure à allure régulière et à environ 70-75 % de FCM ? (fréquence cardiaque maximale : FCM = 220 pulsations/minute – âge).

- Réponse : non. Un travail foncier s'avère nécessaire : marche, marche/course, puis course à allure lente.
- Réponse : oui. Vous pouvez commencer les entraînements spécifiques.

B| Pour le PHM

Vous ne disposez pas des ateliers du PHM pour vous entraîner ?

- Constituez un parcours personnel d'une durée d'1 min à 1 min 15 grâce aux ateliers d'un parcours de santé, du mobilier urbain ou d'éléments de fabrication personnelle en reprenant la motricité spécifique des ateliers du PHM.
- Réalisez les différentes techniques relatives à chacun des ateliers sous forme de circuits à enchaîner.

Exemple

20 squats + 20 montées genoux + sauter d'un pied sur l'autre 10 fois + 10 appuis alternés sur une chaise + 20 squats propulsion + ramper 3 m au sol + courir 50 m. Recommencez 10 fois.

- Travaillez :
  - la technique propre à chaque atelier ;
  - l'enchaînement des ateliers ;
  - la mémorisation du parcours dans sa globalité.

C| Pour le test d'endurance cardiorespiratoire

1| Connaître sa vitesse maximale aérobie pour l'améliorer

Pour estimer seul sa VMA, on peut utiliser la méthode suivante qui se déroule en 3 étapes.

- **Effectuez un test de ½ Cooper** : il s'agit de parcourir en courant la plus grande distance possible en 6 minutes. Multiplier la distance parcourue en mètres par 10. La valeur obtenue donne une estimation de la VMA.

Exemple

Un coureur ayant parcouru 1 500 m en 6 minutes peut considérer avoir au minimum une VMA de 15 km/h. En effet, la difficulté liée à la maîtrise de l'allure sur ce type de test donne souvent une valeur sous-estimée de la VMA.

- **Effectuez une séance de 30 secondes/30 secondes pour affiner la valeur de VMA obtenue**. Durant cette séance, le coureur doit enchaîner plusieurs efforts de 30 secondes entrecoupés de périodes de récupération trottinées de 30 secondes.

Exemple

20 répétitions réparties en 2 séries de 10 × (30 secondes d'effort – 30 secondes de récupération) avec une récupération trottinée de 3 minutes entre chaque série.

La séance se déroule sous forme de courses en aller-retour sur la distance qui correspond à la vitesse de VMA obtenue lors du ½ Cooper.

Exemple

Pour une VMA estimée à 15 km/h au ½ Cooper, la zone de travail lors de la séance de 30 secondes/30 secondes est de 125 m ([15 000 m/3 600 secondes] × 30 secondes = 125 m). Pour une série de 10 répétitions, le coureur effectuera donc 5 aller-retour. La distance mesurée est à parcourir en 30 secondes. La récupération trottinée se fait à proximité de l'arrivée de telle façon que le coureur soit prêt à repartir dès que les 30 secondes de récupération sont écoulées.

- **Dressez un bilan de la séance :** la VMA obtenue lors du « ½ Cooper » est modulée de +/– 1 km/h en fonction de la possibilité de tenir ou non la séance de 30 secondes/30 secondes.

2 | Prévoir des séances de type « VMA » : quelques exemples

Trame de la séance : 20-30 minutes d'échauffement (footing lent, éducatifs et accélérations progressives) + séance proprement dite + 10 minutes de retour au calme en footing lent.

- **Séance 1** [10 × (15 secondes d'effort/15 secondes de récupération)] × 3 avec R = 3 minutes entre chaque série. Vitesse : 100 à 105 % de VMA. Temps total : 21 minutes.
- **Séance 2** [4 × (15 secondes d'effort/15 secondes de récupération) + 4 × (30 secondes d'effort/30 secondes de récupération) + 4 × (15 secondes d'effort/15 secondes de récupération)] × 2 avec R = 3 minutes entre chaque série. Vitesse : 100 à 105 % de VMA.
- **Séance 3** [8 × (30 secondes d'effort/30 secondes de récupération)] × 2 avec R = 3 minutes entre chaque série. Vitesse : 100 % de VMA.
- **Séance 4** Idem avec (45 secondes d'effort/45 secondes de récupération) et (1 minute d'effort/1 minute de récupération). Vitesse : 95 à 100 % de VMA ;
- **Séance mixte** 4 × (30 secondes d'effort/30 secondes de récupération) R = 1 minute + 4 à 6 × (1 minute/1 minute) R = 2 minutes +2 ×(3 minutes/2 minutes).

CONSEILS

- Mettez-vous en situation d'examen : 1 fois par mois par exemple : PHM seul, puis Luc Léger seul, puis les 2 séquences.
- Votre préparation passe également par une phase de **préparation mentale**. Au calme, reprenez chacun des points d'attention en vous imaginant réaliser les épreuves. Cette phase de la préparation a toute son importance : elle vous permettra de créer des routines (connaître le déroulement des épreuves, savoir ce que vous devez faire afin d'être prêt pour une heure de passage précise) et de gérer votre stress.

Partie 4
LES ÉPREUVES D'ADMISSION

Test de questions-réponses interactives

Entretien avec le jury

Épreuve de langue étrangère

Test de questions-réponses interactives

Coefficient 2

Durée : 20 minutes

Méthode

1. Présentation de l'épreuve
2. Méthode de l'épreuve

1 PRÉSENTATION DE L'ÉPREUVE

Dans le cadre des épreuves d'admission, vous devez répondre à un test sous forme de questions/réponses interactives.

Pouvant comporter des mises en situation à caractère pratique ou déontologique, ce test fait appel à la mémoire visuelle du candidat pour déterminer ses fonctions de perception, d'évaluation, de décision et sa vigilance.

Doté d'un boîtier de réponses électroniques et après avoir visionné une image, vous disposez de 15 secondes par question en rapport avec l'image observée pour répondre.

La durée de l'épreuve est de 20 minutes et le coefficient de 2.

Exemple

- Tout d'abord, il peut s'agir de la présentation d'une photo d'une pièce et d'une autre photo de la même pièce avec des objets manquants. Il s'agit alors de les citer.
- On peut ensuite vous présenter un portrait-robot et ensuite de vraies photos d'individus en vous demandant de dire lequel correspond le plus au portrait initial.
- Enfin, vous pouvez avoir affaire à une photo de plan de travail avec un certain nombre d'outils déposés. On vous présente après une photo de ce même plan de travail et vous devez indiquer combien d'outils ont disparu.

2 MÉTHODE DE L'ÉPREUVE

Un test de mémoire visuelle s'intéresse à tout ce que vous pouvez capter à travers vos yeux. Cet aspect de la mémorisation est sollicité à chaque seconde. Les yeux captent tout : les couleurs, les formes, les motifs, la lumière... En étant concentré et en ayant le sens de l'observation, vous pouvez enregistrer encore plus de choses par le biais de vos yeux. Deux types d'entraînement peuvent être utilisés : la visualisation et la lecture.

1 La visualisation

Une astuce pour optimiser la mémorisation consiste à visualiser les éléments à retenir. Quelles que soient les données concernées, faites-en sorte d'en créer une image mentale.

Dans un premier temps, vous observez un objet et, dans un second temps, vous l'imaginez intérieurement (vous pouvez fermer les yeux pour une visualisation optimale).

2 La lecture

Pour améliorer les performances de votre mémoire visuelle, vous pouvez aussi opter pour la lecture.

Vous prenez un **livre** ou tout simplement un **journal** que vous n'avez jamais parcouru ou lu auparavant. Soyez bien concentré et notez tous les détails : où ? Quand ? Comment ? Qui ? Quoi ? Pourquoi ?

À la fin de la journée, résumez vos découvertes et comparez avec la source pour apprécier ce que vous avez retenu.

Entretien avec le jury

Coefficient 5

Durée : 25 minutes

Méthode

1. Présentation de l'épreuve
2. Méthode de l'épreuve
3. Entraînement guidé

Entraînement

- Simulation orale 1
- Simulation orale 2
- Simulation orale 3

✔ **FAITES LE POINT !**

 # vidéos

Simulations d'entretiens avec le jury

foucherconnect.fr/20rcgardien01

1 PRÉSENTATION DE L'ÉPREUVE

L'arrêté du 21 janvier 2019 (modifiant l'arrêté du 13 janvier 2014) fixe les règles d'organisation générale, la nature et le programme des concours d'accès au corps de gardiens de la paix de la police nationale de cette dernière épreuve.

1 Le cadre réglementaire

ARRÊTÉ DU 13 JANVIER 2014 MODIFIÉ PAR L'ARRÊTÉ DU 21 JANVIER 2019

Pour le premier concours, un entretien de recrutement avec le jury permettant d'évaluer l'aptitude et la motivation du candidat à occuper les fonctions de gardien de la paix, d'apprécier ses qualités de réflexion ainsi que ses connaissances.

Pour le second concours, un entretien avec le jury s'appuyant sur un dossier professionnel préalablement déposé par le candidat auprès du service organisateur du concours à une date fixée par l'arrêté d'ouverture du concours. Le dossier est transmis au jury par le service organisateur. Ce dossier a pour objet de mettre en évidence les acquis de l'expérience professionnelle du candidat durant son activité d'adjoint de sécurité ou bien de cadet de la République, option police nationale, ou encore de volontaire dans les armées servant dans la gendarmerie nationale, titulaire du diplôme de gendarme adjoint.

La durée est de vingt-cinq minutes avec un coefficient 5.

2 La nature de cette épreuve

Cette épreuve est complexe car le jury a de nombreuses attentes vis-à-vis des candidats qui se présentent. En effet, les membres du jury doivent estimer en 25 minutes s'ils voient face à eux un futur policier et jugent en un laps de temps relativement réduit l'aptitude du candidat à exercer un métier dur et exigeant.

Lors de l'entretien, le candidat doit avoir pour objectifs :

- de savoir se présenter avec sérieux et rigueur sans donner une impression de nonchalance et d'impréparation ;
- de démontrer ses capacités intellectuelles et ses connaissances qui lui permettront d'assurer son futur métier ;
- de prouver sa motivation et sa forte volonté d'intégrer la police nationale par l'exposé de son parcours et des raisons qui le poussent à se présenter devant les membres du jury.

Cette épreuve est difficile car l'exercice oral est délicat pour de nombreuses personnes. Elle exige donc une réelle préparation qui évitera la question parfois assassine du jury au bout de quelques minutes : « Avez-vous préparé cet entretien ? »

Que l'on passe l'entretien de recrutement dans le cadre du concours interne ou externe, l'exercice ne change pas et les attentes du jury sont identiques en matière de motivation du candidat. Toutefois, si le postulant interne fait preuve de méconnaissance de l'institution, le jury sera moins clément.

Exemples

On ne pourra en effet pas comprendre qu'un policier adjoint en poste ne soit pas en mesure de répondre à des questions portant sur le fonctionnement de la police nationale. Des imprécisions lui seront fatales.

De même, des inexactitudes sur l'activité de sécurité d'un gendarme adjoint seront mal perçues laissant à douter des qualités professionnelles de l'intéressé. En ce qui le concerne, il devra répondre aussi avec clarté et finesse sur les raisons qui le poussent à présenter ce concours de police au détriment du concours de sous-officier de gendarmerie.

Comme aide à la décision, le jury dispose de plusieurs documents :

- pour les candidats externes : le jour de l'épreuve, ils doivent transmettre un curriculum vitae détaillé au service organisateur du concours. Le CV est alors transmis au jury ;

CONSEILS

Vous devez indiquer de façon précise les compétences acquises pendant votre parcours scolaire, tout comme vos activités extrascolaires. N'oubliez pas d'expliquer les raisons de votre projet professionnel.
Vous pouvez aussi rédiger une lettre manuscrite de motivation adressée au président du jury dans laquelle vous faites part de vos motivations.

- pour les candidats internes : ils doivent fournir leur dossier professionnel.

CONSEILS

Il s'agit de mettre en avant votre expérience professionnelle en tant que policier adjoint ou de cadet de la République, option police nationale ; ou en tant que volontaire dans la gendarmerie nationale et titulaire du diplôme de gendarme adjoint.
Le jury veut connaître un fait marquant de votre activité professionnelle, qui mette en lumière votre motivation à entrer dans la police.

Le modèle de dossier est disponible sur le site internet du ministère de l'Intérieur (www.interieur.gouv.fr).

Le jury dispose en outre des résultats des tests psychotechniques passés au moment de l'admissibilité, interprétés par le psychologue, et de la grille d'observation renseignée par le psychologue lors de l'épreuve de gestion du stress.

3 Le fonctionnement du jury

A| La composition du jury

Vous entrez dans la salle et vous vous trouvez face à 4 personnes. Cela peut vous apparaître impressionnant ou déstabilisant et encore plus si vous n'avez jamais vécu d'oraux avec plusieurs membres dans un jury. Ayez simplement conscience que les personnes devant vous veulent simplement vous entendre et sont en attente de vos motivations.

Le jury comprend un représentant de chacun des trois corps actifs de la police nationale et un psychologue faisant partie du ministère de l'Intérieur ou contractuel dans le cadre de cet entretien :

- le **président du jury** est un membre du corps de conception ou de direction. Il est commissaire ou commissaire divisionnaire. Il veille au respect des conditions de cet oral et anime à la fin de l'oral les débats avec les membres du jury afin de donner une note chiffrée correspondant à la prestation du candidat ;
- le **représentant du corps d'encadrement et d'application** est un gradé de la police nationale, brigadier-chef ou major. Il apporte son avis de personne de terrain et de membre de ce corps ;
- le dernier représentant est issu du **corps de commandement**, généralement capitaine ou commandant. Exerçant son autorité sur les gradés et gardiens au quotidien, il sait évaluer les capacités futures du candidat.

B| Les attentes du jury

Ces trois membres du jury suivent une formation de préparation à la conduite d'un oral de concours, formation dispensée par la Direction centrale du recrutement et de la formation de la police nationale (nouveau nom de l'ancienne Direction des ressources et des compétences de la police nationale – DRCPN). Le psychologue les aide dans leur jugement, à travers l'exploitation des tests psychotechniques, à établir le profil psychologique du candidat.

Voici la grille d'évaluation sur laquelle s'appuie le jury :

POLICE NATIONALE

NOTRE VOCATION, C'EST VOUS !

Grille d'évaluation – entretien oral – concours gardien de la paix

Motivations et intérêt pour la fonction, dont :

- Parcours et expériences (scolaire, professionnelle, universitaire, sportive, culturelle...).
- Circonstances personnelles liées à ce parcours
- Représentation du métier, démarches entreprises autour de l'activité policière
- Projet d'évolution personnelle.

Aptitudes relationnelles, dont :

- Aptitude à la vie de groupe
- Souplesse relationnelle
- Intérêt pour autrui
- Présentation et expression.

Responsabilité, dont :

- Relation à l'autorité
- Rapport aux lois, honnêteté, probité, adhésion aux normes
- Citoyenneté, civisme
- Responsabilité et goût de l'effort.

Réflexion et discernement, dont :

- Réflexion et capacité d'analyse des situations
- Ouverture d'esprit
- Intérêt pour l'actualité, les problèmes de société
- Discernement, bon sens
- Circonspection.

Adaptation générale aux situations, dont :

- Confiance en soi, capacité à prendre des décisions
- Stabilité émotionnelle
- Tolérance à la frustration
- Adaptabilité aux situations difficiles, etc.

CONSEILS DE JURY

Le jury est donc composé de fonctionnaires expérimentés, chacun apportant la vision de son corps d'appartenance sur le postulant. Les attentes sont identiques et consistent à répondre aux interrogations suivantes : « Nous voyons-nous travailler avec cette personne et est-elle en mesure d'exercer ce métier sans qu'elle ne pose de difficultés sur la voie publique et avec son encadrement ? »

Ce sont ces questions qui irriguent tout l'entretien et c'est ce à quoi vous devez être en mesure de répondre. L'objectif de votre oral est de lever tout doute sur votre capacité à exercer ce métier. Le jury est impartial et bienveillant. Il ne demande qu'à être conquis par votre personnalité et vos motivations. Il sera amené à vous poser des questions qui pourront vous déplaire et ont pour but de découvrir réellement qui vous êtes, et ce dans un laps de temps réduit.

TÉMOIGNAGE

Parole de jury

Soyez donc persuasif et percutant et donnez surtout l'impression que vous avez préparé cet entretien et le considérez comme une épreuve fondamentale pour vous. Il faut que vous accapariez l'attention du jury et évitiez que l'ennui ne s'installe rapidement durant cette conversation.

Répondez clairement tout en vous rappelant que d'autres candidats se succèdent lors de cette journée. Vous devez faire la différence sans trop en faire et montrer que vous êtes potentiellement un élément solide.

Il vous appartient de préparer l'épreuve et d'avoir en tête ce que vous souhaitez dire en ordonnançant les éléments que vous souhaitez apporter.

2 MÉTHODE DE L'ÉPREUVE

L'oral est un exercice délicat dans lequel il faut parler de soi et évoquer ses motivations dans ce qui est souvent perçu comme un moment de rapport de force avec le jury. Tel n'est pas le cas et il s'agit simplement de parler avec enthousiasme de sa personnalité et de ses motivations.

TÉMOIGNAGE

Jean, 23 ans

Quand je suis entré dans la salle de l'oral, je ne me suis pas senti à l'aise, J'avais attendu près de 2 heures sur une chaise à côté d'autres candidats et mon stress avait commencé à monter. Devant ces quatre personnes qui allaient influer sur mon avenir, je n'en menais pas large. Je me suis repris et me suis concentré sur cette épreuve. C'est là que ma préparation m'a servi et que j'ai pu défendre mes chances sans avoir à regretter ma prestation.

1 L'entretien, un rapport de force ?

Vous êtes dans cet oral face à des fonctionnaires expérimentés du ministère de l'Intérieur, représentatifs des trois corps actifs. Un psychologue les assiste dans un échange durant lequel vous êtes soumis à une avalanche de questions, plus ou moins dérangeantes. Vous vous interrogerez pendant et après sur la nature de ces questions, vous demandant si elles sont signes ou non d'un bon ou mauvais oral.

Il est nécessaire que vous vous détachiez des conditions de cet entretien et que vous l'appréhendiez comme une discussion libre durant laquelle vous exposez vos qualités et motivations.

CONSEIL

Dédramatisez l'événement et jouez votre chance à fond en vous rappelant constamment que votre intégrité physique ou morale n'est pas menacée !

Le jury ne vise pas à vous humilier mais à savoir le maximum de vous durant ces 25 minutes. Il est à la fois formé pour cet entretien et a l'habitude de ce type d'épreuves. En effet, les membres de ces jurys exercent souvent cette mission depuis de nombreuses années.

TÉMOIGNAGE

Parole d'un commissaire, membre de jury

J'attends d'un candidat qu'il soit de bonne présentation, sincère, clair et désireux de répondre à toutes les questions qui lui sont posées. Il doit donner le meilleur de lui-même et donner l'impression qu'il est conscient des différents enjeux de cet entretien.

2 Parler de soi

TÉMOIGNAGE

Paroles de candidats

Stéphane, 20 ans : « Je n'aime pas trop parler et je me bloque un peu quand je dois m'exprimer devant des personnes. »

Julien, 25 ans : « Parler en public ne m'a jamais fait peur, j'ai travaillé en tant que commercial et j'ai pris l'habitude d'aller au contact des gens. »

Tout le monde n'a pas la même capacité à s'exprimer en public. Les caractères et tempéraments de chacun rendent l'exercice plus ou moins difficile. D'un naturel réservé et timide ou volubile et extraverti, vous appréhenderez différemment cet entretien. Sachez que chacun de ces traits peut être à la fois un avantage et un inconvénient.

Trop sûr de vous, vous indisposerez le jury alors qu'un caractère calme et décidé pourra remporter l'adhésion.

Ne vous focalisez donc pas sur ce que vous estimez être des défauts et mettez en valeur vos atouts en préparant votre oral. Vous devez vous mettre en situation avant cette épreuve afin de savoir quel point vous devez travailler.

Vous avez deux possibilités, soit vous auto-évaluer, soit faire un oral blanc devant un jury. Policier adjoint, vous avez la possibilité de réaliser cet oral blanc devant des fonctionnaires de votre service, que ce soient des formateurs ou des membres de votre encadrement. S'il ne vous est pas proposé, demandez-le.

Candidat externe, vous disposez aussi de moyens modernes pour vous mettre en situation. Utilisez une tablette ou un smartphone et filmez-vous ou faites cette simulation devant vos proches.

CONSEIL

Préparez votre exposé introductif avec l'évocation de votre cursus scolaire et professionnel et l'exposé de vos motivations (ne vous donnez pas pour l'instant de limites de temps). Installez-vous sur une chaise devant un miroir ou vos proches et filmez-vous ou demandez à être filmé. Mettez le chronomètre de votre téléphone et commencez votre oral. Débriefez avec vos proches et/ou votre enregistrement vidéo.

Voici les éléments sur lesquels vous devez travailler et être attentif pour vous auto-évaluer :

- **votre posture et votre attitude** : la posture est en effet essentielle car vous devez paraître maître de votre corps et de votre émotivité ;
- **votre manière de vous exprimer avec le rythme de votre élocution** : votre débit doit vous permettre d'être à l'aise et permettre au jury de vous écouter avec aisance, et votre voix doit être claire et non chevrotante ;
- **la clarté de vos propos** : votre langage doit être simple mais non basique. Ne cherchez pas les effets de style sémantiques et restez naturel ;
- **votre force de persuasion** : vous devez être convaincant et ne pas laisser passer la moindre hésitation avec la fermeté et l'assurance d'une personne décidée et résolue. Gardez-vous toutefois de faire ressentir une quelconque arrogance ou de la suffisance.

3 Évoquer ses motivations

TÉMOIGNAGE

Parole d'un commissaire, membre de jury

Je m'étonne toujours quand certains candidats ne sont pas en mesure de parler longuement des raisons qui les poussent à vouloir faire ce métier !

Vous avez 25 minutes pour convaincre l'auditoire, 25 minutes pour donner une bonne impression de vous et exprimer ce qui vous motive dans le choix de cette profession. Il n'y aura pas de meilleur porte-parole que vous, alors soyez votre meilleur défenseur et montrez que vous pourriez parler bien au-delà de la durée qui vous est accordée.

Les arguments énoncés par les candidats sont très souvent identiques et finissent par irriter à force d'être entendus. En effet, dire que l'on veut faire un métier qui bouge et qui est différent tous les jours est certes une affirmation proche de la réalité, mais cet exposé apparaît bien trop convenu et ne sera pas de nature à enthousiasmer le jury. Formalisez-donc les raisons de votre volonté d'engagement au sein du ministère de l'Intérieur, ce qui vous aidera aussi à définir peut-être plus précisément ce que vous souhaitez y faire (police-secours, investigation, renseignement, etc.).

TÉMOIGNAGE

Parole d'un commissaire, membre de jury

L'entrée du candidat est souvent révélatrice de l'entretien à venir. Quand le candidat entre de manière effacée et le regard baissé, on devine tout de suite que ce moment est une réelle épreuve pour lui. Ou alors, il pénètre dans la salle de manière décidée en regardant le jury sans appréhension et on sait qu'il n'a pas peur de nous.

L'entrée dans la salle d'entretien est en effet la première impression que vous donnez. Elle n'est pas définitive mais elle donne une première idée au jury. Cet entretien se prépare donc sur la forme et sur le fond.

A| Une mise en scène de soi-même

Quelle que soit votre nature, il s'agit pour vous de donner une image de personne sérieuse et rigoureuse, apte à exercer un métier qui la poussera parfois dans ses limites personnelles, qu'elles soient psychologiques ou physiques.

Sachez que la police comprend une multitude de métiers et que chacun peut y trouver sa place, quelle que soit sa personnalité. Bien entendu, certains traits de caractère sont rédhibitoires mais, au-delà de cela, une personne réservée a autant de chances qu'une personne extravertie.

L'image que vous donnerez durant cet entretien est donc primordiale car elle doit être rassurante. Le jury, au vu du temps qui lui est imparti, se saisira de tous les éléments gestuels ou verbaux du candidat pour se faire une idée.

B| Un comportement cohérent

Plusieurs attitudes sont à éviter car elles donnent une mauvaise image de votre personnalité :

- l'**indécision** : certains candidats apparaissent mous et peu décidés. Ils fuient le regard du jury, fixent leurs chaussures et semblent attendre la fin de l'entretien comme une délivrance. Les épaules voûtées et ne sachant pas quoi faire de leurs mains, ils donnent l'impression d'être là par hasard. Cette apparence leur attire rapidement des questions sur leur capacité à exercer cette activité et ils doivent se défendre de ce reproche pour mettre en avant les points positifs de leur candidature. On attend des personnes bien dans leur tête et volontaires ;
- la **rigidité** : d'autres apparaissent tendus et répondent de manière définitive, assénant des vérités et faisant preuve d'un catégorisme absolu. Évitez cette attitude et faites preuve d'humilité ;
- l'**agressivité** : on constate aussi pour certains une assurance extrême proche de l'agressivité. Les candidats arrivent le regard vainqueur et toisent le jury. Cette attitude est révélatrice ou d'un stress mal géré ou d'un trait de caractère qui effraye les membres du jury.

Vous devez réussir cet exercice en montrant des qualités positives. Dynamisme, volontarisme, engagement, fermeté et esprit de décision doivent apparaître dès votre entrée et tout au long de l'entretien. Cette impression donnée, vous pourrez présenter vos motivations avec l'aisance d'un candidat qui a bien préparé l'entretien et réfléchi à ses réponses.

4 Votre tenue vestimentaire

Cette épreuve avec le jury est l'équivalent d'un entretien d'embauche. Vous devez vous y présenter avec une tenue adaptée. Soigner sa tenue vestimentaire n'est pas, en effet, la première chose à laquelle on pense mais c'est une étape nécessaire. Le jury juge consciemment ou inconsciemment votre apparence physique et les vêtements donnent une première image de vous. Il s'agit, certes, d'être vous-même mais aussi de respecter un certain code vestimentaire inhérent à toute démarche de candidature à un emploi.

Il est conseillé d'utiliser en majeure partie des tons neutres pour constituer sa tenue : beige, gris, anthracite, noir, blanc, bleu marine. Ils doivent représenter la couleur principale de votre tenue mais vous pouvez ajouter à cela des accessoires de couleur pour la touche d'énergie et de dynamisme :

» **privilégiez :**
  - pour les hommes, un costume avec cravate ou tout du moins une chemise avec une veste,
  - pour les femmes, une tenue sobre ;

» **évitez :**
  - le style jean/basket totalement inadapté pour ce concours,
  - des vêtements froissés, signes de négligence,
  - des accessoires qui détourneraient l'attention du jury : bijoux ou chaînes fantaisistes et trop voyants, un verni jaune fluo, un piercing, etc.,
  - des vêtements trop sexy : pour les femmes, évitez les décolletés ou les vêtements courts ; pour les hommes, ne déboutonnez pas votre chemise afin de laisser apparaître votre torse. Tout ceci ne donnerait pas une image sérieuse de vous,
  - des vêtements dans lesquels vous ne vous sentiriez pas à l'aise. Vous ne devez pas vous sentir étriqué dans une tenue que vous porteriez éventuellement pour la première fois.

5 Le début de l'entretien

Vous frappez ou l'on vous fait entrer directement dans la salle de l'entretien. Entrez de manière décidée mais non agressive. Présentez-vous devant le jury et saluez chaque personne. Aucune ne doit se sentir ignorée. Dîtes : « Bonjour madame/mesdames, bonjour monsieur/messieurs. »

Votre ton doit être clair et doux sans que vos premiers propos n'apparaissent comme intimidants. Attendez que l'on vous dise de vous asseoir et demandez si le jury souhaite votre convocation et votre pièce d'identité.

Une fois assis, attendez les éléments introductifs du président du jury qui vous rappelle le cadre de l'entretien et vous donne ensuite la parole.

6 Le déroulement de l'entretien

A| La sincérité de vos propos

Vous avez préparé votre entretien et des éléments de langage mais vous devez néanmoins éviter de donner un caractère artificiel à cet entretien. Soyez vous-même en répondant de manière directe aux questions et en regardant chacune des personnes du jury. Évitez absolument le regard fuyant et perdu qui laisserait à penser que vous vous sentez comme un animal traqué.

Vous devez tisser un lien avec le jury et le conquérir par votre personnalité et la force de vos convictions. C'est un échange et, comme toute conversation, vous devez être attentif aux réactions de vos interlocuteurs en reprécisant certains points qui semblent susciter l'interrogation ou le doute. Vous ne devez être ni consensuel à l'excès ni clivant mais simplement avoir la volonté de discuter et de montrer votre personnalité, suscitant la confiance nécessaire pour l'exercice d'un métier difficile.

B| La clarté de votre argumentation

Vous devez exposer vos arguments clairement et avec entrain et dynamisme. Votre ton est essentiel dans cet entretien afin de ne pas susciter l'ennui de votre auditoire. Vous ne devez pas asséner des vérités toutes faites et vous devez éviter un ton péremptoire qui rebuterait le jury. Cet oral est un exposé de tous les éléments que vous souhaitez avancer pour valoriser et légitimer votre candidature. Vous ne devez pas être dans l'improvisation mais dans une démonstration ordonnée.

C| La sincérité sur les réponses

Le jury a 25 minutes pour se faire une idée de votre personnalité. Il essaiera donc de vous pousser dans vos retranchements afin de mieux vous connaître et de tester votre capacité à répondre à des questions qui peuvent parfois paraître dérangeantes. Vous pourrez laisser entrevoir des faiblesses ou des doutes ou points d'interrogation forts qui seront immédiatement utilisés par le jury. Face aux questions qui vous apparaîtront déstabilisantes, vous devez : garder votre calme et votre sang-froid en répondant de manière posée ; faire preuve d'humilité quand vous ne pouvez pas répondre ; ne pas vous arrêter et apparaître désarçonné par une question. Si vous vous sentez en difficulté, respirez, reprenez en gardant le fil de vos idées.

CONSEIL

Maîtriser votre émotivité est essentiel et tout excès d'émotion incontrôlée vous pénalisera. Le stress exacerbe la sensibilité et vous devez éviter de vous retrouver dans une situation de blocage psychologique qui vous conduirait à exprimer une attitude de fragilité (pleurs, bafouillement, critique de soi-même, etc.). Reprenez tout de suite le dessus et continuez votre entretien.

3 ENTRAÎNEMENT GUIDÉ

Vous allez maintenant vous entraîner à préparer votre entretien avec le jury, d'abord votre présentation, puis les échanges avec le jury. Pour aborder l'épreuve avec sérénité, entraînez-vous de façon régulière.

1 La présentation

A| La présentation de la candidate

Madame, messieurs, bonjour,

Je m'appelle Juliette Durand, j'ai 23 ans et je suis célibataire sans enfant. J'habite chez mes parents.

Concernant mon cursus scolaire, j'ai obtenu un baccalauréat scientifique avec la mention bien.

J'étais très intéressée par le droit et les matières pénales et je me suis tournée vers des études à l'université afin de découvrir ce domaine. J'ai obtenu un master 2 droit pénal et sciences criminelles.

Pendant ce cursus, j'ai effectué deux stages dans une structure de police. Le premier a duré une semaine et s'est passé dans le commissariat de ma ville et le second de deux semaines s'est déroulé à la sûreté départementale de la direction départementale de la sécurité publique.

Durant ce premier stage, j'ai découvert au quotidien le fonctionnement d'un commissariat avec l'organisation des patrouilles, le travail d'interpellation, les manifestations. J'ai vu qu'on était parfois très loin de ce que je voyais dans les films et les séries avec un travail administratif important que je ne mesurais pas.

Durant mon second stage, j'ai eu la chance d'entrevoir l'organisation d'un service d'investigation avec le travail d'enquête des officiers de police judiciaire. C'était un esprit différent de ce que j'avais constaté avec les fonctionnaires du service général qui faisaient la police-secours. J'ai apprécié la technicité du travail de procédurier et mesuré tout ce qu'il y avait à faire dans une procédure judiciaire après avoir mis une personne en garde à vue. J'ai assisté à beaucoup d'auditions durant ces deux semaines et j'ai vu ainsi le rapport qui se développe entre la personne interpellée et le policier qui l'écoute.

J'ai ainsi beaucoup appris sur la police pendant ces stages et j'ai découvert l'engagement des fonctionnaires qui y travaillent. Toute petite, je pensais déjà faire ce métier qui me faisait rêver, mais je n'avais pas pu le découvrir vraiment ni en parler car je ne connaissais personne dans ma famille qui en faisait partie. Mon choix a été renforcé par ces deux expériences et cette plongée dans leur quotidien.

C'est en effet pour moi un métier au service de la sécurité de la population et qui a pour but d'assurer l'ordre et la tranquillité publics. Il est difficile car on côtoie les victimes de délits et de crimes et des situations sociales très compliquées. On est aussi souvent face aux conséquences d'actes de violences dont on ne comprend pas toujours les raisons et on relativise beaucoup de choses. C'est pour moi avant tout un métier vivant et qui offre de très nombreuses possibilités, que ce soit dans la police du quotidien, la lutte contre l'immigration clandestine, contre la grande criminalité ou contre le terrorisme.

Tous ces éléments m'incitent à me présenter aujourd'hui devant vous. C'est pour moi une volonté personnelle forte d'intégrer la police nationale. Je ne suis pas devant vous par hasard, mon choix est bien réfléchi et mon cursus universitaire ainsi que mes stages de découverte dans des structures de police attestent de cette volonté.

J'ai particulièrement aimé mon stage en investigation et je souhaite pouvoir un jour intégrer un de ces services car j'aime la rigueur de la procédure, le contact avec les substituts du procureur afin d'exposer les actes d'enquête. J'ai bien conscience que je ne pourrai pas tout de suite être dans ces services et que je découvrirai d'abord sans doute le travail en police-secours. Mais c'est sur le terrain que j'apprendrai mon métier de policier. Je pense que ce sera vraiment un atout pour pouvoir ensuite viser une unité d'enquête.

Je sais aussi que j'ai un cursus universitaire élevé et je vous précise que je passe aussi le concours d'officier de police. Je passe le concours de gardien de la paix alors que j'ai un master 2 parce que j'ai une volonté farouche d'entrer la police, quel que soit mon niveau d'entrée. J'essaierai ensuite de réussir les concours internes afin de devenir officier et pourquoi pas commissaire de police. Je suis jeune et j'ai le temps devant moi pour réussir au sein de cette institution.

Je ne pense pas vraiment ressentir de déclassement dans une école de gardiens de la paix car je sais aussi que je n'ai pas l'expérience de ceux qui ont été policiers adjoints. J'apprendrai donc beaucoup et ce sera l'aboutissement de mon rêve professionnel et la concrétisation de tous mes efforts durant ma scolarité pour y parvenir.

Concernant mes activités personnelles, je suis assez sportive. Je pratique la course à pied en club et le vélo. Je lis beaucoup de polars et je vais souvent au cinéma.

Je suis à votre disposition pour répondre à vos questions.

MÉTHODE

Cette présentation dure près de 4 minutes, ce n'est ni trop court, ni trop long et cela laisse au jury le temps de poser de nombreuses questions sur tous les points qui viennent d'être évoqués.

B| L'avis du jury

C'est un exposé cohérent sur un cursus scolaire adapté au métier choisi même si le niveau d'étude apparaît élevé. Mais c'est le cas de beaucoup de candidats qui se présentent à ce concours. Il faut donc savoir anticiper les questions du jury sur un éventuel mal-être consécutif à une réussite à un concours de catégorie B de la fonction publique quand on a des diplômes supérieurs à ce type d'emploi.

Il vous appartient de développer la cohérence, quand elle existe, entre votre cursus professionnel et le choix de ce concours. S'il n'y pas de réelle cohérence, vous aurez à longuement argumenter sur les raisons du choix de ce métier en évoquant les nombreux éléments qui vous y attirent. On ne fait pas toujours le bon choix d'études par rapport à la profession que l'on souhaite exercer, mais l'important est de convaincre le jury que vos motivations sont sincères et ne portent pas seulement sur un simple choix de travail dans la fonction publique et les avantages inhérents à celle-ci (sécurité de l'emploi, traitements indiciaires, etc.).

La candidate expose ses stages de découverte de la police et ce qu'elle a appris au contact des policiers, ce qui lui a permis d'affiner ses motivations et son projet professionnel. Elle ne peut pas se voir reprocher un manque de motivation et sa présence apparaît légitime et réfléchie. La première étape d'accroche du jury est donc réussie et elle doit ensuite répondre avec aisance aux questions des membres de celui-ci afin de confirmer cette première impression positive.

2 La discussion avec le jury

A| Les échanges

Jury : Madame, nous avons bien compris votre motivation mais, malgré vos dénégations, n'avez-vous pas peur de vous retrouver en école avec des élèves qui auront un niveau d'étude beaucoup moins élevé que le vôtre ? De même, vous serez commandé ensuite par des gradés qui n'ont pas votre cursus. Accepterez-vous sans difficulté cette situation ?

Candidate : Comme je vous l'ai indiqué, ma volonté est d'entrer dans la police quel que soit le statut que j'occuperai. Si je fais mes preuves et si je travaille en interne, je sais que je progresserai. Mon niveau d'étude est ce qu'il est, il m'a apporté des connaissances et une manière de travailler mais il ne fait pas forcément de moi un futur bon policier.

MÉTHODE

Le jury ré-interpelle la candidate sur ce point car il sait que cette situation peut susciter des frustrations et ne souhaite pas faire entrer au sein de l'institution des personnes qui ne jugeraient pas légitimes l'autorité qui les commande.

Jury : Vous avez eu la chance de faire deux stages chez nous. Vous nous parlez d'un esprit différent entre la police en tenue et la police d'investigation. Pensez-vous qu'il y a un antagonisme entre les deux entités ?

Candidate : Je ne le crois pas fondamentalement. Ce sont deux activités différentes avec un ensemble plus hiérarchisé d'un côté et des fonctionnaires en civil de l'autre avec une autonomie peut-être plus grande pour l'investigation. C'est ce que j'ai perçu mais l'esprit police reste partagé par tous.

MÉTHODE

Vous serez repris et interrogé sur les avis ou commentaires que vous pourrez faire sur la police.
Pesez donc chaque mot de votre entretien et évitez des avis tranchés que vous ne pourriez pas expliquer.

Jury : Vous voulez faire un métier dangereux. Que pensent votre ami(e) et votre famille de votre choix professionnel ?

Candidate : Ils me soutiennent et ils veulent que je fasse le métier que j'ai librement choisi. Ils ont un peu peur mais je leur dis que je serai formée pour me défendre.

MÉTHODE

C'est une question habituelle sur l'inquiétude supposée de la famille face au choix d'un métier qui expose à la mort.
Vous n'échapperez pas à cette question parfaitement légitime, donc vous devez vous y préparer.

Jury : Qu'est-ce que le traitement judiciaire en temps réel ?

Candidate : C'est la réponse judiciaire immédiate du parquet aux procédures qui lui sont rapportées téléphoniquement par les officiers de police judiciaire.

MÉTHODE

La candidate, au vu des deux stages en service de police, sera plusieurs fois interrogée sur ce qu'elle a vu et appris de ceux-ci. Toute réponse approximative serait mal perçue et laisserait à penser qu'elle ne s'est pas intéressée totalement aux services dans lesquels elle évoluait.

B| L'avis du jury

Cette candidate a fait une bonne présentation de son parcours.

IMPORTANT

Préparer son oral, c'est savoir anticiper les questions qui vous seront posées au vu de votre cursus et pouvoir dès lors répondre aux interrogations suscitées naturellement et sans difficulté. Vous devez donc analyser précisément votre parcours scolaire et professionnel et ne pas être pris au dépourvu sur celui-ci.

Simulation orale 1

Exposé d'un candidat
Premier concours interne

Durée : 20 minutes

L'EXPOSÉ DU CANDIDAT

Mesdames, Messieurs, bonjour.

Je m'appelle Julien Durant, j'ai 28 ans, je suis marié et j'ai deux enfants en bas âge. Ma conjointe, professeure des écoles, est actuellement en congé parental.

Concernant mon cursus scolaire, j'ai obtenu un baccalauréat économique et social mais ne voulant pas faire d'études longues à l'issue de celui-ci, j'ai décidé de m'engager volontairement dans la Marine nationale au sein d'un régiment d'infanterie de marine en tant que fusilier marin sur la base militaire de Lorient.

J'y suis resté près de 5 ans en tant que commando et j'ai participé à de nombreuses opérations extérieures à l'étranger dont une de plus de trois mois.

Dans le cadre de ce contrat, je me suis aguerri au combat et j'ai passé de nombreuses spécialités dont celle de tireur de précision.

Au bout de mes 5 ans de contrat, je pouvais prolonger mon engagement mais j'ai choisi de quitter l'armée afin d'avoir une activité plus sédentaire car mon épouse venait d'avoir notre second enfant et mes départs fréquents m'empêchaient de profiter de ma famille.

J'ai alors décidé d'intégrer la gendarmerie nationale et j'ai passé le concours de gendarme adjoint volontaire que j'ai réussi. Après une courte formation j'ai intégré une brigade territoriale où j'exerce depuis plus de quatre ans.

Tout mon cursus militaire me conduit naturellement à intégrer définitivement la gendarmerie mais je choisis de me présenter devant vous car, après réflexion, je pense que je m'épanouirai plus au sein de la police nationale.

Mes raisons sont multiples. L'armée m'a beaucoup donné mais mon choix de métier me pousse naturellement vers une activité de sécurité au sein des villes et non dans les zones rurales de France.

Je sais que l'activité de la police nationale est beaucoup plus dense et que la délinquance est beaucoup plus importante que dans les campagnes.

J'ai toujours exercé une activité où je ne m'ennuyais pas et je suis convaincu que mon choix correspond aux qualités professionnelles que je pense avoir et à mon dynamisme constant.

Je suis en effet rigoureux, disponible et volontaire. L'armée m'a inculqué cette rigueur et a forgé mon caractère. J'y ai appris l'autonomie et je souhaite mettre ces qualités et mon expérience au service de la police nationale.

Mon métier actuel de gendarme adjoint volontaire m'a permis d'appréhender les problématiques de sécurité et de participer à de nombreuses interpellations ainsi qu'à des contrôles routiers et toutes les opérations de sécurisation imparties à ma brigade territoriale.

Au sein de la gendarmerie, j'ai appris à gérer un accident de voie publique, à signaliser des mis en cause et je découvre quotidiennement la procédure judiciaire au contact des gendarmes titulaires.

Ce changement n'est pas pour moi un revirement mais une continuité de mon engagement au service de l'État afin de servir mon pays et d'essayer, avec mes modestes moyens, de contribuer à la sécurité et la tranquillité de la ville où je serai affecté.

En tant que gendarme adjoint, j'ai eu de nombreux contacts avec les agents de police nationale qui travaillaient dans une zone limitrophe et j'ai ainsi pu discuter avec eux de leurs missions. Ce que j'ai découvert au hasard de ces conversations m'a permis de renforcer ma volonté d'intégrer la police et telles sont les raisons pour lesquelles je me présente devant vous.

Je reste à votre disposition pour évoquer plus avant mes motivations.

L'ENTRETIEN AVEC LE JURY

Jury : Vous avez une expérience militaire certaine. Pensez-vous pouvoir réussir au sein d'une institution certes hiérarchisée mais civile ?

Candidat : Je sais bien que la police est un corps civil mais cette situation n'est absolument pas une difficulté pour moi. En effet, les policiers portent pour une grande partie l'uniforme et je ne serai donc pas « dépaysé ». Je pense qu'on attend de moi de l'honnêteté, de la rigueur et de l'engagement et il me semble avoir ces qualités requises. Je suis une personne loyale et disciplinée et ce sont à mon sens aussi les attendus de ce métier.

Jury : Vous allez vous retrouver à l'école de police avec de jeunes personnes qui n'auront ni votre vécu ni votre expérience et seront sans doute « décalées » par rapport à vous. Pensez-vous réussir à vous intégrer ?

Candidat : Je sais que j'ai un vécu militaire et certainement une maturité plus importante que bien d'autres personnes de mon âge mais je pense aussi pouvoir apprendre des personnes que je côtoierai tout d'abord à l'école et ensuite dans mon service. L'expérience n'est pas une fin en soi et tout dépend de la manière dont on s'en sert. Je ferai profiter de mes connaissances celles et ceux qui m'entoureront et je suis convaincu que j'apprendrai beaucoup de choses en retour, notamment de la part des anciens policiers adjoints qui connaissent déjà une partie de ce métier.

L'AVIS DU JURY

Cette présentation dure près de 4 minutes. Le candidat a un profil bien spécifique avec une expérience professionnelle intéressante et une maturité apparente.

Ces éléments sont donc de nature à séduire le jury mais encore une fois, il s'agit de trouver une personnalité et un caractère adaptés à un métier difficile.

Quel que soit le profil du candidat, il faut toujours faire preuve d'humilité et ne pas penser qu'un passé professionnel intéressant est une des seules motivations dans le choix du jury.

Il faut savoir bien étayer ses motivations, celles-ci devant s'appuyer sur son expérience professionnelle et démontrer que le choix de ce métier est une suite logique dans un cursus personnel.

Simulation orale 2

Épreuve orale Concours externe	Durée : 25 minutes

L'EXPOSÉ DE LA CANDIDATE

Mesdames, Messieurs bonjour,

Je m'appelle Clémence Thomas, j'ai 30 ans, je suis mariée et ai un enfant. Mon époux est professeur des écoles et nous habitons à Q.

Concernant mes études et mon cursus professionnel, j'ai un BTS de commerce que j'ai obtenu après un baccalauréat économique et social. J'ai ensuite obtenu un emploi d'agent commercial chez un opérateur téléphonique dans une agence du centre de ville de Q., poste que j'occupe encore actuellement mais avec le statut de co-gérante.

Je me présente devant vous car, après ces quelques années passées dans le secteur privé, je souhaite changer de métier et me mettre au service des autres, notamment pour assurer leur sécurité et leur tranquillité. C'est un changement majeur d'orientation professionnelle, je le reconnais, mais ce choix s'inscrit dans une réflexion de longue date. Je voulais faire ce métier dès mon plus jeune âge et j'avais tenté le concours de gardien de la paix après l'obtention de mon baccalauréat, mais j'avais manqué l'écrit à l'époque. Étant déjà en couple, j'ai opté pour des études rapides qui me permettraient de trouver un métier rapidement. J'ai donc suivi des études de commerce et obtenu sans difficultés mon diplôme. J'ai été recrutée tout de suite dans une agence de vente en téléphonie et j'occupe ce poste depuis plus de huit ans. Ce métier me permet de vivre mais ne correspond pas à mes aspirations profondes. C'est pour moi un métier « alimentaire », et je souhaite maintenant exercer la profession de gardien de la paix qui était ma vocation d'origine.

Pourquoi vouloir être gardien de la paix ? C'est tout simple. C'est en effet pour moi une activité avec des valeurs fortes comme le courage, le dévouement, l'intégrité. Mon activité commerciale est tout à fait honorable mais je n'y retrouve pas ces valeurs-là. De plus, on est au service de la sécurité des citoyens et on se doit tous les jours de les protéger, ce que je trouve « noble ».

Concernant ma connaissance de la police nationale, j'ai des amis qui sont gardiens de la paix et qui dans nos soirées me racontent leur quotidien, leur travail en police-secours et les interpellations qu'ils peuvent être amenés à réaliser. Je les écoute avec beaucoup d'attention et je m'imagine en situation, me demandant comment je gérerais telle ou telle situation difficile. Est-ce que j'aurais par exemple le sang-froid nécessaire pour affronter des conflits avec des personnes alcoolisées ? Me connaissant, je sais que j'en serai capable et c'est pourquoi je me présente devant vous.

De même, en tant que co-gérante de mon agence, j'ai souvent eu affaire aux services de police dans le cadre de tentatives frauduleuses d'ouverture de ligne et j'ai souvent été entendue dans le cadre d'enquêtes d'escroquerie par le commissariat de Q., ce qui m'a permis de découvrir plus précisément le minutieux travail d'investigation des procéduriers. Je comprends bien que mon parcours puisse vous étonner mais mes motivations sont là et j'ai une volonté farouche de réussir dans un métier qui me plaira.

Ce que je sais en outre de cette activité c'est aussi, au-delà de ces contacts réguliers ou des conversations avec des policiers, ce que j'ai lu dans les livres ou découvert sur les sites internet. Être gardien de la paix, c'est tout d'abord patrouiller, que ce soit à pied, en scooter ou en voiture, et intervenir sur des différends sur la voie publique, des personnes en état d'ébriété qu'il faut amener à l'hôpital puis en dégrisement, régler des problèmes de couple parfois très violents. C'est la vie de tous les jours dans ce qu'il y a parfois de pire. C'est prendre des plaintes et s'inscrire dans une chaîne pénale où le rôle de la police est de mettre des individus à disposition de la justice pour que des décisions soient prises, que ce soit des convocations devant le tribunal ou des mises en détention.

Mais c'est aussi toute une palette de métiers qui va de la gestion des manifestations au renseignement en passant par la police aux frontières afin de lutter contre l'immigration irrégulière. Je sais aussi que je pourrai faire de l'investigation dans des services d'enquête, voire plus tard dans des services spécialisés afin de lutter contre la criminalité organisée. C'est aussi pour cette variété de choix que je me présente devant vous car je sais que je trouverai ma place dans la police nationale.

Mon expérience professionnelle est pour moi un atout car j'ai dû acquérir la rigueur nécessaire pour satisfaire mes clients. Cette rigueur, je l'ai démontrée par la connaissance des produits que j'avais à vendre. Certes, le métier pour lequel je postule est foncièrement différent mais je sais que j'aurai besoin de rigueur pour l'exercer. J'ai su faire mes preuves dans une activité exigeante dans laquelle on est constamment jugé par ses responsables et qui nécessite de la force de caractère.

Je suis consciente des risques de ce métier et du danger que je prendrai et j'en ai discuté avec mon époux mais je sais que c'est cette profession que j'espère maintenant exercer de tout mon cœur.

Je suis à votre disposition pour vous évoquer plus avant mes motivations.

L'ENTRETIEN AVEC LE JURY

Jury : Vous avez une expérience strictement commerciale sans aucune connaissance particulière et précise de notre institution. Vous nous indiquez les raisons qui sont pour vous un atout mais pouvez-vous être plus explicite sur ce point ?

Candidate : Comme je vous l'ai indiqué, j'ai fait mes preuves puisque je suis passée du statut d'agente de vente à celui de co-gérante de mon agence. J'ai réussi dans mon secteur et je pourrais continuer avec la perspective de gérer mon agence mais je souhaite ardemment faire un métier qui me plaît au service des autres. De par ce métier, j'ai appris à avoir un contact facile avec les gens et cela me servira tous les jours en tant que gardien de la paix.

Jury : Vous avez évoqué la diversité des métiers au sein de la police nationale. Dans quelle direction d'emploi vous voyez-vous évoluer à l'avenir ?

Candidate : Je sais qu'à la sortie de l'école, je serai sans doute affectée à la préfecture de police ou à la Direction centrale de la sécurité publique en unité de service général. J'y découvrirai le travail de voie publique et ce sera une excellente expérience. Mais, à titre personnel, je me vois bien en service d'investigation. Comme je vous l'ai indiqué, j'étais en contact régulier avec des enquêteurs et je sais que cela me plairait beaucoup.

Jury : Vous habitez dans une ville agréable de province et votre réussite éventuelle au concours vous amènera inéluctablement à quitter cette ville pour aller habiter *a priori* en région parisienne. Y êtes-vous préparée ?

Candidate : En effet, j'en suis parfaitement consciente mais j'en ai aussi discuté avec mon compagnon, il me suivra dans mes choix et, en tant que professeur des écoles, il n'aura pas de difficultés pour retrouver un poste. Mon choix professionnel prime et si je veux un jour retourner en province, je ferai une demande de mutation.

L'AVIS DU JURY

Cette présentation dure environ 4 minutes. Ce profil de reconversion professionnelle avec un changement total d'orientation se rencontre de plus en plus fréquemment chez les candidats au vu du nombre important de postulants. De nombreuses personnes se rendent compte en effet qu'elles ne sont pas heureuses dans leurs activités et souhaitent intégrer les rangs de la police nationale. Cette démarche n'est pas mal perçue par les jurys car la police est preneuse de toutes les expériences professionnelles, même quand elles sont profondément éloignées du métier.

L'objectif de la candidate est alors d'étayer particulièrement ses motivations et de convaincre lors de cet oral que ce n'est pas un coup de tête ni une volonté de devenir fonctionnaire pour la simple sécurité de l'emploi. Elle doit donc particulièrement insister sur les raisons qui la poussent à changer de cursus et à vouloir exercer cette nouvelle activité.

De même, elle doit s'attacher à connaître l'institution police en s'étant particulièrement documentée sur le métier de gardien de la paix, les directions d'emploi et la nature du travail au quotidien. Toute la documentation nécessaire est accessible sur Internet et les sites spécifiques.

Dans cette simulation, la candidate énonce les raisons de son choix et l'on sent dans ses propos une connaissance affirmée du métier qui prouve qu'elle s'est bien renseignée au préalable. Elle répond ensuite aux questions en revenant sur ce qu'elle a déjà énoncé, ce qui démontre une continuité et une certitude dans son choix.

Les trois questions posées sont en effet récurrentes, à savoir l'affirmation de motivations, le type d'emploi que l'on veut occuper ou le lieu géographique d'exercice. Les candidats doivent avoir en tête la réponse à ces interrogations éventuelles. L'affirmation étayée des motivations et une connaissance précise du métier sur lequel le candidat postule sont la base de la réussite de cet oral.

Simulation orale 3

Épreuve orale
Concours externe

Durée : 25 minutes

L'oral se prépare extrêmement sérieusement. Vous trouverez dans cette simulation un florilège d'erreurs fréquemment rencontrées par les jurys de ce concours.

EXPOSÉ DU CANDIDAT

Mesdames, Messieurs, bonjour,

Je m'appelle Pascal Dubois, j'ai 22 ans, j'ai un baccalauréat littéraire (L) obtenu il y a trois ans. J'ai ensuite commencé des études de droit sans réussir à valider ma première année. J'ai par la suite essayé une première année en faculté d'histoire mais je me suis rendu compte que cela ne me plaisait pas alors j'ai cherché un travail rapidement. Je suis actuellement coéquipier dans un établissement de restauration rapide. C'est une activité pour vivre mais je n'ai pas envie de faire cela toute ma vie.

PAROLE DE JURY

Le candidat se présente de manière assez succincte, voire bâclée et évoque laconiquement ses échecs en matière de formation sans particulièrement les détailler. Avoir raté des cursus scolaires ou universitaires n'est pas rédhibitoire en soi mais il convient de présenter ces échecs sous un jour plus favorable en les inscrivant dans une démarche qui conduit à la présentation de ce concours.

Je me présente devant vous car je veux être gardien de la paix. C'est un métier qui me plaît beaucoup et c'est pour cela que j'avais commencé un cycle de droit mais j'ai trouvé cette matière aride et trop compliquée et c'est pour cela que j'ai arrêté après mon échec en première année. La police nationale m'attire en effet beaucoup car c'est un métier qui bouge et je pense qu'on ne s'y ennuie pas du tout et que l'on a toujours du travail. J'ai besoin de bouger et je n'ai pas envie d'exercer un métier où je serai bloqué dans un bureau pour assurer des tâches administratives.

PAROLE DE JURY

Il convient de se présenter sous le meilleur jour possible et ne pas être dans une situation de refus sur les conditions d'exercice d'un emploi sur lequel on postule. Il est préférable de dire que l'on sera prêt à réaliser toutes les tâches de ce métier et les tâches administratives en font aussi partie. La vision du métier de gardien de la paix est ici particulièrement sommaire et dénote d'un manque de connaissances de celui-ci.

J'ai découvert ce métier à travers tout ce que l'on voit à la télévision, que ce soit les documentaires ou les séries criminelles que j'adore regarder. C'est un métier d'action où l'on rencontre beaucoup de personnes tous les jours et je pense que c'est intéressant.

PAROLE DE JURY

C'est une présentation trop simpliste et très limitée qui donne une piètre impression des motivations du candidat.

Ensuite, travailler en tant que fonctionnaire au service de l'État, c'est à mon sens préférable à une activité dans le secteur privé, car je ne me sens pas l'âme d'un commercial et je n'ai pas envie d'être vendeur.

PAROLE DE JURY

Le travail au service de l'État n'est pas une fin en soi surtout si elle n'a qu'une finalité matérielle. Le candidat doit démontrer qu'il veut exercer le métier de gardien de la paix pour les raisons spécifiques à ce métier comme la sécurité des citoyens, la volonté de préservation de leur intégrité physique et de leurs biens.

Je suis allé dans un commissariat pour en discuter et j'ai parlé une demi-heure avec un policier adjoint qui s'occupait de l'accueil. Il m'a dit ce qu'il faisait tous les jours et j'ai trouvé son activité très intéressante. Il m'a proposé de rencontrer le responsable local du recrutement au commissariat mais je n'avais pas le temps et je suis parti car je devais prendre mon travail au restaurant.

PAROLE DE JURY

Encore une erreur de présentation du candidat qui se présente sous un mauvais jour et démontre une faible force de caractère et de mauvaises raisons quand il refuse de prendre le temps de rencontrer un responsable du recrutement.

Pour préparer le concours, mes bases du baccalauréat m'ont servi et j'ai trouvé les écrits plutôt faciles.

PAROLE DE JURY

Le candidat fait preuve de suffisance en indiquant ceci. Il s'agit à chaque instant de faire preuve d'humilité dans les propos tenus devant le jury.

Je souhaite exercer ce métier parce que je sais que j'en ai les capacités. Je n'ai peur de rien et la violence ne m'effraie pas. J'aime bien l'idée de pouvoir rendre la justice sur la voie publique et d'aider les personnes vulnérables en arrêtant leurs agresseurs.

Je suis assez sportif et je pense avoir la condition physique nécessaire pour exercer ce métier de jour comme de nuit. J'aime bien les sports de combat et je suis ceinture marron de karaté et je pense que ça me servira beaucoup quand je devrai me défendre.

PAROLE DE JURY

Encore une fois, le candidat démontre une haute estime de sa personne et indisposera profondément les professionnels devant lui. Si la pratique régulière d'un sport et la maîtrise d'un sport de combat sont une bonne chose, il convient de rappeler que le gardien de la paix appliquera des techniques spécifiques de sécurité en intervention qui lui auront été enseignées en école et qui lui seront rappelées en formation continue. De même, il ne s'agit pas de se défendre mais d'agir en état de légitime défense, concept que le candidat doit connaître. Enfin, un gardien de la paix n'est pas là pour rendre la justice mais pour préserver la tranquillité des citoyens.

Sur l'activité plus précise que je voudrais exercer si je réussis le concours, c'est intégrer une brigade anti-criminalité pour faire du flagrant délit et arrêter notamment des trafiquants de drogue. On m'a dit qu'il fallait être en excellente condition physique et avoir des nerfs d'acier. Je pense que je peux travailler dans ce type d'unité.

PAROLE DE JURY

La volonté de travailler en BAC est la plus fréquemment évoquée par les candidats. Si cette motivation est louable car c'est une unité respectable, il convient, pour se distinguer des autres postulants au concours, d'étayer précisément cette envie. Il faut pouvoir en parler avec détail, connaître ses horaires de travail, savoir par exemple que c'est une unité d'intervention de 2e niveau en cas d'attaque terroriste, etc.

Concernant ma situation personnelle, je suis célibataire et je n'ai donc pas de problèmes pour partir à n'importe quel moment en école de police.

PAROLE DE JURY

Cet aspect personnel doit être évoqué au tout début de l'entretien et non à la fin, cela rend sa présentation décousue et atteste encore une fois de la mauvaise préparation de cette épreuve.

Pour finir sur ma présentation, je suis quelqu'un de très volontaire et dynamique et je pense que ce sont des qualités essentielles pour réussir au sein de la police nationale. Ce métier, je le ferai avec plaisir parce que je l'aurai choisi et ça c'est important car quand on fait une activité qu'on aime, ça se voit et vos supérieurs sont contents de vous. La police, c'est un métier où il faut être très fort physiquement et nerveusement et je pense être le candidat qui correspond parfaitement à ce profil.

Je suis à votre disposition pour répondre à vos questions et vous exposer plus en détails mes motivations.

PAROLE DE JURY

Encore une fois, le candidat se présente trop peu et de manière trop simpliste. Une présentation doit être préparée et réfléchie et quasiment apprise par cour sans qu'il ne s'agisse d'une récitation sans âme ou de la déclamation d'un discours. Il n'y a pas de place pour l'improvisation au vu des enjeux et du nombre de candidats.

FAITES LE POINT !

Les jurys du concours de gardien de la paix sont multiples et les questions dépendent souvent des personnalités et des expériences de chacun de leurs membres. On retrouve néanmoins les mêmes interrogations et des champs de questions qui portent sur la connaissance du métier, l'actualité nationale ou internationale ou la personnalité du candidat. Voici un florilège du type de questions posées. Cette liste n'est bien entendue pas exhaustive mais elle peut constituer un socle de départ utile pour votre préparation. À vous de trouver les réponses pour certaines de celles-ci.

Exercice 1 Connaissances du métier

1. Quels sont les différents corps de la police nationale et les grades de chacun d'eux ?

2. Quelles sont les principales directions d'emploi ?

3. Quel est le salaire de base d'un gardien de la paix et quelles sont les évolutions professionnelles possibles ?

4. Quelle est la devise de la police nationale ?

5. Quelle est la devise de la Direction centrale de la sécurité publique ?

Exercice 2 Connaissances de l'actualité nationale ou internationale

1. Quel est l'événement international ou national récent qui vous a le plus marqué ?

2. Quels sont les attentats terroristes les plus récents en France ?

3. Qu'est-ce que l'état d'urgence et pouvez-vous en citer des mesures ?

4. Qu'est-ce que le plan Vigipirate et quel est son niveau actuel ?

5. Qu'est-ce que la radicalisation djihadiste ?

Exercice 3 Connaissance du candidat

1. Quelles sont vos passions ? Quel sport pratiquez-vous ?

2. Quel événement personnel vous a le plus marqué ?

3. Avez-vous eu déjà un contact avec la mort ? Racontez-le.

4. Quels sont vos principales qualités et vos principaux défauts ?

5. Vous considérez-vous comme un meneur ou comme un suiveur ?

6. Avez-vous assisté à des actes de violence ou éventuellement été victime personnellement d'une agression ? Racontez ce que vous avez vécu et votre réaction.

7. Avez-vous déjà tiré avec une arme à feu sportivement ?

CORRIGÉS

Exercice 1

1. Corps de conception et de direction (commissaire de police, commissaire divisionnaire). Corps de commandement (lieutenant, capitaine, commandant). Corps d'encadrement et d'application (gardien de la paix, brigadier de police, brigadier-chef, major de police).

2. Direction centrale de la sécurité publique (DCSP) ; Direction centrale des compagnies républicaines de sécurité (DCCRS) ; Direction centrale de la police aux frontières (DCPAF) ; Direction centrale de la police judiciaire (DCPJ) ; Direction générale de la sécurité intérieure (DGSI) ; Direction de la coopération internationale (DCI) ; Direction centrale du recrutement et de la formation de la police nationale (DCRFPN) ; Inspection générale de la police nationale (IGPN).

3. 1 401 euros pour un élève-gardien et 3 352 euros pour un major de police.

4. « *Pro Patria Vigilant* » : « Pour la patrie, ils veillent. »

5. « Discipline, valeur, dévouement. »

Exercice 2

1. Pensez à vous imprégner de l'actualité nationale ou internationale durant votre préparation. Le jury sera sensible à votre connaissance des événements.

2.

• Le 3 janvier 2020, un homme converti à l'islam, radicalisé et souffrant de troubles psychiatriques, attaque au couteau plusieurs personnes dans un parc à Villejuif. Il tue l'une d'entre elles et en blesse deux autres. Le lendemain, le Parquet national antiterroriste (Pnat) se saisit de l'enquête.

• Un homme poignarde sept personnes le samedi 4 avril 2020, en cours de matinée, à Romans-sur-Isère (Drôme). Deux personnes sont mortes, cinq autres sont blessées. L'assaillant, un réfugié soudanais de 33 ans, est interpellé. Le Pnat est saisi de l'affaire.

• Alors que le procès des attentats de janvier 2015, ouvert le 2 septembre 2020, se poursuit à la cour d'assises spécialement composée de Paris, deux personnes sont attaquées à la machette le vendredi 25 septembre 2020 matin, près des anciens locaux de *Charlie Hebdo*, théâtre de la tuerie de janvier 2015, dans le XIe arrondissement de Paris. Les victimes sont grièvement blessées dans cette attaque.

• Le vendredi 16 octobre 2020, à Conflans-Saint-Honorine (Yvelines), Samuel Paty, un professeur d'histoire-géographie de 47 ans, est décapité. Victime d'une fatwa, l'enseignant avait montré des caricatures de Mahomet à ses élèves, à l'occasion d'un cours sur la laïcité et la liberté d'expression.

• Le 29 octobre 2020, trois personnes meurent poignardées près de la basilique Notre-Dame de Nice.

3. Le ministre de l'Intérieur et les préfets peuvent, dans les zones où l'état d'urgence est en application, ordonner des perquisitions à domicile « de jour et de nuit ». Le procureur de la République en est informé sans délai.

Les préfets peuvent instaurer un couvre-feu interdisant la circulation des personnes ou des véhicules dans les lieux précis et à des heures fixées par arrêté.

Les préfets peuvent autoriser les officiers de police judiciaire à procéder à des contrôles d'identité, à l'inspection visuelle et à la fouille des bagages ainsi qu'à la visite des véhicules, pour une durée maximale de 24 heures.

4. Relevant du Premier ministre, le plan Vigipirate est un outil central du dispositif français de lutte contre le terrorisme. Il associe tous les acteurs nationaux (l'État, les collectivités territoriales, les entreprises et les citoyens) à une démarche de vigilance, de prévention et de protection. Les attaques terroristes de 2015 et 2016 et les dispositions législatives adoptées en 2016 ont conduit à une révision du plan Vigipirate pour l'adapter à une menace particulièrement élevée. Trois niveaux adaptés à la menace et matérialisés par des logos visibles dans l'espace public ont été créés : vigilance ; sécurité renforcée risque attentat ; urgence attentat. Le plan Vigipirate est porté au niveau « urgence attentat » sur l'ensemble du territoire national depuis le 29 octobre 2020. Il s'agit du plus haut niveau d'alerte du dispositif de lutte contre le terrorisme.

5. La radicalisation djihadiste est portée par la volonté de remplacer la démocratie par une théocratie basée sur la loi islamique (la *charia*) en utilisant la violence et les armes. Elle suppose donc l'adoption d'une idéologie qui donne un cadre de vie et des repères guidant l'ensemble des comportements. Les personnes radicalisées divisent les hommes et les femmes en deux catégories : ceux qui adhèrent à leur cause et ceux qui ne la partagent pas et sont, à ce titre, appelés à mourir.

Épreuve de langue étrangère

Coefficient 1

Durée : 10 minutes

Méthode

1. Présentation de l'épreuve
2. Méthode de l'épreuve

1 PRÉSENTATION DE L'ÉPREUVE

L'épreuve de langue est une conversation orale de 10 minutes dans la langue choisie lors de l'inscription au concours parmi l'anglais, l'allemand, l'espagnol et l'italien.

1 En quoi consiste cette épreuve ?

Cette épreuve consiste à vérifier votre compétence en communication orale. Le jury attend de vous que vous sachiez construire des phrases dans la langue choisie avec un minimum de vocabulaire adapté et que vous soyez capable de répondre aux questions en argumentant si besoin.

D'un coefficient 1, elle est **obligatoire pour les candidats au concours externe** et **facultative pour les candidats au concours interne**. C'est un bon moyen de gagner des points facilement.

Le niveau requis est celui d'un niveau intermédiaire B1 si on se refère au cadre européen de référence pour les langues (CECRL), soit le niveau d'un utilisateur indépendant :

- comprendre les points essentiels d'une discussion quand un langage clair et standard est utilisé et s'il s'agit de choses familières au travail, à l'école, aux loisirs, etc. ;
- être autonome dans la plupart des situations rencontrées en voyage dans une région où la langue cible est parlée ;
- pouvoir produire un discours simple et cohérent sur des sujets familiers et dans ses domaines d'intérêt ;
- savoir raconter un événement, une expérience ou un rêve, décrire un espoir ou un but et exposer brièvement des raisons ou des explications pour un projet ou une idée.

2 Quels types de thèmes sont abordés ?

L'épreuve ne dure que 10 minutes. Le jury va très certainement vous demander de vous présenter et chercher à savoir quelle motivation vous anime à exercer le métier de gardien de la paix. Logiquement, il faut que vous révisiez tout le vocabulaire lié à la présentation personnelle, au métier de gardien de la paix et aussi les expressions liées à la motivation.

- Mémorisez le vocabulaire et les expressions qui vous concernent : vos activités, vos loisirs, vos passions, votre parcours scolaire, votre situation familiale...
- Apprenez tout le vocabulaire relatif à la police, à son fonctionnement, à ses missions.
- Écrivez votre présentation et entraînez-vous à parler dans la langue choisie, afin de fluidifier votre expression et parfaire votre prononciation. Attention à ne pas réciter ; le but est que la conversation avec l'examinateur soit spontanée.
- Suivez l'actualité et traduisez les principaux thèmes d'actualité afin d'enrichir votre vocabulaire et de le mémoriser avant l'épreuve. Il se peut que vous soyez interrogé sur un événement récent.

CONSEILS

- Utilisez des phrases simples.
- Allez à l'essentiel.
- Soignez votre pronociation.

2 MÉTHODE DE L'ÉPREUVE

Même si cette épreuve possède un faible coefficient, il est conseillé de bien la préparer pour mettre toutes les chances de son côté et récolter ainsi des points facilement. Revoir les bases scolaires, peaufiner sa prononciation, se familiariser avec la langue en regardant des séries en langue originale et s'entraîner à voix haute sont autant d'astuces pour préparer cette épreuve.

1 Se présenter face au jury

Dès votre arrivée devant l'examinateur, saluez-le dans la langue étrangère. Pour commencer votre présentation avec assurance, apprenez ces petites phrases d'introduction basiques que vous répéterez à voix haute pendant votre période de préparation à l'épreuve. Les exemples suivants sont en anglais, langue choisie par la majorité des candidats.

My name is ... and I'm here to talk about...
Je m'appelle... et aujourd'hui je vais parler de...

My presentation will last X minutes.
Ma présentation va durer X minutes.

The order of the presentation is as follows...
Voici le plan de ma présentation...

In my presentation, I'll be talking to you about...
Dans ma présentation, je vous parlerai de...

I'd like to start by saying....
J'aimerais commencer par dire quelques mots sur...

À la fin de votre présentation, le jury vous demandera peut-être des précisions en vous posant des questions qu'il pourra introduire ainsi :

We now have around X minutes for questions.
Il reste X minutes pour des questions.

Si vous vous sentez assez à l'aise, vous pouvez interagir avec le jury ou vous assurez que vos réponses étaient claires :

That's a very good question.
C'est une question pertinente.

Does that answer your question effectively?
Cela répond-il à votre question?

2 Exprimer son opinion

Si le jury vous interroge sur un fait d'actualité et vous demande votre avis, ces expressions d'opinion vont vous aider à formuler vos réponses. Entraînez-vous à les utiliser pour un sujet que vous aurez choisi.

In my opinion,
À mon avis,

I think it's beneficial to...
Je considère qu'il y a un avantage à...

I am convinced that...
Je suis convaincu que...

I'm impressed by...
Je suis frappé par...

I can't take sides...
Je ne peux pas prendre parti...

What I'm inclined to say is...
Ce que j'essaie de vous expliquer est...

I consider this as...
Je considère cela comme...

I feel as if...
J'ai le sentiment que...

It's a rather controversial issue...
C'est une question controversée...

My first impression is...
Ma première impression est...

We can't deny that...
On ne peut pas nier que...

3 Conclure sa présentation avec le jury

La conclusion de cette épreuve consiste à remercier le jury de vous avoir écouté. Apprenez ces phrases qui vous permettront d'être plus à l'aise et de laisser une dernière impression positive.

I hope this has been informative and useful for you and I would like to thank you all for your attention.
Je vous remercie pour votre attention et j'espère que cette présentation a été informative et utile pour vous.

It was a pleasure to talk to you today.
C'était un plaisir pour moi de m'adresser à vous aujourd'hui.

MÉTHODE

Revoir les bases de la grammaire anglaise, si c'est la langue que vous choisissez, pourra vous aider à vous sentir plus à l'aise le jour de l'oral.

 # outils
Revoir les bases de l'anglais
foucherconnect.fr/20rcgardien05

Partie 5

LES CONNAISSANCES INDISPENSABLES

- Français
- Tests psychotechniques
- Connaissances générales
- Connaissances professionnelles

 # QCM

Des QCM interactifs pour s'entraîner

foucherconnect.fr/20rcgardien06

Français

FICHE 1 MAÎTRISER SA SYNTAXE

1 La règle

Une phrase est généralement composée d'un **sujet (1)**, d'un **verbe (2)** et d'un **complément (3)**.

Exemple

Marie déguste un gâteau.

» (1) Le sujet peut être un :
- **nom commun** (exemples : une table, un bureau, une fille, un homme, etc.) ;
- **nom propre** (exemples : Monsieur Durand, Madame Colette, Allemagne, Portugal, etc.) ;
- **prénom** (exemples : Armand, Marie, etc.) ;
- **pronom personnel** (exemples : je, tu, il/elle/on, nous, vous, ils/elles).

» (2) Le verbe peut appartenir au :
- **1er groupe** : les verbes du 1er groupe sont les plus nombreux. Leur infinitif est en -**er.** Exemple : dégust**er** ;
- **2e groupe** : les verbes du 2e groupe sont plus rares. Leur infinitif est en -**ir**. Exemple : ag**ir**. Pour les reconnaître, on les conjugue au participe présent où leur forme se termine en -issant (agir/ag**issant**) ;
- **3e groupe** : tous les autres verbes qui n'entrent pas dans les catégories précédentes appartiennent au 3e groupe. Leur conjugaison est irrégulière. Exemples : les verbes en -**endre** (appr**endre**) ; les verbes en -**oir** (voul**oir**).

» (3) Le complément peut être un :
- **complément d'objet direct (COD)** (exemple : Je fais un gâteau. Je fais quoi ? « un gâteau » est le COD) ;
- **complément d'objet indirect (COI)** (exemple : Jean téléphone à son ami. Jean téléphone à qui ? « à son ami » est le COI ; Jean pense à ses vacances. Jean pense

à quoi ? « à ses vacances » est le COI. Alice parle de son frère. Alice parle de qui ? « de son frère » est le COI) ;

- **complément circonstanciel de lieu (CCL)** (exemple : La femme va au cinéma. La femme va où ? « au cinéma » est le CCL) ;
- **complément circonstanciel de temps (CCT)** (exemple : Le train arrive à 8 heures. Le train arrive quand ? « à 8 heures » est le CCT) ;
- **complément circonstanciel de manière (CCM)** (exemple : Jean arrive en voiture. Jean arrive comment ? « en voiture » est le CCM).

En général, les COI sont introduits par les prépositions à/de ; les CCL, CCT et CCM sont introduits par à/au/en, etc.

2 Exercices

Exercice 1

Dans les phrases suivantes, soulignez les COD en bleu et les COI en noir (attention une phrase peut être composée d'un COD et d'un COI) :

1. Vous paraissez assez âgé pour commettre des sottises.
2. L'inspecteur pense à ses vacances.
3. Chaque suicide est un poème sublime de mélancolie.
4. Le témoin téléphone à son avocat.
5. Le suspect parle facilement de sa misérable existence.

Exercice 2

Dans les phrases suivantes, soulignez les compléments circonstanciels de lieu (CCL), de temps (CCT) et de manière (CCM) (attention une phrase peut contenir un CCL, un CCT ou un CCM) :

1. Finalement, il se rend au commissariat, honteux de son acte.
2. C'est décidé, il viendra en vélo !
3. J'attends mon train depuis 2 heures.
4. J'ai hâte d'être chez moi.
5. Nous devions nous attendre au café.

3 Corrigés

Exercice 1

1. Vous paraissez assez âgé pour commettre des sottises.
2. L'inspecteur pense à ses vacances.
3. Chaque suicide est un poème sublime de mélancolie.
4. Le témoin téléphone à son avocat.
5. Le suspect parle facilement de sa misérable existence.

Exercice 2

1. Finalement, il se rend au commissariat, honteux de son acte (CCL + CCM).
2. C'est décidé, il viendra en vélo ! (CCM).
3. J'attends mon train depuis 2 heures (CCT).
4. J'ai hâte d'être chez moi (CCL).
5. Nous devions nous attendre au café (CCL).

FICHE 2 LES DIFFÉRENTS TYPES DE CONSIGNES

1 La règle

» Dans la grammaire française, il existe des phrases dont la forme est spécifique. **Il est utile de savoir les reconnaître pour répondre correctement à une consigne.** Une phrase peut être :

- **déclarative** : elle exprime un fait (dire, raconter) ; exemple : vous reformulerez les idées et les arguments ;
- **interrogative** : elle pose une question et finit par un point d'interrogation ; exemple : que signifient les termes suivants ?
- **exclamative** : elle exprime une émotion et finit par un point d'exclamation ; exemple : ne négligez pas cette épreuve !
- **impérative** (ou injonctive) : elle exprime un conseil ou un ordre ; elle peut se terminer par un point d'exclamation ou pas ; exemple : interdit de se parler pendant l'examen. Finis ton exercice !

» Dans l'épreuve d'études de cas, vous allez devoir rédiger des phrases complètes et correctes. Pensez à bien vous relire à la fin de l'épreuve.

2 Exercices

Exercice 1

Donnez un exemple de phrase pour chacune de ces formes :

1. Déclarative :
2. Interrogative :
3. Exclamative :
4. Impérative :

Exercice 2

Indiquez la forme de chaque phrase :

1. Ne colorez pas votre texte !
2. Elle est venue à l'examen comme prévu.
3. À quoi pense-t-il ?
4. Pas trop de couleurs mais des abréviations !
5. Arrête-toi là.
6. Je finis mon devoir et j'arrive.
7. Quand a lieu le rattrapage ?
8. Nous préparons le procès-verbal.
9. Réponds à mes questions !
10. Montrez dès à présent au correcteur votre sens du service public.

3 Corrigés

Exercice 1

1. Déclarative : Le chien est dans le jardin.
2. Interrogative : Le chien est-il dans le jardin ?
3. Exclamative : Le chien est dans le jardin !
4. Impérative : Laisse le chien dans le jardin !

Exercice 2

1. Exclamative.
2. Déclarative.
3. Interrogative.
4. Exclamative.
5. Impérative.
6. Déclarative.
7. Interrogative.
8. Déclarative.
9. Exclamative.
10. Impérative.

FICHE 3 COMPRENDRE LES RÈGLES D'ACCORDS

1 Les règles

A| L'accord des verbes

Le verbe s'accorde toujours avec le sujet (en temps et en genre).

Exemple

La Déclaration des droits de l'homme et du citoyen **pose** les bases d'un certain nombre de principes.

B| L'accord des adjectifs

Les adjectifs s'accordent généralement en genre et en nombre avec le sujet.

Exemples

Cet officier est **intelligent**.
Cette enseignante est **intelligent<u>e</u>**.

C| Le participe passé

- Le participe passé employé avec l'auxiliaire « avoir » ne s'accorde pas. **SAUF** si le COD est placé avant le participe passé.
- Le participe passé employé avec l'auxiliaire « être » ou avec un verbe d'état (paraître, sembler, demeurer, devenir…) s'accorde toujours en genre et en nombre avec le sujet.

Exemple

J'ai mangé une pomme.

La pomme **que** j'ai mangée→ Je l'ai mangée. « Que » et « l' » remplacent la pomme qui est le COD. Il est placé avant le participe passé. Accord du participe passé en genre et en nombre avec le COD (féminin singulier).

Exemple

Auxiliaire **être** : Élise est arrivée chez moi, déguisée.

2 Exercices

Exercice 1

1. Accordez au présent le verbe entre parenthèses, selon le sujet :

(Exercer) Le Premier ministre ________________le pouvoir réglementaire selon l'article 21 de la Constitution.

2. Accordez à l'imparfait le verbe entre parenthèses, selon le sujet :

(Signer) Le président de la République _____________ les ordonnances et les décrets.

3. Accordez au futur simple le verbe entre parenthèses, selon le sujet :

(Servir) Les circulaires, directives ou instructions _____________ aux administrations pour communiquer avec leurs agents.

4. Accordez au passé simple le verbe entre parenthèses, selon le sujet.

(Existe) Il ______________ deux types distincts de règlements.

Exercice 2

Accordez les adjectifs selon le genre et le nombre du sujet.

1. La justice doit être impartial____________.
2. Les juges sont hautain ___________.
3. Le maire est affligé________________.
4. Des normes trop rigide_________________.
5. Des lois intelligent_____________.

Exercice 3

Accordez au participe passé le verbe entre parenthèses, selon le sujet.

Elle est ________________ (entrer) à l'hôpital, ______________ (épuiser), ___________ (accabler), à bout de forces. La grand-mère, ___________ (étourdir) mais __________ (ranimer) attira son petit-fils contre elle. Les grands-parents étaient seuls sur les couchettes, ______________(réunir) par leurs pensées. Mes souvenirs se précisent, un peu ___________ (découdre). ______________ (grimper) sur un escabeau, elle a ___________________(atteindre) le rayon du haut. Elle a __________________ (apercevoir) le jeune homme, _________________ (cramponner) à l'angle du toit. La maisonnette, _____________ (inhabiter), n'est plus ________________ (entretenir). Va, mon fils, dit-elle, _____________ (s'émouvoir).

3 Corrigés

Exercice 1

1. Exerce.
2. Signait.
3. Serviront.
4. Il exista.

Exercice 2

1. Impartiale.
2. Hautains.
3. Affligé.
4. Rigides.
5. Intelligentes.

Exercice 3

Entrée ; épuisée ; accablée ; étourdie ; ranimée ; réunis ; décousus ; grimpée ; atteint ; aperçu ; cramponné ; inhabitée ; entretenue ; émue.

FICHE 4

DISTINGUER LES HOMOPHONES GRAMMATICAUX

1 La règle

Les homophones grammaticaux sont des mots qui **se prononcent de la même façon** mais dont **la nature grammaticale est différente**.

A| Ce/se

» « **Ce** » est un adjectif démonstratif qui exprime l'idée de montrer.

Exemple

Ce monsieur (celui que je montre).

» Alors que « **se** » fait partie d'un verbe pronominal.

Exemple

Se dépêcher (je me dépêche).

B| Ces/ses/c'est/s'est

» « **Ces** » est le pluriel de « **ce** ».

Exemple

Ce badge → ces badges (les badges que je montre).

» Alors que « **ses** » est le pluriel de « **son** » ou de « **sa** ».

Exemple

Il porte son uniforme → ses uniformes (ses uniformes à lui).

» « **C'est** » est un pronom démonstratif que l'on peut remplacer par « **cela** ».

Exemple

C'est un enfant → cela est un enfant.

» Alors que « **s'est** » est toujours suivi d'un verbe au participe passé.

Exemple

Il s'est cogné.

C| À/a

» « **À** » avec un accent est une préposition. Pour le savoir, remplacez-la par « **avait** ».

Exemple

Elle est arrivée à temps. « Elle est arrivée avait temps » n'a aucun sens donc il faut mettre un accent sur le « à ».

» Alors que « **a** » est l'auxiliaire « avoir » conjugué au présent de l'indicatif. De même, remplacez par « avait ».

Exemple

Il a menti tout au long du réquisitoire. Il « avait » menti tout au long du réquisitoire (la phrase garde un sens). Attention ! Lorsque vous conjuguez l'auxiliaire « avoir » à la deuxième personne du singulier, n'oubliez pas le s : « Tu as menti tout au long du réquisitoire. »

D| Tout/tous

» « **Tout** » peut être un adjectif, un pronom ou un adverbe. Nous écrivons « tout » avec un « **t** » lorsqu'il est suivi d'un **singulier** ou d'un **verbe.**

Exemple

Il faut tout ranger avant ce soir. Il est tout seul. Nous devons refaire tout le jardin.

» Alors que « tous » avec un « **s** » est suivi d'un **pluriel**.

Exemple

Il faut ranger **tous** les jouets. **Tous** les enfants vont arriver.

E| Quoi/Quoique

» « **Quoique** » est une conjonction de subordination. Elle s'écrit en un seul mot lorsqu'on peut la remplacer par « **bien que** ».

Exemple

Quoique le code de la route soit difficile, il a réussi à le valider !

» Alors que « **quoi que** » est un pronom relatif composé. Il s'écrit en deux mots lorsqu'on peut le remplacer « **quelle que soit la chose que...** ».

Exemple

Quoi qu'il fasse, il finira par se faire prendre.

F| Quel/quelle/qu'elle

» « **Quel(s)** » est un déterminant interrogatif et exclamatif, il s'accorde en genre et en nombre.

Exemple

Quel beau spécimen ! Quels beaux spécimens !

» « **Quelle(s)** » est un déterminant interrogatif et exclamatif féminin, il s'accorde en genre et en nombre.

Exemple

Quelle belle journée ! Quelles belles journées !

» « **Qu'elle(s)** » se compose de deux mots : une conjonction de subordination « **qu'** », suivie du pronom personnel « **elle(s)** ». On peut les remplacer par « **qu'elle** » ou « **qu'il** » ou par « **qu'elles** » ou « **qu'ils** ».

Exemple

Il faut qu'elle voie ce gendarme. Il faut qu'elles voient ce policier.

G| Quand/quant/qu'en

» « **Quand** » est une conjonction qui signifie « lorsque », « au moment où » ou « pendant que ». On l'écrit avec un « **d** » quand elle introduit une question ou une subordonnée de temps.

Exemple

Quand mon procès aura lieu ? Nous vous préviendrons **quand** nous saurons la date.

» « **Quant** » est une préposition comme « à, à la, au, aux ». On peut la remplacer par « en ce qui concerne ».

Exemple

Quant à votre procès, il n'est pas encore arrivé. Nous avons été satisfaits de notre procès, mais **quant** à le renouveler…

» « **Qu'en** » est la contraction du pronom relatif « **qu'** » et du pronom « **en** ». Il s'utilise avec la négation pour montrer une exclusivité. Dans une question, il peut être remplacé par « **Que… de cela** ».

Exemple

Qu'en penses-tu ? Qu'en penses-tu **de cela** ?

2 Exercices

Exercice 1

Complétez avec « ce » ou « se ».

1.__________faire justice.

2.___________jury est loyal.

3.__________présenter.

4.__________prouver à soi-même.

5.__________témoin est fiable.

6.__________discriminer.

Exercice 2

Complétez les phrases avec « ces » ou « ses ».

Lorsqu'elle ne sait plus quoi faire, elle enroule ______________cheveux sur son doigt. Comme tous ______________ juges sont fiers ! Ce fut ______________ derniers mots qu'il prononça sur un ton provoquant. Pourquoi lui poser toutes ____________ questions auxquelles il ne peut pas répondre ? Le détective choisit de ne rien dire et baissa le regard sur _________ chaussures.

Exercice 3

Complétez les phrases par « c'est » ou « s'est ».

____________ certainement notre homme. La victime___________ enfuie de l'école. Aujourd'hui ____________ dimanche. ____________ elle qui a gagné ! Elle ___________ mise dans cette situation toute seule !

Exercice 4

Complétez les phrases par « à » ou « a ».

Mais ___________ quoi bon un message chiffré, si vous n'avez pas le code ? Il y ____________ beaucoup de messages chiffrés que je pourrais lire aussi facilement. Nous nous sommes livrés ___________ un petit chef-d'œuvre d'analyse. Jérémy___________ un frère qui ___________ pris 3 mois de sursis.

Exercice 5

Complétez par « tout » ou « tous ».

La camionnette va ___________droit ! Riches ___________ deux, ils ne connaissaient point de caprices qu'ils ne pussent satisfaire. Ma sœur passa en revue ___________ les jeunes gens du voisinage. ___________ ce qu'il y a dans cette boîte est à moi. ___________ ces journalistes !

Exercice 6

Cochez la case qui correspond à la bonne orthographe.

1. L'adjudant a sonné trois fois à la porte, quoique ❑ ou quoi que ❑ tu n'aies pas entendu.

2. Quoi que ❑ ou quoique ❑ le témoin en dise, j'ai bien sonné trois fois !

3. Nous effectuons des maraudes à six heures, quoique ❑ ou quoi que ❑ les gens dorment encore.

4. Ce mendiant déterre quoi que ce soit ❑ ou quoique ce soit ❑, mais cela a peu de valeur !

5. Quoique ce soit ❑ ou quoi que ce soit ❑ que vous accumuliez, vous le perdrez un jour.

Exercice 7

Remplacez par « quel – quelle - qu'elle (s) ».

Ce __________ en pense, je le sais déjà ! Vous ne sauriez croire à __________ point il a menti ! Quand le corps fut découvert, __________ horreur se fut. Enfin __________ erreur vous engage à mourir ? Il est nécessaire __________ se voient !

Exercice 8

Remplacez par « quand - quant - qu'en ».

Tu pourrais faire un effort, __________ même ! __________ à elle, c'est la meilleure de sa section. __________ penses-tu de cette dépêche ? __________ j'ai écrit mon livre, mon imagination a explosé ! __________ je disais que j'étais la meilleure en sport, j'étais sérieuse.

3 Corrigés

Exercice 1

1. Se ; 2. Ce ; 3. Se ; 4. Se ; 5. Ce ; 6. Se.

Exercice 2

Ses ; ces ; ses ; ces ; ses.

Exercice 3

C'est ; s'est ; c'est ; c'est ; s'est.

Exercice 4

À ; a ; à ; a ; a.

Exercice 5

Tout ; tous ; tous ; tout ; tous.

Exercice 6

1. L'adjudant a sonné trois fois à la porte, quoique ☒ ou quoi que ❑ tu n'aies pas entendu.

2. Quoi que ☒ ou quoique ❑ le témoin en dise, j'ai bien sonné trois fois !

3. Nous effectuons des maraudes à six heures, quoique ☒ ou quoi que ❑ les gens dorment encore.

4. Ce mendiant déterre quoi que ce soit ☒ ou quoique ce soit ❑, mais cela a peu de valeur !

5. Quoique ce soit ❑ ou quoi que ce soit ☒ que vous accumuliez, vous le perdrez un jour.

Exercice 7

Qu'elle ; quel ; quelle ; quelle ; qu'elles.

Exercice 8

Quand ; quant ; qu'en ; quand ; quand.

FICHE 5

DISTINGUER : FAIT – OPINION – SENTIMENT

Cette fiche met en lumière la tendance que nous avons tous à nous exprimer sous forme d'opinions, en perdant de vue les faits précis ou les sentiments qui en sont à l'origine.

1 La règle

- Les **faits** sont des informations tangibles, vérifiables et parfois même quantifiables. En principe, ils sont incontestables, c'est-à-dire que tout le monde devrait pouvoir tomber d'accord sur ce qui constitue un fait. C'est un élément de réalité que quiconque peut considérer de la même façon.
- Une **opinion** est un jugement de valeur, une appréciation subjective que l'on porte sur son environnement. Nos convictions s'ancrent dans des opinions qui émanent de notre entourage familial et professionnel, de notre journal ou d'un cercle d'amis.
- Les **sentiments** sont des indications sur ce que l'on ressent. Ils recouvrent la gamme de nos émotions et de nos affects.

Exemples

FAIT→ La porte est fermée à clé.
OPINION→ Fermer cette porte à clé n'a pas de sens.
SENTIMENT→ Je déteste que cette porte soit fermée à clé.

2 Exercices

1. D'après le texte ci-dessous, classez dans le tableau les mots ou termes qui relèvent du fait, de l'opinion ou du sentiment :

Mme Feras mourut dans la nuit du 16 au 17 septembre, un jeudi. On m'envoya chercher le vendredi 17, vers huit heures du matin. J'avais très mal dormi cette nuit, j'étais d'une humeur exécrable. Lorsque j'arrivais devant la porte de la pauvre dame, les journalistes comme d'habitude étaient déjà présents, agglutinés et sans compassion, devant son portail (...).

Je rentrai chez moi peu après neuf heures cinq. J'ouvris la porte avec ma clef et je restai exprès dans le vestibule quelques instants de plus qu'il était nécessaire, pour prendre mon chapeau et mon pardessus. En réalité, j'étais bouleversé et préoccupé. Je ne prétendrai pas, maintenant, que j'aie, à cet instant, prévu les événements qui devaient se dérouler au cours des semaines suivantes, car cela ne serait pas exact. Mais mon instinct m'avertissait que j'allais éprouver des émotions jusqu'à présent étrangères à mon quotidien...

Faits	Opinions	Sentiments

2. Rédigez à la première personne du singulier et au présent de l'indicatif un court paragraphe relatant des faits. (En une dizaine de ligne, relatez un événement qui s'est déroulé dans votre journée de manière la plus objective possible.)

3 Corrigés

1.

Faits	Opinions	Sentiments
– Mme Feras mourut dans la nuit du 16 au 17 septembre, un jeudi. On m'envoya chercher le vendredi 17, vers huit heures du matin. – Je rentrai chez moi peu après neuf heures cinq. J'ouvris la porte avec ma clef et je restai exprès dans le vestibule quelques instants de plus qu'il était nécessaire, pour prendre mon chapeau et mon pardessus.	(...) les journalistes comme d'habitude étaient déjà présents, agglutinés devant son portail (...)	– (...) j'étais d'une humeur exécrable. – (...) la pauvre dame – En réalité, j'étais bouleversé et préoccupé. – Mais mon instinct m'avertissait que j'allais éprouver des émotions jusqu'à présent étrangères à mon quotidien (...)

2. Cette composition est libre. Entraînez-vous pour bien faire la différence entre ces éléments.

FICHE 6

ACQUÉRIR DU NOUVEAU VOCABULAIRE

1 La règle

» Les **synonymes** regroupent des mots qui expriment le même sens.

Exemple

Loi = arrêté, arrêt, aloi, législation, règlement, législation, etc.

» Les **antonymes**, eux, regroupent les mots dont le sens s'oppose.

Exemple

Liberté/oppression, emprisonnement, coercition, etc.

» **Attention**, les antonymes peuvent aussi prendre la forme d'une figure de style d'opposition, appelée **oxymore.**

Exemples

Nuit blanche. Silence assourdissant. La beauté du mal.

2 Exercices

Exercice 1

Dans les phrases suivantes, trouvez un synonyme pour les mots en gras.

1. Il a été **jugé** après un procès rapide/______________________________
2. Cette décision est **injuste**/______________________________

3. Il a été **inspecté** hier matin/____________________
4. Nous avons **contrôlé** toutes les voitures/____________________
5. Elle a **classé** les jugements/____________________
6. J'ai **intenté** un procès____________________
7. C'est la **mission** de la police/____________________
8. Ceci est un **ordre** ! /____________________
9. Je n'ai pas de **connaissances** dans ce domaine/____________________
10. Il a **surmonté** ce cap/____________________
11. Garder son **sang froid**/____________________

Exercice 2

Trouver un antonyme qui peut remplacer les mots en gras.
1. Il est très **courageux**/____________________
2. Elle n'a pas **présenté** son identité/____________________
3. Le tueur est **emprisonné**/____________________
4. Elle a une tête de **tueuse**/____________________
5. Les dirigeants de la manifestation sont **manipulés**/____________________

Exercice 3

Trouver un mot précis pour remplacer le verbe « faire ».
1. Faire un sport/____________________
2. Faire un délit/____________________
3. Faire un métier/____________________
4. Faire cent kilos/____________________
5. Faire une cabane/____________________

Exercice 4

Dans les phrases suivantes, trouvez un antonyme et un synonyme pour les mots en gras.
1. Le suspect a tenu des propos très **pervers** lors de la conférence de presse.
Syn.____________________ Anto____________________
2. Au tribunal, certains juges sont plus **objectifs** que d'autres.
Syn. ____________________ Anto____________________
3. On a toujours reproché à Alex d'être trop **crédule** lorsqu'on lui racontait des histoires.
Syn____________________ Anto____________________
4. Selon les normes actuelles de prévention routière, certaines lois sont trop **anciennes**.
Syn____________________ Anto____________________
5. Dans ce dossier, le gendarme a estimé que les sanctions requises étaient **dérisoires**.
Syn____________________ Anto____________________

3 Corrigés

Exercice 1

1. Juger : condamner. 2. Injuste : partial ; arbitraire. 3. Inspecter : contrôler ; examiner. 4. Contrôler : inspecter ; surveiller. 5. Classer : répertorier ; archiver. 6. Intenter : entreprendre ; plaider. 7. Mission : rôle ; fonction. 8. Ordre : sommation ; injonction. 9. Connaissances : savoirs ; notions. 10. Surmonter : combattre ; vaincre. 11. Sang froid : aplomb ; assurance.

Exercice 2

1. Courageux : lâche ; couard. 2. Présenter : dissimuler ; cacher. 3. Emprisonner : libérer ; affranchir. 4. Tueuse : innocente ; candide. 5. Manipulés : indépendants ; autonomes.

Exercice 3

1. Pratiquer. 2. Commettre. 3. Exercer. 4. Peser. 5. Construire.

Exercice 4

1. Pervers : synonymes (corrompu ; malsain) / antonymes (honnête ; vertueux).

2. Objectif : synonymes (impartial ; juste) / antonymes (partialité ; parti pris).

3. Crédule : synonymes (naïf ; candide) / antonymes (sceptique ; dubitatif).

4. Ancienne : synonymes (vétuste ; archaïque) / antonymes (récente ; neuve).

5. Dérisoires : synonymes (négligeable ; modique) / antonymes (importante ; capitale).

FICHE 7

CONNAÎTRE LES 10 CLASSES GRAMMATICALES

Notre langue française est constituée de 10 classes grammaticales.

» **Les verbes**

- **les auxiliaires**, qui servent à conjuguer les temps composés : être et avoir ;
- **les verbes d'état**, qui servent à décrire le sujet et se construisent avec des attributs : sembler, paraître, demeurer ;
- **les verbes d'action**, qui peuvent se construire avec des compléments d'objet : manger, courir, dormir.

» **Les adverbes**

Ils modifient le sens d'un verbe, d'un adjectif ou d'un autre adverbe : évidemment, beaucoup...

» **Les noms**

- **les noms communs**, qui sont précédés d'un article défini ou indéfini : une table, un éléphant, un amour ;
- **les noms propres**, qui portent toujours une majuscule : Jean-Claude, Ulysse, Venise, Florence.

» **Les prépositions**

Elles permettent de relier deux mots ou deux idées : à, de, en, pour...

» **Les déterminants**

- **les articles définis**, qui servent à introduire un nom ou un groupe nominal désignant une chose déjà identifiée : le, la, les... ;
- **les articles indéfinis**, qui servent à renvoyer à une chose ou à une personne difficilement identifiable : un, une, des... ;
- **les articles partitifs**, employés pour désigner une réalité indénombrable ou une chose abstraite : de la, du... ;
- **les déterminants possessifs**, qui varient en genre, en nombre et selon la personne : mon, ta, leur, notre... ;

– **les déterminants démonstratifs**, qui renseignent sur le possesseur : cette, ce, ces ;

– **les déterminants numéraux** :

  – **ordinaux**, qui renseignent sur l'ordre : premier, septième,

  – **cardinaux**, qui renseignent sur le nombre et ne varient ni en genre ni en nombre : un, sept, douze.

» **Les conjonctions**

– **de coordination** (elles relient deux propositions ou deux mots de même fonction) ;

– **de subordination** (elles relient deux éléments d'une phrase dont l'un est subordonné à l'autre).

» **Les pronoms**

Ils remplacent un nom ou un pronom :

– **les pronoms personnels** : je, tu, il/elle/on, nous, vous, ils/elles ;

– **les pronoms possessifs** : le mien, la nôtre ;

– **les pronoms démonstratifs** : celle-ci, celui-là ;

– **les pronoms interrogatifs** : qui, quoi, laquelle ;

– **les pronoms relatifs** : qui, que, dont, où.

» **Les adjectifs qualificatifs**

Ils servent à qualifier un nom ou un pronom : bleu, courageux, intelligent…

» **Les interjections**

Elles expriment souvent une émotion : Oh ! Ah ! Ouf !

» **Les onomatopées**

Elles expriment souvent un bruit : Boum, grrrr, crac, pan !

FICHE 8

DÉGAGER L'IDÉE PRINCIPALE D'UN TEXTE

1 La règle

- Dégager l'idée principale consiste à pouvoir exprimer **l'information la plus importante** (thème) de l'auteur et comprendre ce qu'il a voulu nous dire. Les autres phrases appuyent ou illustrent cette dernière :
  - **l'idée principale explicite** : elle est exprimée par une phrase donnée dans le texte ;
  - **l'idée principale implicite** : elle doit être formulée par nous-même.
- Mais au préalable il faut repérer :
  - le sujet du texte : il s'agit de comprendre ce dont on parle dans le texte : **de qui ou de quoi parle-t-on ?**
  - l'intention de l'auteur : ce que l'auteur veut nous dire à propos de ce sujet.
- Il faut faire des liens entre les idées du paragraphe et choisir celles qui sont les plus importantes selon le sujet et l'intention de l'auteur.
- Il est important de formuler une phrase qui présente l'essentiel à retenir.

IMPORTANT

L'idée principale d'un paragraphe peut se situer :
- au début ;
- au milieu ;
- à la fin d'un paragraphe.

Exemple

Texte : La cause d'un accident de la route est donc presque toujours humaine.
Il est extrêmement rare qu'un accident n'ait qu'une cause météo (pluie, tempête, etc.) ou qu'une cause technique (pneus mal gonflés, système d'éclairage inopérant, etc.).

Les deux facteurs humains les plus ravageurs sont l'alcoolémie et la vitesse. L'alcool intervient dans près du tiers des accidents mortels. Un quart des accidents mortels ont pour cause un excès de vitesse. D'où l'importance de développer plus intensément la prévention routière…

L'idée principale de ce texte est : dans les accidents de la route, l'erreur humaine est le principal facteur d'accident à cause de l'alcoolisme et la vitesse, d'où l'importance de la prévention routière.

2 Exercice

1. Surlignez dans le texte l'idée principale de chacune des phrases.

Depuis les dernières années, la déforestation nuit à l'habitat des pandas. En effet, les forêts sont détruites laissant ces animaux entourés de simples cultures. Il faut aussi considérer la mort naturelle des bambous. Ces plantes ne fleurissent qu'une fois tous les 10 à 20 ans. Les pandas ont donc de la difficulté à se nourrir. Ensuite, malgré que le braconnage est illégal, les pandas sont encore tués pour leur fourrure.

2. Identifiez le sujet et l'intention de l'auteur.

3. Faites des liens entre les phrases.

4. Formulez une idée principale implicite.

3 Corrigé

1. Phrases 1-2 : la déforestation détruit l'habitat du panda.

Phrases 3-4-5 : la rareté du bambou rend l'alimentation du panda plus compliquée.

Phrase 6 : le braconnage cause la mort de nombreux pandas.

2. Sujet : le panda.

Intention de l'auteur : informer le lecteur sur ce qui menace la survie des pandas.

3. Chaque phrase a un lien commun : elle présente une raison qui explique pourquoi le panda est en danger.

4. Le panda est un animal en danger à cause de trois facteurs.

FICHE 9

LES CONNECTEURS LOGIQUES ET L'ARGUMENTATION

1 La règle

Pour argumenter, il faut connaître les connecteurs logiques. Ils permettent d'organiser les idées entre elles et de donner du sens à un texte. On peut les classer ainsi en fonction de ce qu'ils expriment :

- **introduire une idée** : tout d'abord, selon mon avis ;
- **enchaîner les idées, ajouter un argument** : en plus, de surcroît ;
- **opposer les idées** : en revanche, cependant ;
- **conclure** : finalement, en somme.

2 Exercices

Exercice 1

Complétez ces phrases avec les connecteurs proposés : hier matin - ensuite - d'abord - l'été dernier - pour finir.

1.______________________, il a participé à la réunion.

2 ____________________, il est allé au cocktail.

3___________________il est allé au restaurant avec ses amis.

4_________________, je me suis réveillé tard et je suis arrivé en retard au bureau.

5______________________, nous ne sommes pas partis en vacances.

Exercice 2

Complétez ces phrases avec les connecteurs proposés : non seulement - mais aussi - d'autant plus que - précisons que - c'est-à-dire.

1. Les salaires devront augmenter de 8 % cette année, ________________, dans tous les secteurs, les prix ont subi une très forte hausse.

2. Les municipalités étudient une série de mesures pour améliorer les problèmes de circulation dans les grandes villes : ______________________elles envisagent de fermer le centre à la circulation des voitures, ____________________elles cherchent à améliorer le service des transports publics.

3. Tous les jeunes, ____________________les personnes ayant un âge compris entre 18 et 30 ans, sont invités à participer à la réunion qui se tiendra à la Maison des jeunes et de la culture à partir de 18 heures.

4. ______________________la ponctualité est la condition essentielle pour que la compétition sportive ait lieu dans les meilleures conditions possibles.

Exercice 3

Complétez ces phrases avec les connecteurs proposés : de toute façon - alors - c'est pourquoi.

1. Hier soir, je n'ai pas voulu sortir. ________________, il n'y avait pas de film intéressant à voir.

2.______________ j'ai pris un plateau télé et je me suis installé dans mon salon avec mon casque.

3.______________________________je n'ai pas entendu le téléphone.

Exercice 4

1. Choisissez le bon connecteur : en tout cas – par conséquent – pourtant.

Ce grand magasin ferme à 18 heures. _______________, beaucoup de personnes aimeraient faire leurs courses en sortant du bureau.

2. Choisissez le bon connecteur : cependant - donc - par ailleurs.

Hier, nous n'avions pas toutes les informations nécessaires pour compléter le dossier. _________________, nous avons réussi à le terminer.

3. Choisissez le bon connecteur : pourtant - alors - de toute façon.

Il n'y avait plus de place au théâtre. _______________, nous avons décidé de rentrer à la maison.

4. Choisissez le bon connecteur : alors - donc - de plus.

Elle travaille dans un magasin de disques. __________________, elle aide le soir son frère dans son restaurant.

3 Corrigé

Exercice 1

1. D'abord ; 2. ensuite ; 3. pour finir ; 4. hier matin ; 5. l'été dernier.

Exercice 2

1. D'autant plus que ; 2. non seulement, mais aussi ; 3. c'est-à-dire ; 4. précisons que.

Exercice 3

1. De toute façon ; 2. alors ; 3. c'est pourquoi.

Exercice 4

1. Pourtant ; 2. cependant ; 3. alors ; 4. de plus.

FICHE 10 SOIGNER SA PONCTUATION

1 La règle

La ponctuation est essentielle pour structurer vos phrases et les rendre compréhensibles pour le lecteur.

» **Point d'exclamation** : il exprime la surprise, l'exaspération, l'admiration, un ordre…

Exemples

Que de monde aujourd'hui ! / Rompez !

» **Virgule** : elle permet de marquer une courte pause dans la phrase pour laisser le lecteur respirer.

Exemple

Il ne craint ni le froid, ni le vent, ni la neige.

» **Point** : il indique la fin d'une phrase, le mot suivant débute par une majuscule.

Exemple

J'ai fini mon examen. Demain je me repose.

» **Deux points** : ils annoncent en général une explication ou une précision, voire une énumération ou une citation.

Exemple

Les trois meilleurs coureurs sont : ……../ Il s'écria : ………/ J.P Sartre a déclaré : …………

» **Trois points de suspension** : ils sont utilisés dans différents cas pour exprimer un doute, un silence.

Exemple

Vous me comprenez…

» **Point-virgule** : il permet de marquer une pause plus importante que la virgule.

Exemple

La planète se réchauffe ; les glaciers reculent d'année en année.

» **Point d'interrogation** : il se place en fin de phrase et pose une question. Il est suivi d'une majuscule.

Exemple

W. Shakespeare est-il né le 23 avril 1564 ?

2 Exercice

Le texte suivant a égaré sa ponctuation, sauriez-vous la retrouver ?

Jean-Christophe Bartello venait juste d'être muté dans la région en tant que garde champêtre après un divorce difficile avec sa femme Il se réjouissait d'avance de vivre dans le sud Ah le soleil les bains de mers Il en rêvait déjà tout petit Quelle chance il avait finalement d'avoir trouvé un petit logement au centre-ville près du commissariat Réparti sur trois étages l'appartement était tout en hauteur Trois mètres Quatre mètres peut-être Au plus haut niveau, il y avait une petite terrasse tropézienne qui avait fait basculer son choix Il avait une vue sur toute la ville et pouvait voir les va-et-vient des citadins Il louerait ce logement pendant un certain temps, le temps de se remettre de sa rupture avec sa femme Maintenant qu'il était tranquille il pouvait refaire sa vie quel bonheur jamais il n'avait ressenti cette joie intense Mais c'était sans compter sur la détermination de son ex-femme

3 Corrigé

Jean-Christophe Bartello venait juste d'être muté dans la région, en tant que garde champêtre, après un divorce difficile avec sa femme. Il se réjouissait d'avance de vivre dans le sud ! Ah le soleil ! Les bains de mers ! Il en rêvait déjà tout petit. Quelle chance il avait d'avoir finalement trouvé un petit logement au centre-ville, près du commissariat ! Réparti sur trois étages, l'appartement était tout en hauteur. Trois mètres ? Quatre mètres peut-être ? Au plus haut niveau, il y avait une petite terrasse tropézienne, qui avait fait basculer son choix. Il avait une vue sur toute la ville et pouvait voir les va-et-vient des citadins. Il louerait ce logement pendant un certain temps, le temps de se remettre de sa rupture avec sa femme. Maintenant qu'il était tranquille, il pouvait refaire sa vie. Quel bonheur ! Jamais, il n'avait ressenti cette joie intense. Mais c'était sans compter sur la détermination de son ex-femme…

Tests psychotechniques

FICHE 1

L'APTITUDE LOGIQUE

Ces tests sont destinés à mesurer votre esprit logique et la fluidité de votre réflexion. Au-delà de votre esprit logique, ces exercices servent à percevoir si vous possédez certaines aptitudes, comme la capacité à évaluer rapidement les situations, à prendre des décisions judicieuses dans l'urgence et à trouver des solutions adaptées. Le plus souvent, les questions se présentent sous la forme de suites de lettres, chiffres, dominos, cartes à jouer, symboles, figures géométriques à compléter.

1 Quel(le) nombre ou lettre peut remplacer le point d'interrogation ?

Ces suites logiques utilisent soit un **ordre existant**, croissant ou décroissant, comme l'alphabet ou les nombres, soit une **logique différente imposée comme modèle**. Les exercices peuvent être des suites de lettres, de chiffres ou de lettres combinées à des chiffres que le candidat doit compléter.

» **Suites de lettres**

Complétez la suite de lettres suivante.
A – B – E – F – I – J – ? – ?

La progression de cette suite est de +1 suivi de +3 à chaque fois. Donc J + 3 lettres donne M et M + 1 donne N. La réponse est **M – N**.

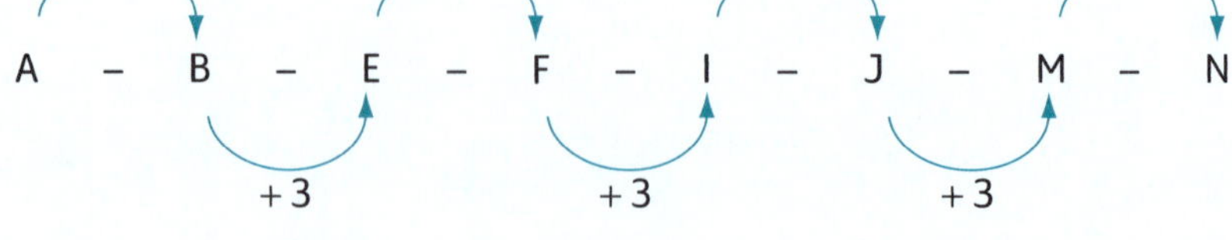

CONSEIL

Préférez « ajouter 3 lettres » que « séparer de 2 lettres » car, dans le second cas, il faut ajouter une lettre pour obtenir la lettre désirée : cette étape supplémentaire risque d'être oubliée dans la précipitation.

» Suites de nombres

Complétez la suite de nombres ci-dessous.
3 – 11 – 35 – 107 – ?

Les nombres de cette série augmentent assez rapidement donc il faut plutôt travailler avec une multiplication comme opération de base qu'avec une addition. Il n'y a pas de rapport entier direct entre 3 et 11 mais, en combinant deux opérations, on peut relier ces deux nombres par l'opérateur « ×3 +2 ». Il faut ensuite vérifier que celui-ci permet de découvrir toutes les valeurs de la série : (11 × 3) + 2 = 35 ; (35 × 3) + 2 = 107 et donc (107 × 3) + 2 = 323. La réponse est **323**.

×3 + 2 ×3 + 2 ×3 + 2 ×3 + 2

3 – 11 – 35 – 107 – 323

» Suites alphanumériques

Quelle lettre peut remplacer le point d'interrogation ?
5 – E / 20 – T / 11 – K / 8 – H / 25 – ?

Le nombre indique la place de la lettre dans l'alphabet. E est la 5ᵉ lettre dans l'alphabet, T la 20ᵉ, K la 11ᵉ et H la 8ᵉ. Il manque la 25ᵉ lettre. La réponse est **Y**.

CONSEIL

Révisez votre alphabet dans l'ordre mais aussi dans le sens inverse afin de gagner du temps.
Sur votre brouillon, inscrivez toujours l'alphabet sous lequel vous pouvez mettre le nombre symbolisant la place de la lettre : cette étape est indispensable et évite de fréquentes erreurs lors des conversions.

A	B	C	D	E	F	G	H	I	J	K	L	M	N	O	P	Q	R	S	T	U	V	W	X	Y	Z
1	2	3	4	5	6	7	8	9	10	11	12	13	14	15	16	17	18	19	20	21	22	23	24	25	26
26	25	24	23	22	21	20	19	18	17	16	15	14	13	12	11	10	9	8	7	6	5	4	3	2	1

2 Quelle figure complète cette série ?

Ces tests se composent de planches comportant des figures aux motifs abstraits ou géométriques. Ces figures sont arrangées selon un ordre logique et il s'agit de découvrir la loi qui régit la combinaison des figures.

Dans ce type de tests, les capacités de perception sont fondamentales, plus particulièrement celles qui concernent l'identification et la discrimination des formes. Les tests de figures logiques sont destinés à mesurer l'intelligence concrète, c'est-à-dire estimer les facultés d'observation et d'organisation logique.

» Figures logiques

Quelle figure complète cette ligne ?

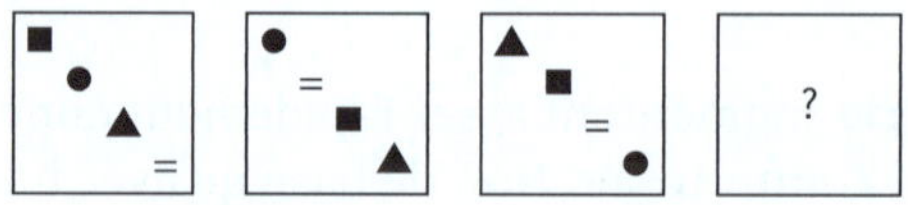

❑ A. 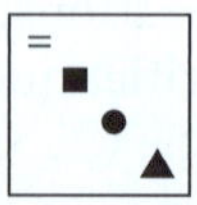 ❑ B. 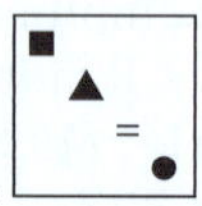 ❑ C. 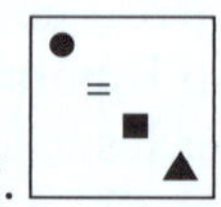 ❑ D. 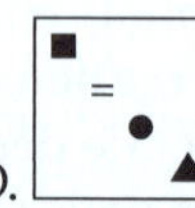

Les quatre symboles occupent une place différente sur la diagonale du carré. La réponse est donc **A**.

CONSEIL
Travaillez sur un seul élément à la fois et remarquez son mouvement d'une figure à l'autre.

» Matrices

Trouvez la figure qui complète la série.

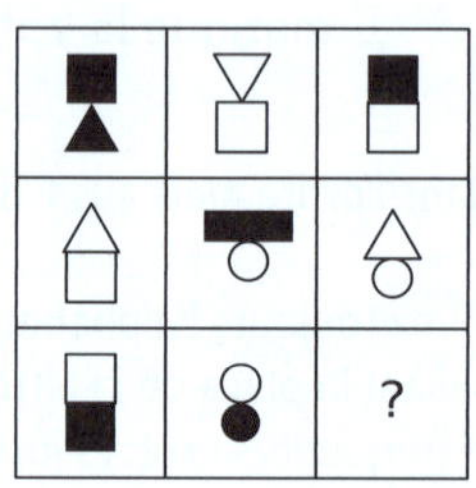

❑ A.  ❑ B.  ❑ C.  ❑ D. 

La 3e figure de chaque ligne est obtenue en additionnant la partie supérieure de la 1re figure à la partie inférieure de la 2e figure. La réponse est la **figure D**.

CONSEIL
Prenez toujours du recul au sens propre du terme, c'est-à-dire visualisez l'ensemble de la question lorsque vous êtes en présence de formes géométriques.

3 Quel(le) est le domino ou la carte manquant(e) ?

Les jeux de dominos et de cartes sont très souvent utilisés comme supports de questions de logique. Il faut alors retrouver les deux valeurs d'un domino ou la couleur et la valeur d'une carte.

Dans ces exercices, la disposition des cartes ou des dominos est très importante car elle donne des renseignements sur l'ordre dans lequel on doit se déplacer dans la série. Des opérations de base (addition ou soustraction) peuvent aussi être utilisées pour retrouver une valeur.

» **Domino manquant**

Retrouvez la valeur des points d'interrogation sur le dernier domino.

❑ A. 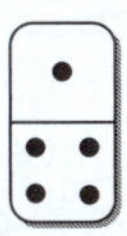 ❑ B. 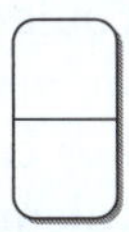 ❑ C. 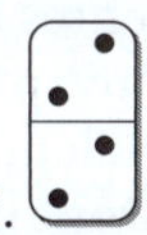 ❑ D. 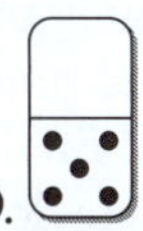

Sur la partie supérieure des dominos, on ajoute 3. Donc le domino manquant doit avoir 0 pour valeur supérieure. Sur la partie inférieure des dominos, on recule de 2. Si on recule de deux valeurs à partir de 2, on obtient 0. La réponse est le **domino B**.

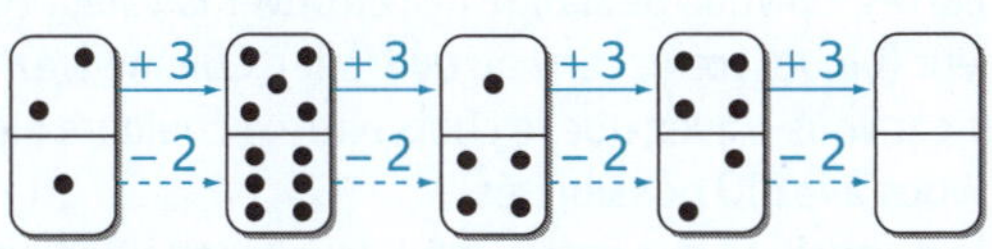

CONSEIL

Concernant les dominos, la suite croissante est 0, 1, 2, 3, 4, 5, 6 puis on revient à 0 et ainsi de suite, donc lorsque l'on ajoute 1 à 6, on trouve 0.

» Carte manquante

Retrouvez la valeur et la couleur de la carte manquante.

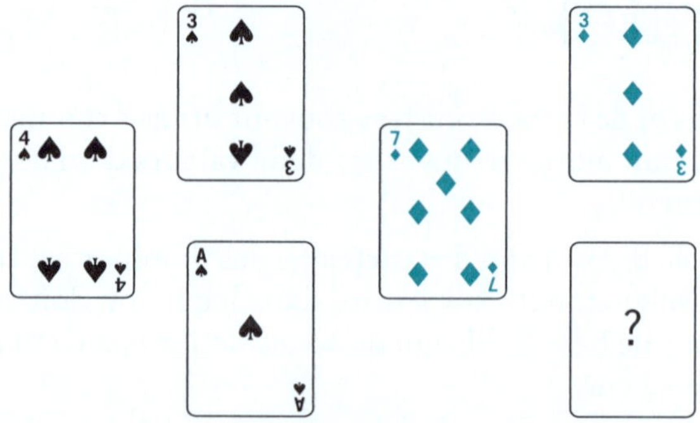

❑ A.  ❑ B.  ❑ C.  ❑ D. 

Les cartes sont ici disposées en colonne. Il faut utiliser cette disposition pour trouver la logique qui relie les différentes cartes. Pour la couleur, les trois premières cartes sont des piques, les trois suivantes doivent donc être de la même couleur, soit carreau. En additionnant la valeur des cartes de la 2e colonne, on retrouve la valeur de la carte de la 1re colonne. Donc pour obtenir 7 (valeur de la carte de la 3e colonne), il faut additionner 4 à 3 dans la dernière colonne. La réponse est le 4 de carreau, soit la **carte B**.

CONSEILS

- Pour les cartes, on vous demande de retrouver la valeur (0 à 10) et la couleur (pique, cœur, carreau ou trèfle). Commencez par rechercher la couleur car vous n'avez que le choix entre 4 couleurs alors que pour la valeur, vous avez 10 possibilités.
- De plus, la disposition des cartes peut vous aider à découvrir la logique qui préside l'arrangement.

4 Quel nombre peut remplacer le point d'interrogation ?

La majorité des tests de logique numérique suit les mêmes règles que les suites logiques. Les progressions obéissent à des lois d'addition, de soustraction, de multiplication ou de division. Ces exercices font appel à votre esprit mathématique mais d'un point de vue ludique et logique.

» Nombres en ligne

La première des dispositions rencontrées dans les tests de logique numérique est en ligne. Vous disposez en général d'une ligne modèle vous permettant d'identifier le raisonnement. Ensuite, dans une seconde ligne, vous devez découvrir un nouveau nombre à partir de la même logique.

Trouvez le nombre qui manque dans la parenthèse.
234 (216) 198
126 (???) 480

Vous additionnez les deux nombres hors de la parenthèse puis vous divisez le résultat par 2 pour obtenir le nombre entre parenthèses. Sur la 1re ligne, $234 + 198 = 432$ et $432 \div 2 = 216$. Sur la 2e ligne, $126 + 480 = 606$ et $606 \div 2 = 303$. La réponse est **303**.

CONSEIL
La disposition des nombres sur la ligne ainsi que le nombre de points d'interrogation vous donnent des indices concernant le nombre à découvrir.

» Carré magique

On vous demande de trouver un élément placé dans un carré logique (ou magique) de trois lignes sur trois colonnes. Les observations doivent se faire soit sur les lignes, soit sur les colonnes, soit sur les deux à la fois.

Trouvez la valeur qui peut remplacer le point d'interrogation.

12	2	16
14	?	6
4	18	8

Que ce soit sur chaque ligne ou sur chaque colonne de trois nombres, aucune relation évidente entre les nombres n'apparaît : on n'augmente pas les valeurs d'une même quantité, aucun nombre n'est le carré d'un autre, etc. Il faut alors penser à calculer les sommes de chaque ligne et de chaque colonne. Pour ce tableau, on obtient :
$12 + 2 + 16 = 30$; $4 + 18 + 8 = 30$; $12 + 14 + 4 = 30$; $16 + 6 + 8 = 30$.

On remarque donc que la somme de chaque ligne et de chaque colonne est égale à 30. Le nombre qui remplace le point d'interrogation doit donc permettre d'obtenir 30, aussi bien sur l'horizontale que sur la verticale.

Sur la 2e ligne, on a $14 + 6 = 20$. Pour obtenir 30 comme somme, il faut ajouter 10. Si on remplace le point d'interrogation par 10, on obtient verticalement $2 + 10 + 18$, ce qui donne là aussi un résultat de 30. La réponse est **10**.

CONSEIL
Dans la plupart des exercices de ce type, sauf exception, vous devez travailler en ligne ou en colonne.

» Autre disposition

Outre les dispositions en ligne ou en carré, la présentation peut être très variée : cercle, triangle ou toute autre chose.

Complétez la série suivante et retrouvez la valeur du point d'interrogation.

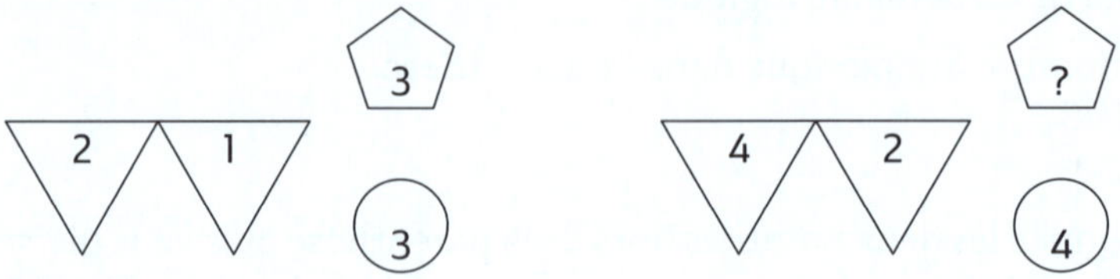

Pour trouver la valeur du point d'interrogation, il faut trouver la logique reliant les nombres sur les dessins de gauche et appliquer cette logique aux dessins de droite. Sur le premier groupe de dessins, à partir des valeurs des triangles on peut écrire : $2 - 1 = 1$ et multiplier cette valeur par celle contenue dans le cercle, soit $1 \times 3 = 3$, on retrouve alors la valeur inscrite dans le pentagone (figure à 5 côtés). Sur le second groupe de dessins, si on applique la même logique : $4 - 2 = 2$ et que l'on multiplie par la valeur du cercle ($2 \times 4 = 8$), 8 est la valeur à inscrire à l'intérieur du pentagone. La réponse est **8**.

CONSEIL

Certains énoncés peuvent vous sembler incorrects à la première lecture. N'oubliez pas que vous cherchez à découvrir une règle logique et non à vérifier si l'arithmétique est respectée !

FICHE 2 L'APTITUDE VERBALE

Le vocabulaire est le matériau principal de l'expression. La richesse de vocabulaire est un signe de culture, d'ouverture d'esprit et de curiosité intellectuelle : raisons pour lesquelles l'aptitude verbale est testée lors des concours. Les principaux tests verbaux proposés sont de simples exercices de vocabulaire comme des questions de logique verbale.

1 Quel est le synonyme ?

Un synonyme est un **mot de sens voisin**. Pour chaque question, un mot en majuscules (ou capitales) vous est présenté ; ce mot est suivi de quatre autres mots. Vous devez choisir, parmi les quatre propositions, le mot dont le sens se rapproche le plus de celui du mot en majuscules.

» **Synonyme**

Trouvez le synonyme de MINUTIE.

- ❑ A. Parcimonie
- ❑ B. Ingéniosité
- ❑ C. Préciosité
- ❑ D. Méticulosité

Le mot dont le sens se rapproche le plus de « minutie » (application attentive aux petits détails) est « méticulosité ». Vous choisissez donc la réponse **D**.

2 Quel est l'antonyme ?

Un antonyme est un **contraire**, c'est-à-dire un mot qui, par son sens, s'oppose directement à un autre mot. Il vous est demandé de trouver un mot dont le sens est contraire au mot en majuscules ou dont le sens est le plus éloigné.

» Antonyme

Trouvez l'antonyme (le mot contraire) de ALTRUISTE.

- ❑ A. Égoïste
- ❑ B. Prétentieux
- ❑ C. Philosophe
- ❑ D. Misanthrope

Le mot « altruiste » signifie « disposé à s'intéresser et à se dévouer à autrui », son antonyme est donc « égoïste » qui signifie « disposé à tout rapporter à soi ». C'est donc la réponse **A**.

CONSEIL

Comme pour les synonymes, la difficulté de ce test réside dans les propositions de réponses. En effet, certaines sont assez voisines bien que distinctes ; d'autres peuvent être des pièges choisis pour leur ressemblance (prononciation très proche) ; d'autres sont des synonymes du mot en majuscules. Or, comme il s'agit de trouver l'antonyme et que l'on est plus enclin à découvrir un synonyme, soyez très attentif aux consignes.

3 Quelle est la signification de cette phrase ?

Chaque question se compose d'une expression, d'un proverbe ou d'une citation suivie de trois ou quatre phrases. Il vous est demandé de trouver la phrase qui rappelle le mieux l'idée essentielle exprimée dans l'expression ou la citation, ou qui s'en écarte le moins.

» Proverbes et expressions

Trouvez la signification de la phrase suivante. « La pitié n'a qu'un tort, regarder de haut. » (André Stil)

- ❑ A. Mieux vaut faire envie que pitié.
- ❑ B. Le tort de la pitié, c'est la condescendance.
- ❑ C. Il n'est pas bon d'éprouver de la pitié pour quelqu'un.
- ❑ D. La pitié devrait être interdite tellement elle fait du tort.

La proposition A est sans rapport avec la citation car la notion d'envie est absente de l'expression initiale. La proposition C est hors sujet car la phrase initiale n'introduit aucune idée de bien et de mal. La proposition D apporte une idée en plus : l'interdiction. La réponse est **B** car « condescendance » signifie complaisance hautaine, fait de regarder de haut.

4 Quel est l'intrus ?

Un intrus est un **mot indésirable** parmi un ensemble appartenant à une même association d'idées. Il s'agit du plus facile des tests verbaux. Ces questions apprécient plus votre logique verbale que votre vocabulaire car les mots proposés sont généralement très simples.

» Intrus

Chassez l'intrus parmi les mots proposés.
Baleine – Homme – Dauphin – Sardine - Chien

L'intrus est **sardine** car c'est un poisson, non un mammifère comme les quatre autres mots.

5 Quelle est la conclusion correcte ?

Un **syllogisme** est un mode de raisonnement logique qui consiste en deux propositions dont on déduit une troisième. Les deux premières propositions du syllogisme se nomment **prémisses**. La troisième proposition déduite des deux autres par une conséquence, légitime ou illégitime, se nomme **conclusion**. À partir d'affirmations, vous devez retrouver une conclusion qui découle des premières ou les contredit.

» Syllogisme

On suppose que :

- Toutes les villes ont des maisons.
- Tous les pays ont des villes.

Quelle conclusion découle des affirmations ci-dessus ?

❑ A. Toutes les maisons ont des pays.
❑ B. Tous les pays ont des maisons.
❑ C. Certaines maisons n'ont pas de pays.
❑ D. Aucune conclusion valide n'est possible.

CONSEIL

La modélisation sous forme d'ensembles des différentes propositions vous aidera à résoudre plus facilement un syllogisme. En effet, en représentant par un ensemble chaque groupe, vous pouvez visualiser les liens qui les unissent ou les opposent si ces ensembles ne comportent aucun élément en commun.

Ce syllogisme peut se traduire par les ensembles suivants :

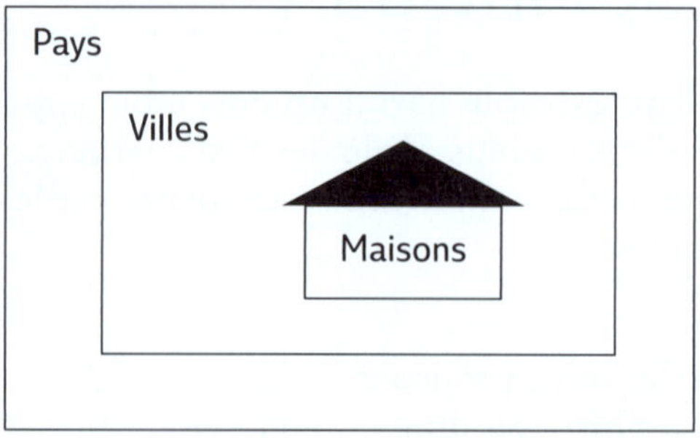

Grâce au schéma, vous pouvez aisément vérifier les propositions. La réponse est **B**.

IMPORTANT

Dans les syllogismes, il faut bien noter que « aucun » et « tous » donnent une certitude, alors que « certains » et « quelques » permettent la possibilité contraire.

6 Quelle est l'analogie correcte ?

Une analogie est une **ressemblance**, établie par l'imagination, entre deux ou plusieurs mots de pensée essentiellement différents. Il faut s'intéresser au premier mot du second couple afin d'identifier, par analogie, la nature du mot manquant (nom, adjectif, verbe, etc.), puis comprendre la relation sémantique existant entre ces deux mots.

» Analogie

Vache est à herbivore ce que loup est à :

- ❑ A. viande
- ❑ B. chien
- ❑ C. mammifère
- ❑ D. carnivore

La réponse est « carnivore », c'est-à-dire **D** car le rapport sémantique entre « vache » et « herbivore » est identique au rapport entre « loup » et « carnivore ». Le lien qui unit ces couples est l'animal et son mode alimentaire. C'est en lisant le mot « herbivore » que vous pouvez vous orienter sur la piste du mode alimentaire. De plus, « herbivore » étant un adjectif, vous recherchez un adjectif et « carnivore » est le seul adjectif parmi les propositions.

CONSEIL

La logique est donnée par le sens de la phrase mais aussi par la position des mots. L'ordre et la nature grammaticale des mots sont primordiaux : ce sont eux qui vont déterminer la relation.

FICHE 3 L'APTITUDE NUMÉRIQUE

Les tests d'aptitude numérique sont utilisés pour mesurer la capacité du candidat à faire rapidement et mentalement de simples calculs ainsi que sa capacité de raisonnement. Ces épreuves s'appuient sur les connaissances de base en arithmétique : quelques révisions suffisent pour réussir.

1 Quel est le résultat ?

Si savoir effectuer une addition reste simple, soustractions, multiplications et surtout divisions posent plus de problèmes ; d'autant plus que vous devez les effectuer mentalement en un temps limité.

» Calcul mental

Après un rapide calcul, vous devez dire si le calcul proposé est « vrai » ou « faux ».

- ❑ A. $\frac{1}{2} = \frac{30}{15}$ → **faux** ($\frac{1}{2} = \frac{15}{30}$)
- ❑ B. $6 < \frac{15}{2} < 9$ → **vrai** ($6 < 7{,}5 < 9$)
- ❑ C. $675 - 150 = 425 + 150$ → **faux** ($525 \neq 575$)
- ❑ D. $4 \times 11 > 3 \times 9$ → **vrai** ($44 > 27$)
- ❑ E. $248 + 322 = 260 + 260$ → **faux** ($570 \neq 520$)

CONSEILS

- Entraînez-vous à utiliser des raccourcis comme multiplier par 2, 3, 5, 10, etc. et à procéder par approximation successive.
- Ne posez pas – ou le moins possible – les opérations ; réalisez un calcul mental approximatif afin de repérer la bonne réponse dans les propositions.

2 Quelle opération utiliser ?

La pratique des quatre opérations de base (addition, soustraction, multiplication et division) doit être parfaitement maîtrisée.

» Plus, moins, multiplié ou divisé ?

Un gardien de la paix a acheté une boîte de stylos à 15,70 €, un cahier à 2,90 €, une paire de ciseaux à 10,40 € et trois gommes à 0,20 € l'unité. Son budget était de 40 €.

❑ A. Combien a-t-il dépensé ?
Somme dépensée : 15,70 + 2,90 + 10,40 + 3 × 0,20 = **29,60 €**.
❑ B. Combien lui reste-t-il d'argent ?
Il lui reste : 40 – 29,60 = **10,40 €**.

3 Comment appliquer la règle de trois ?

La grande majorité des situations de la vie courante relève de la proportionnalité. Vous allez donc retrouver de nombreux exercices traitant de cette notion.

» Proportionnalité simple

Un peintre peut peindre les murs de 3 maisons en 6 jours. Combien de jours cela lui prendra-t-il pour peindre les murs de 10 maisons ?

Cette situation correspond à une situation de proportionnalité. Pour résoudre cette question, vous pouvez faire un tableau de proportionnalité. Plus rapidement encore, vous appliquez directement la règle de trois en faisant le produit en croix.

$$\left\{\begin{array}{l}\text{3 maisons peintes en 6 jours}\\ \text{10 maisons peintes en x jours}\end{array}\right\} \Longrightarrow x = \frac{10 \times 6}{3} = \textbf{20 jours}.$$

» Partage proportionnel

On partage une prime de 180 € entre trois gardiens de la paix (A, B, C) proportionnellement à leur ancienneté respective dans la fonction publique : 7 ans, 5 ans, 3 ans. Calculez la somme reçue par chacun des gardiens de la paix.

La somme des années d'ancienneté est : 7 + 5 + 3 = 15.
La prime pour une année d'ancienneté est : 180 ÷ 15 = 12 €.
D'où A : 12 × 7 = **84 €** ; B : 12 × 5 = **60 €** et C : 12 × 3 = **36 €**.

4 Quel est le pourcentage ?

Tous les exercices sur les pourcentages ont pour point de départ la proportionnalité. Il est important de travailler avec les formules qui permettent de calculer directement la quantité demandée sans passer par plusieurs étapes intermédiaires qui font perdre du temps.

CONSEIL

Les pourcentages sont des fractions particulières, de dénominateur 100. On peut donc traiter un problème de pourcentage comme un problème de fraction.

» Calcul d'un pourcentage

Une baguette de 260 g contient 152 g de sucre. Calculez le pourcentage de sucre dans ce pain.

On peut écrire la relation suivante et faire le produit en croix :

$$\begin{Bmatrix} 152 \text{ g de sucre} \rightarrow 260 \text{ g de pain} \\ x \text{ g de sucre} \rightarrow 100 \text{ g de pain} \end{Bmatrix} \Rightarrow x = \frac{152 \times 100}{260} = \mathbf{58{,}46\ \%}.$$

» Application d'un pourcentage

Un yaourt à la fraise de 150 g contient 9 % de fruits. Quel est le poids de fruits dans ce yaourt ?

- **Première méthode :**

On applique le taux de pourcentage : $150 \times \frac{9}{100} = 13{,}50$.

- **Deuxième méthode :**

On utilise l'écriture décimale du taux : $150 \times 0{,}09 = 13{,}50$.
Il y a **13,50 g** de fraise dans le yaourt.

» Pourcentage d'augmentation

Un commissariat de police a accueilli 245 personnes au mois de juillet. On pense qu'il y aura une augmentation de 20 % de la fréquentation au mois d'août. Calculez le nombre de personnes attendues au mois d'août.

- **Première méthode :**

L'augmentation prévue en août s'élève à : $245 \times \frac{20}{100} = 245 \times 0{,}20 = 49$. Donc le nombre de personnes attendues en août est : $245 + 49 = 294$.

- **Deuxième méthode :**

100 % + 20 % = 120 %. Le nombre de personnes attendues en août est les 120 % du nombre de visiteurs du mois de juillet. Donc le nombre de personnes attendues en août est : $245 \times \frac{120}{100} = 245 \times 1{,}20 = 294$.

On attend donc **294 personnes** en août.

Pourcentage de diminution

Charmanteville comptait 12 180 habitants il y a dix ans. Depuis cette date, elle a perdu 5 % de sa population. Quel est le nombre actuel d'habitants de cette ville ?

- **Première méthode :**

La diminution de population est : $12\,180 \times \frac{5}{100} = 12\,180 \times 0{,}05 = 609$. Donc le nombre actuel d'habitants est : $12\,180 - 609 = 11\,571$.

- **Deuxième méthode :**

100 % – 5 % = 95 %. Le nombre actuel d'habitants représente 95 % de l'ancienne population. Donc le nombre actuel d'habitants est : $12\,180 \times \frac{95}{100} = 12\,180 \times 0{,}95 = 11\,571$.
Charmanteville compte désormais **11 571 habitants**.

Pourcentages successifs

Dans une société de 350 salariés de la région parisienne, 30 % des employés viennent au travail en utilisant les transports en commun. Parmi ceux-ci, 80 % prennent le métro. Calculez le nombre de salariés qui prennent le métro.

Le nombre de salariés qui utilisent les transports en commun est : $350 \times 0{,}30 = 105$.
Le nombre de salariés qui prennent le métro est : $105 \times 0{,}80 = 84$.
On peut écrire une seule ligne de calcul : $350 \times 0{,}30 \times 0{,}80 = 84$.
84 salariés viennent à la société en métro.

Calcul d'un prix HT

Un service de police achète des articles pour un montant total de 256 € TTC. Quel est le prix HT de ce matériel sachant que la TVA est de 20 % ?

Prix TTC = prix HT × 1,2 donc prix HT = $\frac{\text{prix TTC}}{1{,}2} = \frac{256}{1{,}2} = 213{,}33$. Le prix HT des achats est de **213,33 €**.

IMPORTANT
Pour calculer un prix HT, il ne faut pas soustraire le montant de la TVA au prix TTC car la TVA s'applique uniquement sur le prix HT. En soustrayant la TVA au prix TTC, vous appliqueriez alors la TVA au prix TTC et le montant de la TVA ne serait pas identique.

5 Comment transformer un problème en équation(s) ?

De très nombreux exercices relèvent d'une mise en équation. Selon les cas, il vous faut trouver la valeur d'une ou plusieurs inconnue(s). Vous devez, pour cela, disposer d'une ou plusieurs équation(s). Ces équations sont à poser à partir des phrases du texte.

CONSEIL

La majorité des problèmes paraissant insurmontables peuvent se résoudre très facilement par l'arithmétique c'est-à-dire par leur mise en équation.

» Équations à une inconnue

Dans une commune, le tiers des inscrits sur la liste électorale a moins de 25 ans et les deux cinquièmes ont plus de 50 ans. Sachant qu'il y a 2 400 inscrits dont l'âge est compris entre 25 et 50 ans, calculez le nombre total d'inscrits dans cette commune.

Soit x, le nombre total d'inscrits de cette commune :

- les moins de 25 ans représentent le tiers des inscrits, soit $\frac{1}{3}x$;
- les plus de 50 ans représentent les deux cinquièmes des inscrits, soit $\frac{2}{5}x$;
- la tranche 25-50 ans compte 2 400 inscrits.

Au total, il y a x inscrits qui se décomposent en :

$$\frac{1}{3}x + \frac{2}{5}x + 2\,400 = x$$

$$x - \frac{1}{3}x + \frac{2}{5}x = 2\,400$$

$$\frac{15}{15}x - \frac{5}{15}x + \frac{6}{15}x = \frac{2\,400 \times 15}{15}$$

$4x = 36\,000$ donc $x = 36\,000 \div 4$ donc $x = 9\,000$.

Il y a **9 000 inscrits** sur la liste électorale dans cette commune.

» Équations à plusieurs inconnues

Un tableau et son cadre coutent 200 euros. Sachant que le tableau coute 120 euros de plus que le cadre, quel est le prix du cadre ?

D'après l'énoncé, vous pouvez dégager deux inconnues : T pour tableau et C pour cadre.

CONSEILS

- Choisissez toujours les inconnues les plus appropriées : par exemple, qui correspondent aux initiales des personnes ou choses recherchées.
- Vous avez deux inconnues, il faut donc obtenir deux équations.

Soit T, le prix du tableau, et C, celui du cadre.
Prix total : T + C = 200 : équation (1) ;
Prix du tableau en fonction du cadre : T = C + 120 : équation (2).
Il ne reste plus qu'à reporter la valeur de T exprimée en fonction de C dans l'équation (1) pour trouver la valeur de C : C + 120 + C = 200.
Vous terminez par la résolution de cette équation :
2C + 120 = 200
2C = 200 – 120 ⇒ 2C = 80 ⇒ C = 80 ÷ 2 ⇒ C = 40. Le cadre coûte **40 euros**.

ATTENTION

Ne commettez pas l'erreur de penser que le cadre coute 80 € (200 – 120) car 120 représente non le prix du tableau mais la différence de prix entre les deux.

CONSEILS

- Ne paniquez pas : tous les exercices sont réalisables après révisions. Le jour du concours, restez calme, ne vous laissez pas envahir par la panique.
- Ne cherchez pas des choses trop compliquées. Ces problèmes font autant appel à votre bon sens qu'aux connaissances scolaires.
- Répondez d'abord à toutes les questions qui vous paraissent simples pour aborder ensuite les exercices plus difficiles.
- Faites attention aux fautes d'étourderie. Souvent, le raisonnement est juste mais, par précipitation, vous oubliez une retenue ou placez mal la virgule !
- Quel que soit votre niveau en mathématiques, il vous est possible de progresser. Pour cela :
  - révisez vos connaissances de base tant en arithmétique qu'en algèbre ou en géométrie,
  - entraînez-vous à calculer de tête et, cela, dans toutes les situations quotidiennes,
  - oubliez vos calculatrices,
  - refusez l'idée que vous êtes nul en maths !

FICHE 4 LES TESTS D'OBSERVATION ET D'ATTENTION

Les tests d'observation et d'attention recouvrent des formes différentes mais ludiques. Ils ne font pas appel à des connaissances particulières ; ils permettent tous de vérifier si le candidat est capable de maintenir son attention pendant un certain temps.

1 Quelle ligne est erronée ?

Ces tests font appel à vos capacités d'observation, d'attention, de concentration et de rapidité. Mais il faut savoir doser entre précipitation et précision.

Les consignes sont très variables d'un exercice à l'autre. En général, il s'agit d'observer des images ou des séries d'informations écrites d'apparence très semblable (données verbales, numériques, symboles ou figures) et d'y distinguer certains éléments particuliers.

» **Erreurs !**

Chaque ligne comporte deux séries d'éléments. Cochez la case « oui » si ces deux séries sont identiques, ou la case « non » si elles sont différentes.

		Oui	Non
♋♒♒♈♉♏✡✡♎	♋♒♒♈♉♏✡✡♎	×	
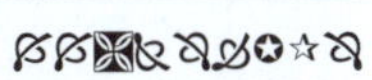	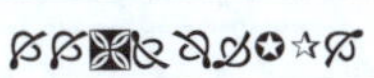		×
πψξξψϖτχεδικλμϖξ	πψξζψϖτχεδικλμϖξ		×
ΦΦΓΔΔΘςΩΞΨϒ∏	ΦΦΓΔΔΘςΩΞΨϒ∏	×	
ℵℑℜℑℑ℘ℵ≈∝∂∝℘ℜ	ℵℑℜℑℑ℘ℵ≈∝∂∝℘ℜ	×	
☺😐☹☹😐☺😐😐☹☺☺😐	☺😐☹☹😐☺😐☺☹☺☺😐		×
		×	
❖◆❁❀✪✵✹✸★✦✦	❖◆❁❀☆✵✹✸★✦✦		×

Ce test est construit sur une symbolique peu familière, et alterne éléments de graphisme et d'alphabet non usités. De tels tests peuvent donc être constitués à partir de n'importe quel type d'éléments, et ils sont d'autant plus difficiles ou ennuyeux que ces symboles sont moins familiers.

CONSEILS

- Ayez une méthode de travail extrêmement rigoureuse, systématique : ne vous éparpillez pas.
- Recherchez ligne par ligne l'élément différent et barrez-le, soulignez-le ou entourez-le, comme vous souhaitez, afin de pouvoir le discerner très facilement.
- Ne tombez pas dans l'excès de rapidité au détriment de l'exactitude : mieux vaut répondre à moins de questions, mais le mieux possible.
- Restez concentré : ne vous laissez perturber par aucun élément extérieur.

2 Combien comptez-vous de figures ?

Ces tests ont pour but d'évaluer votre capacité à repérer, souvent en association ou en opposition, un certain nombre de détails parmi un ensemble. Ils permettent aussi d'apprécier l'intervalle de temps pendant lequel votre attention est mobilisée et efficace.

Les tests de dénombrement vous demandent de compter la fréquence d'une figure géométrique. La concentration est ici la principale faculté testée.

» **Dénombrement**

Combien comptez-vous de triangles dans cette figure ?

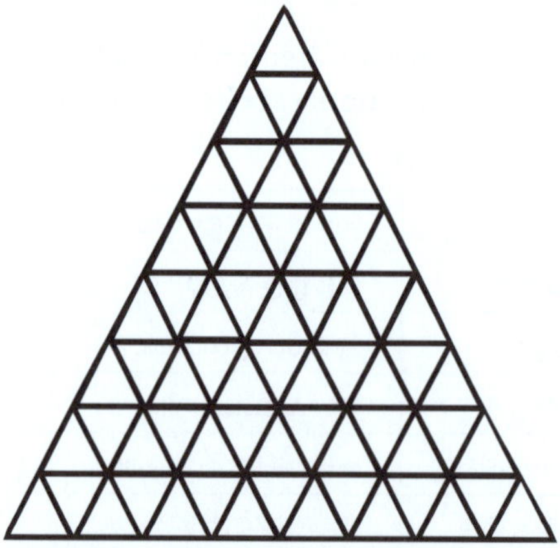

Il y a 64 petits triangles et (43 + 27 + 16 + 10 + 6 + 3) triangles moyens et 1 grand triangle, soit un total de 170 triangles. La réponse est **170**.

3 Quel est le fragment appartenant au dessin ?

Une recherche visuelle rapide permet de distinguer des erreurs ou des caractéristiques communes, des anomalies, etc. La recherche d'un fragment appartenant à un dessin sollicite vos facultés d'exactitude, les différences étant souvent minimes.

» **Scène de la vie**

Entre les 17 fragments proposés, recherchez celui qui appartient au dessin.

La réponse est le **numéro 9**.

4 Quel est l'ordre chronologique ?

Ces exercices présentent des images dans le désordre. Il s'agit de retrouver le déroulement de l'histoire et de classer les images dans l'ordre chronologique.

» Classement d'images

Reconstituez le déroulement logique de ce récit iconique et notez les numéros des images dans l'ordre.

Le pêcheur part de chez lui (3), il arrive à la plage (5), il lance son hameçon (2), il attend la prise en regardant le bouchon (6), il repart bredouille (1) mais, une fois arrivé chez lui, il sort les poissons de ses bottes (4).
L'ordre chronologique est **3 – 5 – 2 – 6 – 1 – 4**.

CONSEIL
Ces épreuves étant chronométrées, sont mesurées la finesse de perception des détails, la résistance à la fatigue et la persévérance dans une tâche qui ne présente que peu d'intérêt en elle-même. Alors restez calme et ne lâchez pas prise !

Connaissances générales

FICHE 1 L'ORGANISATION POLITIQUE DE LA FRANCE

La France est un État démocratique. C'est une République dont l'organisation politique est fondée sur la Constitution française du 4 octobre 1958. Elle implique la séparation des pouvoirs et confie au Conseil constitutionnel la mission de garant du respect de la Constitution.

1 La France : une République démocratique

La République française est une démocratie représentative qui défend un certain nombre de valeurs.

A| Une démocratie représentative

La démocratie désigne un régime politique dans lequel le pouvoir est détenu par le peuple (*demos*). La France est une démocratie représentative car le pouvoir est exercé par des représentants du peuple élus au **suffrage universel direct**. Pour parler de démocratie directe, il faudrait que le pouvoir soit directement exercé par le peuple.

La République renvoie à la notion de bien public, de chose publique (*Res publica*). Dans une République, l'organisation de la vie en société est l'affaire de tous ; les affaires de la cité sont du ressort de chaque citoyen. La République implique les notions de **citoyenneté** et de **savoir vivre ensemble**.

B| Les valeurs de la République française

1| Les valeurs fondamentales

Liberté, égalité, fraternité, laïcité, refus des discriminations sont les valeurs fondamentales de la République française qui figurent dans la Constitution (article 1).

La **devise républicaine** (« Liberté, égalité, fraternité ») est apparue à la Révolution française et repose sur les principes énoncés dans la Déclaration des droits de l'homme et du citoyen de 1789. Si, après bien des hésitations, le terme « égalité » a été préféré à celui de « solidarité », la fraternité porte l'exigence de solidarité entre les citoyens.

2 | La laïcité

Quant au principe de laïcité, il résulte de la **loi de 1905 de séparation des Églises et de l'État**. Dès lors, afin de garantir la liberté de conscience de chaque citoyen, la République française ne reconnaît, ne salarie, ne subventionne aucun culte.

L'affirmation de valeurs républicaines conduit l'État à reconnaître à chaque citoyen des droits, pour que ces principes ne restent pas lettre morte, mais aussi des devoirs. Par exemple, la **loi déontologie** de 2016 inscrit expressément le principe de laïcité dans le statut général de la fonction publique. Le législateur entend ainsi réaffirmer le devoir de laïcité des agents publics.

Le projet de loi sur le séparatisme, désormais qualifié « projet de loi confortant le respect des principes de la République », a été adopté par le conseil des ministres le 9 décembre 2020. Il vise notamment les services publics et l'obligation de « faire respecter les obligations de neutralité aux organismes parapublics d'une part et aux organismes concessionnaires, délégataires et prestataires du service public d'autre part ». Ce projet de loi a été déposé à l'Assemblée nationale le 9 décembre 2020 (procédure accélérée) et sera donc débattu au Parlement.

3 | Les symboles

Si les valeurs fondamentales de la République française sont inscrites dans la Constitution, elles s'expriment, en outre, par différents symboles :

- le drapeau tricolore (emblème de la République française) ;
- la Marseillaise (hymne national) ;
- la devise républicaine « Liberté, égalité, fraternité » ;
- le buste de Marianne (qui incarne et personnifie la République française) ;
- la fête nationale du 14 juillet.

Certains symboles ont perdu de leur importance. Ainsi, le coq, symbole ancien de la Gaule, représentait la fierté mais Napoléon Ier ne l'appréciait pas et avait choisi l'aigle, emblème de la Rome impériale, et les abeilles, symbole d'immortalité, de résurrection et de travail.

Le Panthéon, situé à Paris, symbolise l'instauration du régime républicain en France. Lieu de mémoire, ceux qui ont marqué l'histoire de la France y sont honorés (Voltaire, Jean-Jacques Rousseau, Victor Hugo, Jean Jaurès, René Cassin, Simone Veil, Jean Monnet, Marie Curie, Joséphine Baker...). La devise « Aux grands hommes, la patrie reconnaissante » est inscrite sur son fronton.

L'école a un rôle essentiel dans la transmission des valeurs républicaines.

2 La Constitution de la Ve République

Une constitution est un texte fondamental qui prévoit l'organisation de l'État, le fonctionnement des institutions, et qui garantit des droits aux citoyens. En France, la Constitution du 4 octobre 1958 marque le début de la Ve République. Elle comprend un préambule et 89 articles organisés autour de 16 titres (www.legifrance.gouv.fr).

A| Le passage de la IVe à la Ve République

La IVe République (1946-1958) est née après la Seconde Guerre mondiale. Elle a contribué à la reconstruction de la France mais a aussi été marquée par une grande instabilité gouvernementale et par la guerre d'Algérie.

Le président de la République, René Coty, a alors chargé le général de Gaulle de former un nouveau gouvernement et de réformer la Constitution. Le général de Gaulle et Michel Debré (garde des Sceaux, ministre de la Justice) ont été les deux grands acteurs de l'élaboration de la Constitution de 1958.

La Constitution de 1958 a été adoptée à l'issue du référendum du 28 septembre 1958 (à une très forte majorité de voix : 81,69 % des suffrages exprimés et avec un faible taux d'abstention).

B| Le Préambule de la Constitution de 1958

> « Le Peuple français proclame solennellement son attachement aux droits de l'homme et aux principes de la souveraineté nationale tels qu'ils sont définis par la Déclaration de 1789, confirmée et complétée par le Préambule de la Constitution de 1946, ainsi qu'aux droits et devoirs définis dans la Charte de l'environnement de 2004.
>
> En vertu de ces principes et de celui de la libre détermination des peuples, la République offre aux territoires d'outre-mer qui manifestent la volonté d'y adhérer des institutions nouvelles fondées sur l'idéal commun de liberté, d'égalité et de fraternité et conçues en vue de leur évolution démocratique. »

Le Préambule de la Constitution est inclu dans le **bloc de constitutionnalité**, c'est-à-dire qu'il a une valeur constitutionnelle.

C| Les grands principes posés dans la Constitution de 1958

La Constitution de 1958 prévoit une organisation politique de la France fondée sur le principe de **séparation des pouvoirs**. Elle distingue le **pouvoir exécutif**, le **pouvoir législatif** et l'**autorité judiciaire**.

La Constitution de 1958 n'a pas érigé le judiciaire en « pouvoir » mais seulement en « autorité ». Ce choix des constituants est issu d'une forte tradition de méfiance à l'égard des juges.

D| La révision de la Constitution

La modification de la Constitution de 1958 est possible, sous réserve de respecter une procédure particulière (adoption par le Congrès, c'est-à-dire la réunion de l'Assemblée nationale et du Sénat, ou par référendum).

La dernière révision de la Constitution date de la **loi constitutionnelle du 23 juillet 2008 de modernisation des institutions de la Ve République** (adoptée par le Congrès : 539 voix pour et 357 voix contre). Cette révision constitutionnelle a renforcé le rôle du Parlement, rénové le mode d'exercice du pouvoir exécutif et garanti aux citoyens de nouveaux droits notamment en instituant la **question prioritaire de constitutionnalité**.

E| La suprématie de la Constitution

La **hiérachie des normes** désigne l'organisation des règles de droit sous forme hiérarchisée. Les règles juridiques sont organisées comme une pyramide au sommet de laquelle se trouve la Constitution de 1958 (norme suprême). Toutes les autres règles juridiques doivent respecter la Constitution.

Sous la Constitution se dessine la pyramide, de plus en plus large jusqu'à sa base : règles internationales et européennes, lois, ordonnances, actes administratifs réglementaires (règlements, décrets, arrêtés).

3 Le pouvoir exécutif : le président de la République et le gouvernement

En France, le pouvoir exécutif est exercé par le président de la République et par le gouvernement ; il est **bicéphale** (composé de deux têtes).

A| Le président de la République

1| L'élection présidentielle

Le président de la République est élu pour 5 ans, au suffrage universel direct, à la majorité des suffrages exprimés. L'élection présidentielle est à deux tours. Pour être élu au premier tour, le candidat doit obtenir la majorité absolue des suffrages exprimés (50 % des voix plus une). Si aucun candidat n'est élu au premier tour, un second tour est organisé (le 14e jour suivant le premier tour de scrutin). Seuls peuvent s'y présenter les deux candidats qui, le cas échéant après retrait des candidats plus favorisés, se trouvent avoir recueilli le plus grand nombre de suffrages au premier tour. La dernière élection présidentielle a eu lieu en 2017.

2 | Les missions du président

Le président de la République incarne l'autorité de l'État. Il veille au respect de la Constitution. Il assure, par son arbitrage, le fonctionnement régulier des pouvoirs publics et la continuité de l'État. Il est garant de l'indépendance nationale, de l'intégrité du territoire et du respect des traités. Il est le chef des armées.

Le président de la République nomme le Premier ministre, préside le Conseil des ministres, promulgue les lois, signe les ordonnances et les décrets et décide de soumettre un texte au référendum.

B | Le gouvernement

Le gouvernement comprend le Premier ministre (nommé par le président de la République ; la résidence officielle du Premier ministre est l'hôtel Matignon), les ministres, les ministres délégués et les secrétaires d'État (nommés par le président de la République, sur proposition du Premier ministre).

Le gouvernement est chargé de déterminer et de conduire la politique de la Nation. Il dispose de l'administration et de la force armée. Le Premier ministre dirige l'action du gouvernement.

En réalité, sous la Vᵉ République, c'est le président de la République qui détermine la politique nationale.

Le Conseil des ministres, prévu par la Constitution, est la réunion de tous les ministres. Il est présidé par le président de la République et se déroule une fois par semaine, le mercredi, à l'Élysée. L'ordre du jour du Conseil des ministres est fixé d'un commun accord entre le président de la République et le Premier ministre.

4 Le pouvoir législatif : l'Assemblée nationale et le Sénat

En France, le pouvoir législatif est exercé par l'Assemblée nationale et le Sénat ; il est **bicaméral** (composé de deux chambres).

A | L'Assemblée nationale et le Sénat

L'Assemblée nationale siège à Paris, au Palais Bourbon. Elle est composée de 577 députés, élus pour 5 ans au **suffrage universel direct**. Les dernières élections ont eu lieu en juin 2017.

Le Sénat siège à Paris, au Palais du Luxembourg. Il est composé de 348 sénateurs, élus pour 6 ans au **suffrage universel indirect**. Les sénateurs sont en effet élus par les « grands électeurs » (députés, sénateurs, conseillers régionaux, conseillers départementaux, conseillers municipaux).

Tous les 3 ans, la composition du Sénat est renouvelée, par moitié. Ainsi, les élections sénatoriales de 2017 ont conduit au renouvellement d'environ la moitié des sièges de sénateurs (170 sur 44 circonscriptions). Pour ce groupe de sénateurs, les prochaines élections auront lieu en 2023. Quant à l'autre groupe de sénateurs, les élections ont eu lieu en 2020. En vertu de la Constitution, le Sénat est le représentant des collectivités territoriales.

B| Le vote des lois par le Parlement

Le Parlement se réunit en session ordinaire durant 9 mois (du premier jour ouvrable d'octobre au dernier jour ouvrable de juin). Il peut siéger en session extraordinaire à l'initiative du président de la République.

Le rôle majeur du Parlement est de **voter les lois**, selon une procédure complexe et parfois longue : la navette parlementaire (succession de lectures et de votes d'un projet ou d'une proposition de loi devant chacune des assemblées parlementaires).

Le texte ne peut être adopté définitivement par le Parlement que s'il a été voté dans des termes identiques à l'Assemblée nationale et au Sénat. La procédure normale de vote d'une loi intervient à l'issue des deux lectures par chaque assemblée ; une procédure accélérée existe (une seule lecture devant chaque assemblée). En cas de désaccord entre l'Assemblée nationale et le Sénat, le texte est examiné par une commission mixte paritaire (composée à égalité de députés et de sénateurs).

Le Parlement a en outre pour rôle de **contrôler l'action du gouvernement**.

5 Le Conseil constitutionnel : garant du respect de la Constitution

Le Conseil constitutionnel a été créé par la Constitution de 1958. Il est le garant du respect de la Constitution.

A| La composition du Conseil constitutionnel

Le Conseil constitutionnel comprend 9 membres nommés (3 par le président de la République qui, en outre, désigne le président du Conseil constitutionnel, 3 par le président de l'Assemblée nationale, 3 par le président du Sénat) pour un mandat de 9 ans, non renouvelable, afin d'assurer l'indépendance de l'institution. Les anciens présidents de la République sont membres de droit du Conseil constitutionnel.

B| Le rôle du Conseil constitutionnel

Son rôle principal est de **vérifier la conformité des lois à la Constitution** (contrôle de constitutionnalité des lois). Il peut être saisi par le président de la République, le Premier ministre, 60 députés ou 60 sénateurs, avant la promulgation de la loi, afin de vérifier sa conformité ou non à la Constitution (contrôle *a posteriori*).

La **révision constitutionnelle de 2008** a créé le contrôle de constitutionnalité des lois *a priori* (en vigueur depuis le 1er mars 2010) : la **question prioritaire de constitutionnalité** (QPC). Sous certaines conditions, un citoyen peut, indirectement, saisir le Conseil constitutionnel, au moyen d'une QPC afin qu'il se prononce sur sa conformité ou non à la Constitution.

Le Conseil constitutionnel a également pour mission de **contrôler les élections** présidentielle, parlementaires et les référendums.

FICHE 2

L'ORGANISATION ADMINISTRATIVE DE LA FRANCE

La France est une République indivisible et son organisation est décentralisée (article 1 de la Constitution). Ainsi, la France est un État unitaire décentralisé, c'est-à-dire que son organisation administrative est fondée sur les principes de déconcentration et de décentralisation. La mise en œuvre de ces principes a fait l'objet d'une modernisation.

1 La modernisation de l'organisation administrative

Dans un contexte budgétaire contraint, les gouvernements successifs ont voulu moderniser l'organisation administrative de la France. L'enjeu majeur était la réduction du millefeuille territorial et des enchevêtrements de compétences pour une action publique efficiente et cohérente.

A| Une simplification de l'organisation administrative de la France

1| Un découpage complexe

La lisibilité de l'organisation administrative de la France n'est pas garantie pour les citoyens. En effet, l'action publique s'exerce dans le cadre d'un découpage complexe dans lequel, en principe, chaque territoire constitue à la fois une circonscription administrative (dans le cadre de la déconcentration) et une collectivité territoriale (dans le cadre de la décentralisation).

Par exemple, la région est une circonscription administrative dirigée par le préfet de région et une collectivité territoriale prise en charge par un organe délibérant (le conseil régional) et un organe exécutif (le président du conseil régional).

Toutefois, la situation reste complexe. Depuis la **loi de modernisation de l'action publique territoriale et d'affirmation des métropoles (Maptam)** de 2014, le département, en tant que collectivité territoriale, ne correspond plus systématiquement à une circonscription administrative ; ainsi, le préfet du département du Rhône est chargé de 2 collectivités territoriales : le département du Rhône (collectivité territoriale) et la métropole de Lyon (collectivité territoriale à statut particulier).

Au 31 décembre 2020, la France compte 34 963 communes, 101 départements (96 métropolitains et 5 outre-mer) et 12 régions métropolitaines (depuis le 1er janvier 2018, la « collectivité de Corse » est en effet une collectivité à statut particulier, article 72 de la Constitution).

2 | L'outre-mer

Les outre-mer représentent **12 territoires** (Guadeloupe, Guyane, Martinique, Réunion, Mayotte, Nouvelle-Calédonie, Polynésie française, Saint-Barthélemy, Saint-Martin, Saint-Pierre-et-Miquelon, les Terres australes et antarctiques françaises et les îles de Wallis-et-Futuna) avec des **statuts différents** : par exemple, Mayotte est un département d'outre-mer doté de compétences régionales ; la Guadeloupe et la Réunion sont des départements-régions d'outre-mer (DROM) ; la Guyane et la Martinique sont des collectivités territoriales uniques (CTU).

B | Les réformes successives

La **révision générale des politiques publiques (RGPP)**, instituée sous le quinquennat de Nicolas Sarkozy (2007-2012), a notamment créé la Direction générale des finances publiques (DGFIP), revu la carte judiciaire, institué la réforme de l'administration territoriale de l'État et simplifié l'organisation de l'administration déconcentrée (réduction à 8 directions régionales et 3 directions départementales interministérielles).

La **modernisation de l'action publique (MAP)**, instituée sous le quinquennat de François Hollande (2012-2017), a notamment élaboré la charte de la déconcentration du 7 mai 2015 (en remplacement de celle de 1992) qui renforce les attributions et les moyens des services déconcentrés.

Au niveau de la **déconcentration**, les réformes de l'administration territoriale de l'État visent à simplifier le mode d'action de l'État en le confortant au niveau local pour mieux accompagner le développement des territoires, en concertation avec les collectivités territoriales. Quant à la **décentralisation**, ces réformes ont opéré une rationalisation de la répartition des compétences entre les collectivités territoriales, renforcé le rôle de la région et de l'intercommunalité fédérative.

2 La déconcentration

La déconcentration concerne l'**administration territoriale de l'État.** Elle maintient le caractère centralisé de l'État mais en facilite l'exercice : elle opère un transfert de compétences à l'intérieur d'une même personne administrative (l'État) mais distingue 2 niveaux d'administration (centrale et déconcentrée).

A| L'administration centrale de l'État

L'administration centrale de l'État regroupe le président de la République, le Premier ministre, les ministres et ministères :

- le **président de la République**, autorité administrative, a notamment compétence pour nommer aux emplois civils et militaires de l'État, signer les ordonnances et décrets ;
- le **Premier ministre** est le chef de l'administration de l'État puisqu'il dirige l'action du gouvernement (article 21 de la Constitution) et dispose du pouvoir réglementaire général ;
- les **ministres** mènent les actions définies par le président de la République et par le Premier ministre. En tant qu'autorité administrative, chaque ministre dispose du pouvoir hiérarchique et de nomination des agents, d'un pouvoir réglementaire afin de prendre toute mesure nécessaire au bon fonctionnement de son ministère.

L'**organisation interne des ministères comprend** des directions et différents services. Consultez utilement, par exemple, l'organigramme du ministère de l'Intérieur (www.interieur.gouv.fr).

B| L'administration déconcentrée

L'administration déconcentrée s'exerce dans le cadre des **circonscriptions administratives** (régions, départements, arrondissements, communes). Les cantons sont des circonscriptions électorales pour l'élection des conseillers départementaux.

1| Les autorités déconcentrées

Chaque circonscription administrative a, à sa tête, un représentant de l'État : préfet de région, préfet de département, sous-préfet (arrondissement), maire (commune). Ces autorités déconcentrées, à l'exception du maire, sont nommées (en Conseil des ministres, par décret du président de la République, sur proposition du Premier ministre et du ministre de l'Intérieur) ; elles sont soumises au principe de subordination hiérarchique (tenus d'exécuter les instructions de leurs supérieurs hiérarchiques) et prennent des décisions au nom et pour le compte de l'État.

La situation du **maire** est particulière : il est le **représentant de l'État** dans la commune mais aussi l'**organe exécutif de la commune** (élu par le conseil municipal), dans le cadre de la décentralisation : on parle de « la double casquette du maire ». Le maire agit en qualité d'agent de l'État sur le territoire communal notamment pour l'organisation des élections et est alors placé sous l'autorité du préfet. Le maire, en qualité d'officier de l'état civil (célébration des mariages…) et d'officier de police judiciaire, agit sous l'autorité du procureur de la République.

2 | La région

L'action territoriale de l'État se décline d'abord au niveau de la région.

Le rôle du **préfet de région** a été renforcé et centré sur les enjeux stratégiques. Le préfet de région administre une **circonscription départementale** (préfet du département chef-lieu) et une **circonscription régionale**. Il pilote les politiques publiques de l'État sur le territoire ainsi que la programmation des crédits d'investissement.

La région est l'**échelon de la contractualisation pluriannelle** entre l'État et les collectivités territoriales, de la mise en œuvre des politiques nationales et de l'Union européenne en matière de développement économique et d'aménagement du territoire. Désormais, dans la conduite des politiques publiques, le préfet de région a autorité sur le préfet de département (à l'exception des matières relevant de la compétence propre de ce dernier). Dès qu'une thématique implique une coordination régionale renforcée, le préfet de région bénéficie du pouvoir d'évocation.

Les **services déconcentrés**, au niveau de la région, sont :

- la direction régionale des finances publiques regroupant la trésorerie générale et les services fiscaux ;
- la direction régionale de l'alimentation, de l'agriculture et de la forêt (DRAAF) ;
- la direction régionale de la culture (DRAC) ;
- la direction régionale de l'environnement, de l'aménagement et du logement (DREAL) ;
- la direction régionale des entreprises, de la concurrence et de la consommation, du travail et de l'emploi (DIRECCTE) ;
- la direction régionale de la jeunesse, des sports et de la cohésion sociale (DRJSCS) ;
- le rectorat d'académie ;
- l'agence régionale de santé (ARS).

3 | Le département

Le département constitue l'**échelon de mise en œuvre des politiques publiques**, notamment en matière de sécurité et de solidarité.

Le **préfet de département** détient seul la responsabilité de l'ordre public et de la sécurité des populations, du contrôle de légalité et du droit des étrangers.

Quant aux **services déconcentrés**, ils sont organisés en directions départementales interministérielles (rattachées au Premier ministre et placées sous l'autorité directe, organisationnelle et fonctionnelle du préfet). Il s'agit de la direction des territoires et de la direction de la cohésion sociale et de la protection des populations.

En plus de ces directions départementales interministérielles, il existe la direction départementale des finances publiques, l'inspection académique, la direction départementale de la protection judiciaire de la jeunesse, les services de police nationale et les unités de gendarmerie.

4 | L'arrondissement

L'arrondissement (330 en métropole) représente le **cadre territorial de la proximité** avec les administrés en matière d'action de l'État.

Le sous-préfet, délégué du préfet dans l'arrondissement, anime et coordonne l'action de proximité des services de l'État. Ainsi, il concourt au maintien de l'ordre public et à la sécurité des populations, participe au contrôle administratif et à l'ingénierie territoriale par le conseil aux collectivités territoriales.

3 La décentralisation

La décentralisation est un mode d'organisation de l'État plus démocratique que la déconcentration. En effet, la décentralisation conduit l'État à transférer des compétences à des **autorités locales élues**. En France, elle a réellement débuté à partir des années 1980, après l'élection à la présidence de la République de François Mitterrand (mai 1981).

A | Les grandes étapes de la décentralisation

- **Acte I de la décentralisation** : loi du 2 mars 1982 relative aux droits et libertés des communes, des départements et des régions. Les régions deviennent des collectivités territoriales et la tutelle administrative des collectivités territoriales est supprimée pour être remplacée par le contrôle de légalité.
- **Acte II de la décentralisation** : la loi constitutionnelle du 28 mars 2003 inscrit dans la Constitution les principes de décentralisation, d'autonomie financière des collectivités locales ; instaure le référendum d'initiative locale et le droit à l'expérimentation des collectivités territoriales.
- **Loi du 13 août 2004 relative aux libertés et responsabilités locales** : concerne les transferts de compétences de l'État vers les collectivités territoriales.
- **Loi du 16 décembre 2010 de réforme des collectivités territoriales** (loi RCT) : achève et rationalise la carte des intercommunalités ; modifie les règles de fonctionnement des établissements publics de coopération intercommunale (EPCI) ; crée la commune nouvelle, les métropoles et les pôles métropolitains.
- **Acte III de la décentralisation** : il s'organise autour de 3 grandes lois :
  - **loi du 27 janvier 2014 de modernisation de l'action publique territoriale et d'affirmation des métropoles (loi Maptam)** : elle a notamment confirmé le département en qualité de « chef de file » pour l'action sociale ;
  - **loi du 16 janvier 2015 relative à la délimitation des régions, aux élections régionales et départementales et modifiant le calendrier électoral** : elle a notamment réduit le nombre de régions métropolitaines à 13 à compter du 1er janvier 2016 ;
  - **loi du 7 août 2015 portant nouvelle organisation territoriale de la République (loi NOTRe)** : elle pose, par exemple, un nouveau seuil démographique de constitution des EPCI à fiscalité propre (15 000 habitants) et supprime la clause de compétence générale pour les départements et les régions.

B| Les différentes collectivités territoriales

Une collectivité territoriale (collectivité locale dans le langage courant) désigne une **structure administrative distincte de l'administration de l'État**. C'est une personne morale de droit public, dotée de la personnalité morale, distincte de l'État et qui bénéficie d'une autonomie juridique et patrimoniale. Le titre XII de la Constitution française du 4 octobre 1958 est consacré aux collectivités territoriales.

1| Les collectivités territoriales

Selon l'article 72 de la Constitution, les collectivités territoriales sont les **communes**, les **départements**, les **régions**, les **collectivités à statut particulier** et les **collectivités d'outre-mer** régies par l'article 74 de la Constitution.

Depuis la loi Maptam de 2014, la métropole de Lyon est une collectivité à statut particulier (article L3611-1 CGCT) contrairement, par exemple, au Grand Paris, qui est un EPCI. Par ailleurs, la loi RCT de 2010 a créé la **commune nouvelle** ; il s'agit d'un regroupement volontaire de communes qui forment une commune nouvelle. La loi du 16 mars 2015, relative à l'amélioration du régime de la commune nouvelle pour des communes fortes et vivantes, favorise la création de communes nouvelles. Suite à leur développement, au 1er janvier 2016, le nombre de communes en France est passé sous le seuil symbolique des 36 000 communes (et sous le seuil des 35 000 en 2019).

2| Le fonctionnement

Chaque collectivité fonctionne avec un **organe délibérant** et un **organe exécutif** :

- dans une commune, l'organe délibérant est le conseil municipal et l'organe exécutif le maire. La municipalité désigne le maire et les adjoints ;
- dans un département : conseil départemental, président du conseil départemental ;
- dans une région : conseil régional, président du conseil régional.

L'organe délibérant gére, par ses délibérations, les affaires du territoire, vote le budget, crée ou supprime les emplois. L'organe exécutif prépare et exécute le budget, prend des arrêtés, est le chef du personnel.

Les assemblées délibérantes des collectivités sont élues pour 6 ans au suffrage universel direct par les électeur français (et européens pour les élections municipales) inscrits sur les listes électorales. L'organe exécutif est ensuite élu par l'assemblée délibérante. Les dernières élections municipales ont eu lieu en 2020 ; les prochaines élections départementales et régionales se dérouleront en 2021.

C| Le principe de libre administration des collectivités territoriales

Ce principe, de valeur constitutionnelle, est posé à l'article 72 de la Constitution et repris à l'article L1111-1 du **code général des collectivités territoriales (CGCT)**.

Le principe de libre administration des collectivités territoriales signifie qu'elles bénéficient d'une liberté d'agir à l'égard de l'État ; les collectivités s'administrent librement par des conseils élus (liberté institutionnelle), disposent d'attributions effectives (liberté fonctionnelle) et de ressources propres (liberté financière).

D| Les compétences des collectivités territoriales

Selon l'article 72 de la Constitution, les collectivités territoriales ont vocation à prendre les décisions pour l'ensemble des compétences qui peuvent le mieux être mises en œuvre à leur échelon. Toutefois, l'exigence d'efficience de l'action publique locale a conduit le législateur à réformer les compétences des collectivités.

Seules les **communes** bénéficient de la **clause de compétence générale** : la commune règle, par ses délibérations, l'ensemble des affaires concernant le territoire communal. Elle dispose d'une capacité d'intervention générale pour tout ce qui concerne l'intérêt public communal. Aujourd'hui, cet intérêt public communal est confronté à l'intérêt intercommunal et les transferts de compétence des communes aux EPCI réduisent les compétences des communes.

Les **départements** et les **régions** relèvent du **principe de spécialisation**. La loi NOTRe de 2015 a renforcé les compétences des régions (collectivités territoriales de référence en matière de programmation, de planification et d'encadrement des collectivités locales situées dans leur ressort) et réduit le champ de compétence des départements (confirmés dans leur rôle de chef de file en matière d'action sociale, pour promouvoir les solidarités et la cohésion territoriale).

Certaines compétences (culture, sport, tourisme, promotion des langues régionales, éducation populaire, promotion de l'égalité entre les femmes et les hommes) sont partagées entre les collectivités territoriales (article L1111-4 du CGCT).

E| Les finances des collectivités territoriales

Les ressources des collectivités territoriales sont de différentes natures : ressources propres, dotations de l'État, emprunts, subventions de l'Union européenne.

Leur principale ressource est constituée par la **fiscalité directe** (impôts, taxes, ressources forfaitaires).

La **dotation globale de fonctionnement (DGF)** est un prélèvement effectué sur le budget de l'État pour être distribué aux collectivités territoriales et à leurs groupements.

F| Le contrôle des actes des collectivités territoriales

Les collectivités territoriales bénéficient du principe constitutionnel de libre administration mais le caractère unitaire de l'État conduit à exercer un double contrôle : contrôle de légalité et contrôle financier.

1 | Le contrôle de légalité

Le contrôle de légalité des actes des collectivités territoriales, exercé par le préfet, permet de vérifier la conformité des actes des collectivités territoriales et de leurs établissements publics avec le droit en vigueur.

Toutefois, les actes des collectivités territoriales sont exécutoires de plein droit (après publication ou affichage ou notification aux intéressés et transmission en préfecture). Le préfet exerce donc un **contrôle *a posteriori***.

Le nombre des actes soumis à l'obligation de transmission a été réduit et la dématérialisation a modifié les pratiques. Une fois l'acte transmis au préfet, ce dernier procède à un examen sur le fond et la forme de l'acte. Il contrôle uniquement la légalité de l'acte et ne peut pas en apprécier l'opportunité. En cas d'irrégularité, le préfet peut adresser à la collectivité territoriale un recours gracieux dans un délai de 2 mois à compter de la réception de l'acte. Il précise l'illégalité dont l'acte est entaché et demande sa modification ou son retrait. Si la collectivité locale ne réserve pas une suite favorable au recours gracieux (refus ou rejet implicite), le préfet peut déférer au tribunal administratif l'acte qu'il estime illégal (déféré préfectoral).

2 | Le contrôle budgétaire

Le contrôle budgétaire des collectivités locales (art. L1612-2 à L1612-20 du CGCT) est exercé *a posteriori* par le préfet et les chambres régionales des comptes (CRC). Ce contrôle vise à assurer le respect des règles applicables à l'élaboration, à l'adoption et à l'exécution des budgets des collectivités territoriales et de leurs établissements publics. Dans la mesure où le budget d'une collectivité territoriale conduit à une délibération soumise à l'obligation de publication et de transmission au représentant de l'État, le budget est soumis au double contrôle de légalité et budgétaire.

G | La montée en puissance de l'intercommunalité

En Europe, la France est l'État qui compte le plus de communes. Pour lutter contre l'émiettement des communes et des politiques publiques locales, le législateur a développé la **mutualisation** entre les communes. Elle s'opère à l'échelon intercommunal par la création des **établissements publics de coopération intercommunale (EPCI)**.

L'**intercommunalité associative** est la plus ancienne (SIVU, SIVOM, syndicat mixte) et elle est vouée à disparaître au profit de l'**intercommunalité fédérative** (communauté de communes, communauté d'agglomération, communauté urbaine, métropole). L'intercommunalité fédérative s'exerce au travers d'EPCI à fiscalité propre qui ont des compétences obligatoires.

En 2014, pour la première fois, les conseillers intercommunaux ont été élus lors des élections municipales, par fléchage, renforçant le caractère démocratique de l'intercommunalité fédérative.

Au 1er septembre 2021, la France compte 1 253 ECPI à fiscalité propre : 21 métropoles, 14 communautés urbaines, 223 communautés d'agglomération, 995 communautés de communes.

FICHE 3 L'ORGANISATION JURIDICTIONNELLE DE LA FRANCE

La loi du 18 novembre 2016 de modernisation de la justice du XXIe siècle (loi J21) vise à renforcer l'indépendance et l'efficacité du service public de la justice tout en le simplifiant pour davantage d'accessibilité.

1 Les deux ordres de juridiction

En France, l'existence de deux ordres de juridiction s'explique par des raisons historiques qui datent de la Révolution de 1789. Les révolutionnaires refusaient que les tribunaux judiciaires soient compétents pour juger les affaires dans lesquelles l'administration était partie. Ces litiges devant cependant être jugés, les juridictions administratives ont progressivement été instituées.

A| L'ordre judiciaire et l'ordre administratif

Les **juridictions de l'ordre judiciaire** sont compétentes pour connaître des litiges opposant des particuliers entre eux (individus, associations, entreprises...) mais aussi des infractions pénales (contraventions, délits, crimes).

Les **juridictions de l'ordre administratif** sont compétentes pour connaître les litiges nés des activités de l'administration (entre les administrations ou entre un particulier et une personne publique, c'est-à-dire l'administration, une collectivité territoriale, une personne privée chargée d'une mission de service public).

Le **Tribunal des conflits** intervient en cas de conflit de compétence entre les deux ordres de juridiction et désigne l'ordre compétent pour trancher le litige.

B| Les principes fondamentaux de la justice

La **Convention européenne de sauvegarde des droits de l'homme et des libertés fondamentales (CSDH)** pose un certain nombre de principes fondamentaux applicables en droit français.

- La **règle du double degré de juridiction** signifie que toute affaire doit pouvoir être jugée deux fois, tant sur les faits que sur le droit. Ainsi, tout jugement rendu en première instance peut être contesté devant une cour d'appel qui réexamine l'affaire sur les faits et sur le fond.
- La **gratuité de la justice** garantit à tout citoyen le respect du droit d'accès à la justice et du principe d'égalité devant la justice. Ainsi, l'aide juridictionnelle permet aux personnes sans ressoures ou aux revenus modestes d'obtenir la prise en charge, par l'État, de tout ou partie des frais de justice.
- Le **droit à un procès équitable** garantit aux justiciables d'être jugés par un juge indépendant et impartial, en audience publique, dans le respect du principe du contradictoire et des droits de la défense.
- L'**obligation de motivation des décisions de justice** impose au juge d'expliquer les raisons de faits et de droit qui justifient sa décision. Ce principe garantit une justice impartiale et permet au justiciable de comprendre la décision de justice.

2 Les juridictions de l'ordre judiciaire

En application du principe de l'unité des justices civile et pénale, l'ordre judiciaire regroupe les juridictions civiles et les juridictions pénales.

A| Le principe d'indépendance de l'autorité judiciaire

Ce principe est posé à l'article 64 de la Constitution et reconnu par plusieurs textes internationaux (Déclaration universelle des droits de l'homme, Pacte international relatif aux droits civils et politiques, Convention européenne de sauvegarde des droits de l'homme et des libertés fondamentales, Charte des droits fondamentaux de l'Union européenne).

Toutefois, la question des magistrats du parquet (le ministère public) et de leur lien avec le pouvoir exécutif suscite des interrogations récurrentes quant à l'indépendance de la justice. Certains préconisent de renforcer le rôle du **Conseil supérieur de la magistrature (CSM)**, autorité constitutionnelle chargée notamment d'assurer la gestion de la carrière des juges.

Le décret du 5 décembre 2016 portant création de l'**Inspection générale de la justice (IGJ)** a suscité de vives inquiétudes quant à l'indépendance de l'autorité judiciaire. Toutefois, selon le gouvernement, l'IGJ présente les garanties de nature à préserver l'indépendance de l'autorité judiciaire. L'IGJ regroupe les compétences de l'Inspection générale des services judiciaires, de l'Inspection des services pénitentiaires et de l'Inspection de la protection judiciaire de la jeunesse.

B| Le juge judiciaire : gardien de la liberté individuelle

Ce principe est posé à l'article 66 de la Constitution.

Afin de renforcer la mission de l'autorité judiciaire, le **juge des libertés et de la détention**, magistrat du siège, a été créé. Il intervient dès que les droits des personnes sont mis en cause (détention provisoire, assignation à résidence avec surveillance électronique, placement sous contrôle judiciaire, interceptions téléphoniques...).

C| L'organisation des juridictions judiciaires

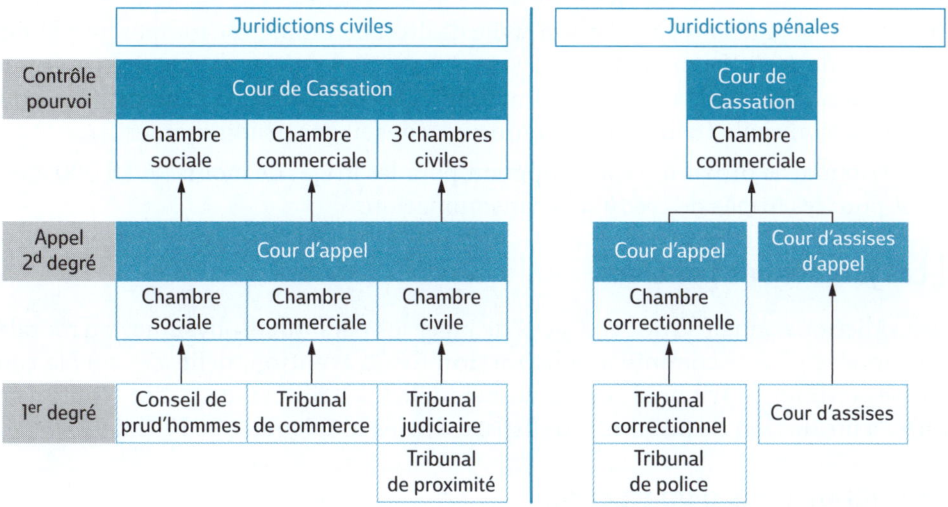

Source : www.justice.gouv.fr

1| La Cour de cassation

La Cour de cassation est la **juridiction suprême de l'ordre judiciaire** et siège à Paris, dans l'enceinte du Palais de justice.

Elle a pour mission de préserver la légalité des décisions de justice. Ainsi, la Cour de cassation est juge du droit et non des faits : elle n'aborde pas le fond de l'affaire mais vérifie que les décisions rendues par les juridictions sont conformes au droit (ce n'est pas un troisième degré de juridiction).

La Cour de cassation a aussi pour mission d'unifier la jurisprudence. Par ailleurs, elle peut renvoyer au Conseil constitutionnel une question prioritaire de constitutionnalité, soulevée à l'occasion d'un pourvoi en cassation ou transmise par une autre juridiction.

2| Les cours d'appel

Les cours d'appel sont des **juridictions du deuxième degré**. Elles réexaminent, en fait et en droit, les affaires jugées en première instance ou en premier ressort en matière civile, commerciale, sociale ou pénale (à l'exception des décisions des cours d'assises qui sont rejugées par une autre cour d'assises). Les décisions des cours d'appel sont susceptibles d'un pourvoi en cassation.

3 | Les juridictions civiles

Les juridictions civiles sont compétentes pour régler les litiges entre personnes privées (physiques ou morales).

La loi n° 2019-222 du 23 mars 2019 de programmation 2018-2022 et de réforme pour la justice a prévu, à compter du 1er janvier 2020, la fusion entre le tribunal de grande instance (TGI) et le tribunal d'instance (TI) au sein d'une nouvelle juridiction : le **tribunal judiciaire**. L'objectif vise à assurer une meilleure lisibilité de l'organisation judiciaire pour les justiciables. Toutefois, les TI non situés dans la ville du siège du TIG deviennent des **tribunaux de proximité** :

- le tribunal judiciaire, juridiction civile de droit commun, est compétent pour les litiges de 10 000 euros et les litiges en matière de divorce, autorité parentale, filiation, état civil, succession, immobilier à l'exception de ceux confiés à une juridiction civile (tribunal de commerce, conseil des prud'hommes...) ;
- le tribunal de proximité est compétent pour les litiges de moins de 10 000 euros et pour les litiges de crédit à la consommation.

4 | Les juridictions pénales

Les juridictions pénales sont chargées de juger les personnes physiques ou morales soupçonnées d'avoir commis une **infraction** (contravention, délit, crime) : la cour d'assises (crime), le tribunal correctionnel (délit), le tribunal de police (contravention). La juridiction de proximité a disparu depuis le 1er juillet 2017 (loi J21).

5 | Les juridictions d'instruction

Les juridictions d'instruction : le juge d'instruction, le juge des libertés et de la détention. Le juge d'instruction a pour rôle d'instruire les affaires les plus complexes ou celles nécessitant des investigations complémentaires. La saisine du juge d'instruction est obligatoire en matière de crime (article 79 du code de procédure pénale).

6 | Une justice spécifique pour les mineurs

L'**ordonnance du 2 février 1945 relative à l'enfance délinquante** est le texte de base pour la justice pénale des mineurs. Modifiée à de nombreuses reprises, elle pose le principe fondamental de privilégier une réponse éducative. Le **juge des enfants** est l'acteur principal pour la justice des mineurs. Il existe aussi le tribunal pour enfants et la cour d'assises des mineurs. Le tribunal correctionnel pour mineurs, créé par la loi du 10 août 2011, a été supprimé par la loi J21.

En France, l'âge de la **majorité pénale** est de 18 ans ; c'est l'âge à partir duquel une personne relève du droit pénal commun.

En France, l'âge de la **responsabilité pénale** est de 18 ans mais il peut être abaissé à 13 ans dans certains cas. C'est l'âge à compter duquel les mineurs sont considérés comme suffisamment âgés pour pouvoir commettre une infraction et pour être soumis à un droit pénal qui leur est spécifique, le **droit des mineurs**.

Plusieurs distinctions sont réalisées en fonction de l'âge des mineurs :

- les mineurs de **16 à 18 ans** relèvent d'un régime proche de celui des majeurs mais la priorité est donnée à l'action éducative ;
- les mineurs de **13 à 16 ans** peuvent faire l'objet de poursuites pénales mais dans un cadre procédural protecteur (en principe, absence de mise en détention provisoire). Ils bénéficient d'une présomption irréfragable de responsabilité atténuée ;
- les mineurs de **10 à 13 ans** peuvent être pénalement poursuivis si leur discernement est considéré comme suffisant. Ils encourent uniquement une mesure éducative ;
- les mineurs de **moins de 10 ans** ne peuvent pas faire l'objet de poursuites pénales.

7 | Les deux juridictions politiques

Deux juridictions politiques sont prévues par la Constitution :

- la **Haute Cour** s'est substituée à l'ancienne Haute Cour de justice (loi constitutionnelle du 23 février 2007). Elle est compétente pour examiner la destitution du président de la République pour tout manquement à ses devoirs manifestement incompatible avec l'exercice de son mandat ;
- la **Cour de justice de la République** est compétente pour juger les crimes et délits commis par les ministres dans l'exercice de leurs fonctions.

3 Les juridictions de l'ordre administratif

Les juridictions administratives sont le Conseil d'État, les cours administratives d'appel (8), les tribunaux administratifs (42) et les juridictions spécialisées.

La loi du 18 novembre 2016 de modernisation de la justice du XXIe siècle a introduit deux innovations dans le contentieux administratif : la **médiation administrative** et l'**action collective**.

Par ailleurs, l'ambition de moderniser la justice administrative, notamment pour traiter l'augmentation des requêtes, s'est concrétisée par les décrets du 2 novembre 2016 qui consolident la dématérialisation de la justice administrative (application informatique *Télérecours*) et simplifient la justice administrative.

A| Le Conseil d'État

Créé en 1799, le Conseil d'État est la **juridiction suprême de l'ordre administratif** (livre Ier du Code de justice administrative). Situé à Paris, au Palais royal, le Conseil d'État a une fonction consultative (conseil juridique du gouvernement, compétence administrative) et contentieuse (juge de l'administration).

Il est composé de fonctionnaires bénéficiant d'un statut particulier afin de garantir leur indépendance (les ordonnances du 13 octobre 2016 renforcent l'autonomisation du statut des magistrats administratifs et des membres du Conseil d'État).

Le Conseil d'État est :

- juge en premier et dernier ressort : dans des situations très limitées (recours en matière d'élections européennes et régionales...) ;
- juge d'appel de certains jugements rendus par les tribunaux administratifs : dans des cas limités (recours en matière d'élections municipales et cantonales...) ;
- juge de cassation : rôle essentiel du Conseil d'État. Il examine les recours dirigés contre les décisions des cours administratives d'appel et les décisions de certaines juridictions administratives dénuées de possibilité d'appel (Cour des comptes...).

Par ailleurs, comme la Cour de cassation, le Conseil d'État peut renvoyer au Conseil constitutionnel une question prioritaire de constitutionnalité.

B| Les cours administratives d'appel

Les cours administratives d'appel ont été créées en 1989 pour désencombrer le Conseil d'État. Elles sont implantées à Bordeaux, Douai, Lyon, Marseille, Nancy, Nantes, Paris, Versailles.

Elles ont pour mission de **statuer en appel des décisions des tribunaux administratifs** sous réserve des appels dévolus au Conseil d'État.

C| Les tribunaux administratifs

Les tribunaux administratifs sont les **juridictions administratives de droit commun**.

Outre cette attribution contentieuse, les tribunaux administratifs ont des attributions administratives, notamment un rôle consultatif auprès du préfet.

D| Les juridictions spécialisées

Les juridictions spécialisées sont nombreuses : la Cour des comptes, la Cour de discipline budgétaire et comptable, la Cour nationale du droit d'asile, la Commission centrale d'aide sociale...

La **Cour des comptes** a pour fonction juridictionnelle de contrôler les comptes rendus annuellement par les comptables publics ne relevant pas des chambres régionales des comptes. Elle dispose aussi d'attributions non juridictionnelles, par exemple la publication d'un rapport public annuel.

La **Cour nationale du droit d'asile** statue en premier et dernier ressort sur les recours dirigés contre les décisions de l'Office français de protection des réfugiés et des apatrides.

FICHE 4 LES AUTORITÉS DE CONSEIL ET DE CONTRÔLE DE L'ÉTAT

Dans un État de droit, différentes institutions veillent au bon fonctionnement de l'État. En France, la Constitution de 1958 confère au Conseil constitutionnel la mission de vérifier la conformité des lois à la Constitution et attribue à la Cour des comptes le rôle de contrôler la gestion des administrations. De plus, différentes institutions ont une mission de conseil auprès de l'État alors que d'autres agissent davantage dans le cadre d'un contrôle de l'État pour garantir son impartialité et la transparence de l'action publique.

1 Les autorités de conseil de l'État

Les organismes chargés d'une mission de conseil auprès de l'État sont multiples : le Conseil d'État, le Conseil supérieur de la magistrature (CSM), le Conseil économique, social et environnemental (CESE), le Conseil consultatif national d'éthique (CCNE), etc.

A| Le Conseil d'État

Outre sa fonction juridictionnelle, le Conseil d'État est le conseiller du gouvernement pour la préparation des projets de loi, d'ordonnance et de certains décrets.

Toutefois, le gouvernement n'est pas tenu de suivre l'avis du Conseil d'État.

Le Conseil d'État est obligatoirement saisi de tous les projets de loi, avant leur adoption par le Conseil des ministres et leur dépôt devant le Parlement (article 39 de la Constitution). Il doit être saisi des projets d'ordonnance avant leur adoption par le Conseil des ministres (article 38 de la Constitution). Quant aux décrets en Conseil d'État, ils ne peuvent être pris ou modifiés qu'après la saisine du Conseil d'État.

Le rôle consultatif du Conseil d'État est important. Il traite également des demandes d'avis du gouvernement et peut, à sa propre initiative, effectuer des études. Il est aussi le conseiller du Parlement sur les propositions de loi.

Le Conseil d'État adresse chaque année au président de la République un rapport public (consultable sur le site internet www.conseil-etat.fr).

B| Le Conseil supérieur de la magistrature (CSM)

Selon l'article 64 de la Constitution, le président de la République est garant de l'indépendance de l'autorité judiciaire et il est assisté par le Conseil supérieur de la magistrature. Le CSM est prévu à l'article 65 de la Constitution.

Il comprend une formation compétente à l'égard des magistrats du siège et une formation compétente à l'égard des magistrats du parquet.

Il se réunit en formation plénière pour répondre aux demandes d'avis formulées par le président de la République, se prononce sur les questions relatives à la déontologie des magistrats et sur toute question relative au fonctionnement de la justice dont le saisit le ministre de la Justice.

Sauf en matière disciplinaire, le ministre de la Justice peut participer aux séances des formations du CSM.

Le CSM peut être saisi par un justiciable s'il estime que le comportement d'un magistrat, au cours d'une procédure judiciaire le concernant, et dans l'exercice de ses fonctions, est susceptible d'une qualification disciplinaire.

C| Le Conseil économique, social et environnemental (CESE)

Le CESE est une assemblée consultative prévue aux articles 69 à 71 de la Constitution. Il est qualifié de « **troisième assemblée constitutionnelle de la République** » car il permet l'expression de la société civile.

Les missions du CESE sont notamment de conseiller le gouvernement et le Parlement, de participer à l'élaboration et à l'évaluation de la politique économique, sociale et environnementale.

La loi constitutionnelle de juillet 2008 et la loi organique de juin 2010 donnent aux citoyens la possibilité de saisir le CESE par voie de pétition sur toute question à caractère économique, social et environnemental.

Les travaux du CESE sont consultables sur le site internet www.lecese.fr.

Le CESE s'est vu confier l'organisation de la Convention citoyenne pour le climat, décidée par le président de la République. Elle a débuté en octobre 2019 et regroupait 150 citoyens tirés au sort. Leur mandat consistait à proposer des mesures visant à « réduire d'au moins 40 % les émissions de gaz à effet de serre d'ici 2030, dans un esprit de justice sociale ». Les 149 propositions de la Convention citoyenne pour le climat ont été remises en juin 2020.

Une **réforme du CESE** est en cours. En effet, le projet de loi organique relatif au CESE a été présenté au Conseil des ministres le 7 juillet 2020 par le ministre de la Justice. Le gouvernement a engagé la procédure accélérée et ce texte a été définitivement adopté par le Parlement le 16 novembre 2020. Le Conseil constitutionnel a été saisi le 16 décembre 2020.

Les missions du CESE sont redéfinies :

- éclairer les pouvoirs publics sur les enjeux économiques, sociaux et environnementaux ;
- accueillir et traiter les pétitions citoyennes ;
- devenir le carrefour des consultations publiques.

La composition du CESE est réduite à 175 membres (les 40 personnalités qualifiées désignées par le gouvernement sont supprimées). Ce projet de loi consacre le CESE comme carrefour des consultations publiques et lui confère la possibilité d'organiser la consultation des citoyens.

D| Le Conseil consultatif national d'éthique (CCNE)

En 1983, la France a créé, sous la présidence de François Mitterrand, le Conseil consultatif national d'éthique pour les sciences de la vie et de la santé (CCNE). La loi du 6 août 2004 lui a conféré le statut d'**autorité indépendante** et, postérieurement, ses compétences ont été étendues par le législateur, notamment par la loi du 7 juillet 2011 (articles L1412-1 à L1412-6 du Code de la santé publique).

1| La composition du CCNE

Le CCNE est composé de 39 membres nommés pour 4 ans, renouvelable une fois :

- 5 personnalités désignées par le président de la République et appartenant aux principales familles philosophiques et spirituelles ;
- 19 personnalités qualifiées choisies en raison de leur compétence et de leur intérêt pour les problèmes d'éthique ;
- 15 personnalités appartenant au secteur de la recherche.

Le président du CCNE est nommé par le président de la République pour 2 ans renouvelable. Le professeur Jean-François Delfraissy a été reconduit dans ses fonctions de président du CCNE (décret du président de la République du 21 janvier 2019).

2| Les missions du CCNE

Le CCNE rend compte de son activité au président de la République et au Parlement (le rapport annuel d'activité 2019 est consultable sur le site internet www.ccne-ethique.fr). Il peut publier des recommandations sur les sujets relevant de sa compétence.

Le CCNE a notamment pour rôle d'**organiser un débat public**, sous forme d'états généraux, pour tout projet de réforme sur les problèmes éthiques et les questions de société soulevés par les progrès de la connaissance dans les domaines de la biologie, de la médecine et de la santé. En l'absence de projet de réforme, le CCNE est tenu d'organiser des états généraux de la bioéthique au moins une fois tous les 5 ans.

2 Les autorités indépendantes

Les autorités indépendantes ont un rôle essentiel en matière de **protection des droits et libertés**. Elles se sont développées en France à partir des années 1970 avec la création de la Commission nationale de l'informatique et des libertés (Cnil). La notion d'**autorité administrative indépendante (AAI)** est alors apparue.

Selon le Conseil d'État, les AAI sont des « organismes administratifs qui agissent au nom de l'État et disposent d'un réel pouvoir, sans pour autant relever de l'autorité du gouvernement ».

A| Les principes généraux des autorités indépendantes

Les autorités indépendantes sont diverses. Il s'agit notamment de la Commission d'accès aux documents administratifs (CADA), du Conseil supérieur de l'audiovisuel (CSA), de la Commission nationale consultative des droits de l'homme, du Contrôleur général des lieux de privation de liberté. Le Défenseur des droits est une autorité constitutionnelle indépendante.

Elles disposent d'un **pouvoir d'influence** (pouvoir d'avis, de proposition, de recommandation) et pas uniquement d'un pouvoir consultatif. Certaines autorités indépendantes bénéficient d'un pouvoir de sanction.

Elles font partie de l'administration de l'État car elles agissent au nom et pour le compte de l'État mais elles sont indépendantes. Cela signifie qu'elles ne sont pas subordonnées au gouvernement. Elles ne peuvent pas recevoir d'ordre ou d'instruction du gouvernement.

B| Le Défenseur des droits

1| L'origine du Défenseur des droits

Le Défenseur des droits est une autorité constitutionnelle indépendante (article 71-1 de la Constitution). Sa création date de la révision constitutionnelle de 2003 et correspond à la fusion de quatre institutions : le Médiateur de la Répubique, le Défenseur des enfants, la Haute Autorité de lutte contre les discriminations et pour l'égalité (Halde) et la Commission nationale de déontologie de la sécurité (CNDS).

Le Défenseur des droits a été institué en 2011. Il est nommé par le président de la République pour une durée de 6 ans, non renouvelable et non révocable. Le premier Défenseur des droits était Dominique Baudis. Depuis juillet 2020, la Défenseure des droits est Claire Hédon, nommée par le président de la République, Emmanuel Macron. Elle a succédé à Jacques Toubon, Défenseur des droits de 2014 et 2020 et nommé par François Hollande.

2 | Les missions

La mission du Défenseur des droits est de veiller au respect des droits et libertés par les administrations de l'État, les collectivités territoriales, les établissements publics, ainsi que par tout organisme investi d'une mission de service public, ou à l'égard duquel la loi organique lui attribue des compétences.

Pour exercer cette mission, le Défenseur des droits est assisté par 3 collèges et de 4 adjoints :

- le collège « **Déontologie de la sécurité** », qui aborde les règles de bonne conduite des représentants de l'ordre, qu'ils soient publics ou privés ; Pauline Caby, adjointe chargée du respect de la déontologie par les professionnels de la sécurité ;
- le collège « **Défense et promotion des droits de l'enfant** », qui est compétent pour tout ce qui a trait aux intérêts des enfants ; Éric Delemar, adjoint chargé de la défense et de la promotion des droits de l'enfant ;
- le collège « **Lutte contre les discriminations et promotion de l'égalité** », qui travaille sur la défense des personnes discriminées et l'accès aux droits pour tous et toutes ; George Pau-Langevin, adjointe chargée de la lutte contre les discriminations et de la promotion de l'égalité ;
- Daniel Agacinski, adjoint au Défenseur des droits, délégué général à la médiation avec les services publics.

3 | La saisine

En matière de saisine, le Défenseur des droits peut être saisi par toute personne qui considère que ses droits ont été lésés mais il peut aussi se saisir d'office.

Le Défenseur des droits rend compte de son activité au président de la République et au Parlement (le rapport annuel d'activité 2019 est consultable sur le site internet www.defenseurdesdroits.fr).

C | Le Contrôleur général des lieux de privation de liberté

Le Contrôleur général des lieux de privation de liberté est une autorité administrative indépendante instituée par la loi du 30 octobre 2007.

1 | La nomination du Contrôleur général

Il est nommé par le président de la République pour une durée de 6 ans, non renouvelable et non révocable ; il ne peut être mis fin à ses fonctions avant l'expiration de son mandat qu'en cas de démission ou d'empêchement. Adeline Hazan avait été nommée le 16 juillet 2014. Son mandat s'est achevé et Dominique Simonnot a été nommée Contrôleuse générale des lieux de privation de liberté le 14 octobre 2020.

Le Contrôleur général des lieux de privation de liberté ne peut pas être poursuivi, recherché, arrêté, détenu ou jugé à l'occasion des opinions qu'il émet ou des actes qu'il accomplit dans l'exercice de ses fonctions.

2 | Les missions du Contrôleur général

La mission du Contrôleur général des lieux de privation de liberté est de veiller à ce que les personnes privées de liberté soient traitées avec humanité et dans le respect de la dignité inhérente à la personne humaine.

Pour exercer sa mission, il peut visiter, à tout moment, sur l'ensemble du territoire français, tout lieu où des personnes sont privées de liberté :

- établissements pénitentiaires ;
- établissements de santé recevant des personnes hospitalisées sans leur consentement ;
- locaux de garde à vue des services de police et de gendarmerie ;
- locaux de rétention douanière ;
- centres de rétention administrative des étrangers ;
- zones d'attente des ports et aéroports ;
- centres éducatifs fermés ;
- tout véhicule permettant le transfert des personnes privées de liberté.

Toute personne physique, ainsi que toute personne morale s'étant donné pour objet le respect des droits fondamentaux, peut porter à la connaissance du Contrôleur général des lieux de privation de liberté des faits ou situations susceptibles de relever de sa compétence.

3 | La saisine

Le Contrôleur général des lieux de privation de liberté est saisi par le Premier ministre, les membres du Gouvernement, les membres du Parlement, les représentants au Parlement européen élus en France et le Défenseur des droits.

Il peut aussi se saisir de sa propre initiative.

Le rapport annuel d'activité 2019 du Contrôleur général des lieux de privation de liberté est consultable sur le site internet www.cglpl.fr.

FICHE 5 LES ORGANISATIONS EUROPÉENNES

La France est membre de deux organisations européennes, le Conseil de l'Europe et l'Union européenne (UE). Si ces deux institutions ont des missions différentes, elles partagent des valeurs fondamentales (droits de l'homme, démocratie, prééminence du droit) et ont adopté des symboles communs. De plus, tous les États membres du l'Union européenne ont d'abord adhéré au Conseil de l'Europe.

1 Les symboles communs à l'UE et au Conseil de l'Europe

Le drapeau et l'hymne européen, communs à ces deux organisations europénnes, symbolisent la construction européenne, au-delà de l'appartenance à une institution spécifique.

A| Le drapeau européen

Le drapeau européen comprend **12 étoiles** formant un cercle, sur un fond bleu azur. Les 12 étoiles symbolisent la perfection, la plénitude et les idéaux d'unité, de solidarité, d'harmonie entre les peuples d'Europe.

À l'origine, ce drapeau, créé par le Conseil de l'Europe, était son emblème. En 1986, l'Union européenne a adopté ce même drapeau. Dès lors, le drapeau européen symbolise un projet politique commun au Conseil de l'Europe et à l'UE, pour unir tous les Européens au-delà de leurs diversités.

B| L'hymne européen

L'hymne européen reprend le prélude de *l'Ôde à la joie* de la 9e symphonie de Beethoven. À l'origine, cet hymne était celui du Conseil de l'Europe. L'UE l'a adopté en 1986.

2 L'Union européenne

L'Union européenne (UE) est une union politique et économique entre 27 États du continent européen (28 auparavant avec le Royaume-Uni). Elle couvre plus de 4 millions de kilomètres carrés et compte 448 millions d'habitants. L'UE se situe au troisième rang mondial, derrière la Chine et l'Inde. La France est le plus vaste État de l'UE et Malte le plus petit (www.europa.eu).

A| La création de l'Union européenne

L'UE, anciennement Communauté économique européenne (CEE), est née au lendemain de la Seconde Guerre mondiale. Elle entendait **renforcer la paix** au travers d'une coopération économique entre des États, les rendant ainsi interdépendants.

La Communauté économique européenne (CEE) a été créée en 1957 (Traité de Rome) entre 6 États : Allemagne, Belgique, France, Italie, Luxembourg, Pays-Bas. Ils ont formé le **marché unique**.

Les années 1970 ont marqué un **élargissement de la CEE** (notamment en 1973 : adhésion du Danemark, de l'Irlande et du Royaume-Uni).

Cette union économique a évolué vers une **union politique**, concrétisée en 1993 avec l'évolution de la CEE vers l'Union européenne (UE). Ainsi, les domaines de la santé, de la justice, des migrations, de l'environnement... sont entrés dans le champ de compétences de l'UE.

B| Les objectifs de l'Union européenne

Différents traités ont marqué l'évolution de l'UE :

- Traité de Rome (en vigueur en 1958) ;
- Traité de Bruxelles (en vigueur en 1967) ;
- Acte unique européen (1987) ;
- Traité de Maastricht sur l'Union européenne (1993) ;
- Traité d'Amsterdam (1999) ;
- Traité de Nice (2003) ;
- Traité de Lisbonne (2009).

Le Traité de Lisbonne a pour objectifs de rendre l'UE plus démocratique, plus efficace et plus apte à résoudre les problèmes mondiaux, notamment le changement climatique. Ce traité renforce les pouvoirs du Parlement européen, crée l'initiative citoyenne et instaure une présidence stable du Conseil européen.

Les priorités de l'UE pour 2020 (reconduites pour 2021) sont :

- la lutte contre le changement climatique ;
- les négociations sur le budget de l'UE 2021-2027 ;

- les services numériques ;
- l'union bancaire ;
- le vote de nouveaux accords commerciaux ;
- la lutte contre le cancer.

C| L'organisation de l'Union européenne

L'UE est composée de différentes institutions : Parlement européen, Conseil européen, Conseil de l'UE, Commission européenne, Cour de justice de l'UE, Banque centrale européenne (responsable de la politique monétaire européenne), Cour des comptes européenne, médiateur européen, Contrôleur européen de la protection des données, Comité économique et social européen (représente la société civile, les employeurs et les salariés), Service européen pour l'action extérieure (SEAE) compétent en matière d'affaires étrangères et de sécurité…

» Le **Conseil européen** (réunion des chefs d'État et du président de la Commission européenne) siège à Bruxelles (Belgique) et a pour mission de fixer les grandes priorités, les orientations générales de l'UE.

» Le **Parlement européen** siège à Strasbourg. Il représente les citoyens de l'UE ; il est constitué de 705 députés européens élus au suffrage universel direct. Les élections ont lieu tous les 5 ans (prochaines élections en 2024).

» La **Commission européenne** (composée de membres désignés par les gouvernements nationaux) a pour rôle de défendre les intérêts de l'UE. Elle siège à Bruxelles.

» Le **droit de l'UE** est élaboré par le Parlement européen, le Conseil de l'UE et la Commission européenne.

» La **Cour de justice de l'UE (CJUE)** siège au Luxembourg et veille au respect de la législation européenne.

D| Le Brexit

Le Brexit (*British Exit*) désigne la sortie du Royaume-Uni de l'Union européenne. Cette décision résulte du référendum du 23 juin 2016 par lequel 51,9 % des Britanniques ont choisi de quitter l'UE.

Les négociations entre l'UE et le Royaume-Uni ont conduit à trois reports de la date de sortie. Avec la ratification de l'accord de retrait, le Royaume-Uni est sorti de l'Union européenne le 31 janvier 2020 à minuit.

3 Le Conseil de l'Europe

Le Conseil de l'Europe est une **organisation intergouvernementale** qui regroupe 47 États membres, soit 820 millions de citoyens. L'objectif de cette institution est la défense des droits de l'homme et des libertés fondamentales, de la démocratie et de l'État de droit. Le Conseil de l'Europe siège à Strasbourg, au Palais de l'Europe.

A| Le logo du Conseil de l'Europe

Le logo du Conseil de l'Europe associe le drapeau européen à une spirale. Ce symbole dynamique traduit le partage d'expériences entre les pays européens et l'engagement constant du Conseil de l'Europe dans la défense des valeurs dont il est porteur.

B| La création du Conseil de l'Europe

Le Conseil de l'Europe a été créé par le traité de Londres du 5 mai 1949, signé par 10 États (Belgique, Danemark, France, Irlande, Italie, Luxembourg, Norvège, Pays-Bas, Royaume-Uni, Suède).

C| Les États membres du Conseil de l'Europe

47 États sont membres du Conseil de l'Europe : Albanie, Andorre, Arménie, Autriche, Azerbaïdjan, Belgique, Bosnie et Herzégovine, Bulgarie, Croatie, Chypre, République tchèque, Danemark, Estonie, Finlande, France, Géorgie, Allemagne, Grèce, Hongrie, Islande, Irlande, Italie, Lettonie, Liechtenstein, Lituanie, Luxembourg, Malte, République de Moldova, Monaco, Monténégro, Pays-Bas, Norvège, Pologne, Portugal, Roumanie, fédération de Russie, Saint-Marin, Serbie, République slovaque, Slovénie, Espagne, Suède, Suisse, ex-République yougoslave de Macédoine, Turquie, Ukraine, Royaume-Uni.

Les 27 États membres de l'UE adhèrent au Conseil de l'Europe.

Six États non européens sont observateurs au Conseil de l'Europe et coopèrent avec lui : Canada, Saint-Siège (Vatican), Israël, Japon, Mexique, États-Unis.

D| L'organisation du Conseil de l'Europe

Le Conseil de l'Europe comprend l'**Assemblée parlementaire (APCE)** qui réunit 324 parlementaires des 47 États membres. L'APCE élit le Secrétaire général, le Commissaire aux droits de l'homme et les juges de la CEDH.

Le **Secrétaire général**, élu pour 5 ans par l'APCE, est responsable de la planification stratégique, de l'orientation du programme d'activités et du budget du Conseil de l'Europe. Il dirige et représente cette institution.

Le **Comité des ministres** est l'organe décisionnaire du Conseil de l'Europe. Il est composé des ministres des Affaires étangères des États membres. Il détermine la politique du Conseil de l'Europe, approuve le budget et son programme d'activités.

E| La Convention européenne de sauvegarde des droits de l'homme et des libertés fondamentales (CSDH)

La CSDH, adoptée en 1950, est entrée en vigueur en 1953. Elle doit être signée puis ratifiée par chaque État membre pour s'appliquer dans le pays concerné. La France a signé la CSDH en 1950 mais ne l'a ratifié qu'en 1974.

Modifiée en 1994, la CSDH garantit des droits fondamentaux pour les citoyens des États qui l'ont ratifiée, notamment :

- droit à la vie ;
- interdiction de la torture ;
- interdiction de l'esclavage et du travail forcé ;
- droit à la liberté et à la sûreté ;
- droit à un procès équitable ;
- pas de peine sans loi ;
- liberté de penser ;
- liberté de conscience et de religion ;
- liberté d'expression ;
- liberté de réunion et d'association ;
- droit au mariage ;
- droit à un recours effectif ;
- interdiction de discrimination.

16 protocoles additionnels à la CSDH garantissent d'autres droits et libertés.

F| La Cour européenne des droits de l'homme (CEDH)

La CEDH est la juridiction permanente (depuis 1998) du Conseil de l'Europe ; elle siège à Strasbourg.

Son rôle est de veiller à l'application de la CSDH par les États membres et au respect des droits qu'elle garantit. Ainsi, toute personne qui s'estime victime d'une violation des droits garantis par la CSDH par son pays peut saisir la CEDH. Elle permet donc à chacun d'engager une action envers son propre État pour violation de la CSDH.

Toutefois, une procédure particulière s'applique. Ainsi, en France, un citoyen ne peut saisir la CEDH que si toutes les voies de recours internes ont été utilisées (pourvoi en cassation devant le Conseil d'État ou la Cour de cassation).

La France est régulièrement condamnée par la CEDH. Par exemple, en juillet 2016, elle a été sanctionnée dans 5 affaires pour violation de l'article 3 de la CSDH selon lequel « nul ne peut être soumis à la torture ni à des peines ou traitements inhumains ou dégradants » (placement d'enfants étrangers dans des centres de rétention).

Le 30 avril 2020, la CEDH a condamné la France pour violation de l'article 3 de la CSDH (affaire Castellani contre France – recours à la force policière et interdiction des traitements inhumains ou dégradants).

Connaissances professionnelles

FICHE 1

LES CORPS DE LA POLICE NATIONALE

Les personnels actifs de la police nationale sont répartis en trois corps, eux-mêmes subdivisés en plusieurs grades.

1 Le corps de conception et de direction (CCD)

Il est composé de trois grades : commissaire, commissaire divisionnaire et commissaire général (à la suite de la signature le 11 avril 2016 du protocole pour la valorisation des carrières, des compétences et des métiers dans la police nationale, le corps des commissaires de la police nationale s'est vu ajouter ce troisième grade).

A| Le commissaire

Les commissaires sont chargés de l'élaboration et de la mise en œuvre des doctrines d'emploi et de la direction des services (commissariat, service de police judiciaire ou de renseignement, école de police...) dont ils assument la responsabilité opérationnelle et organique. Ils ont autorité sur les personnels affectés dans ces services. Ils participent à la conception, à la réalisation et à l'évaluation des programmes et des projets relatifs à la prévention de l'insécurité et à la lutte contre la délinquance.

Un commissaire ayant 9 ans de services effectifs, ayant satisfait à l'obligation de mobilité et après avoir suivi une formation professionnelle organisée par l'École nationale supérieure de la police, peut être promu au choix au grade de commissaire divisionnaire.

Le grade de commissaire principal de police a été supprimé en 2005. Les membres de ce corps ayant atteint ce grade à la date de la réforme peuvent cependant continuer à le porter.

B| Le commissaire divisionnaire

Après 2 ans au moins de services effectifs dans son grade, le commissaire divisionnaire peut être nommé à un emploi de **contrôleur général**. Après avoir occupé cet emploi depuis un an au moins, le contrôleur général peut être nommé **inspecteur général** ou **directeur des services actifs**. Contrôleur général, inspecteur général et directeur des services actifs ne sont pas des « grades », mais des emplois de la haute fonction publique à la discrétion du gouvernement.

C| Le commissaire général

L'avancement au nouveau grade de commissaire général, dit « à accès fonctionnel », est subordonné, notamment, à l'occupation préalable, pendant 6 ans, en position de détachement, d'un ou plusieurs emplois supérieurs ou de direction à forte responsabilité ou à l'exercice préalable, pendant 8 ans, de fonctions supérieures d'un niveau particulièrement élevé de responsabilité et définies par arrêté interministériel.

Par ailleurs, la limite d'âge de ce grade est fixée à 59 ans.

2 Le corps de commandement (CC)

L'ordre hiérarchique des grades s'établit, par ordre croissant, de la façon suivante :

- capitaine de police (appelé lieutenant durant 4 ans après la titularisation) ;
- commandant de police ;
- commandant divisionnaire.

Peuvent être inscrits au tableau d'avancement au grade de commandant les capitaines comptant au moins 12 ans de services effectifs depuis leur titularisation dans le corps de commandement de la police nationale, et remplissant les conditions suivantes :

- avoir satisfait, dans le grade de capitaine, à une obligation de deux mobilités géographique ou fonctionnelle ;
- avoir satisfait à une obligation de formation professionnelle (d'une durée de 6 semaines au plus) ;
- ne pas être classé à l'échelon exceptionnel du grade de capitaine.

Peuvent être inscrits au tableau d'avancement au grade de commandant divisionnaire les commandants ayant :

- atteint au moins le 5e échelon de leur grade ;
- accompli une mobilité fonctionnelle ou géographique en tant que commandant ;
- exercé 6 années de détachement dans un emploi fonctionnel de commandant de police ou exercé pendant 8 ans des fonctions supérieures d'un niveau particulièrement élevé de responsabilité (au 1er janvier de l'année pour laquelle le tableau d'avancement est établi).

Peuvent également être inscrits au tableau d'avancement au grade de commandant divisionnaire de police les commandants de police justifiant d'au moins 3 ans dans l'échelon sommital de leur grade et qui ont fait preuve d'une valeur professionnelle exceptionnelle (dans la limite de 5 % du nombre de promotions annuelles).

Peuvent être nommés dans l'emploi de commandant divisionnaire fonctionnel :

- les commandants de police justifiant de 2 ans d'ancienneté dans leur grade et comptant au moins 1 an d'ancienneté dans le 3e échelon ;
- les commandants divisionnaires.

3 Le corps d'encadrement et d'application (CEA)

Le corps d'encadrement et d'application est constitué de quatre grades : **gardien de la paix**, **brigadier**, **brigadier-chef**, **major** et d'un emploi (major responsable d'une unité locale de police). Il est aussi communément appelé le « **corps des gradés et gardiens** ».

Les gradés et gardiens de la paix travaillent au plus près du public en portant aide et assistance aux personnes, en prévenant les actes de délinquance et en poursuivant les malfaiteurs. Leurs missions s'effectuent aussi bien dans des services d'enquête ou de renseignement que dans des unités d'intervention ou de maintien de l'ordre. Les gardiens de la paix peuvent assurer l'encadrement des policiers adjoints.

Les personnels nommés dans l'emploi de major RULP exercent, sous le commandement d'officiers de police, des missions d'encadrement d'unités opérationnelles ou techniques les plaçant en relation directe avec l'autorité judiciaire ou avec des autorités locales investies de pouvoirs de police administrative.

La nomenclature des postes correspondant à ces missions et responsabilités est fixée par arrêté du ministre de l'Intérieur. Peuvent être nommés à l'un des emplois fonctionnels les majors de police qui, au 1er janvier de l'année de nomination, comptent 20 ans de services effectifs depuis leur titularisation dont 3 ans dans ce grade ou sont titulaires de l'échelon exceptionnel du grade.

4 Les policiers adjoints et les cadets de la République

A| Le policier adjoint

C'est un contractuel de droit public. Il assiste les fonctionnaires de police dans l'exercice des missions de prévention et de répression de la délinquance, de surveillance générale et d'assistance aux victimes. Il participe à l'accueil et à l'information du public, fait des patrouilles et contribue au développement de la sécurité.

B| Le cadet de la République

Il bénéficie d'une scolarité en alternance entre lycée professionnel, structure de formation et service de police. Il est formé à l'emploi de policier adjoint et préparé au concours spécifique de gardien de la paix. À l'issue de sa formation, il poursuit son contrat en tant que policier adjoint.

À SAVOIR

- Dans la fonction publique d'État, un **emploi** correspond à un poste de travail précis. Les emplois sont **regroupés en corps**.
- Le **corps** est un ensemble de personnels exerçant les mêmes fonctions, avec des conditions de rémunération et un déroulement de carrière identiques. Chaque corps est composé de plusieurs **grades**.
- Les **grades** sont eux-mêmes subdivisés en **échelons** gravis par l'agent en fonction de son ancienneté. L'accès au grade supérieur passe par la réussite à une sélection ou un examen professionnel, mais aussi par promotion interne (avancement).

FICHE 2 LE CONTRÔLE DES ACTIVITÉS DE POLICE

1 Une déontologie propre

La police nationale disposait d'un code de déontologie depuis le décret n° 86-592 du 18 mars 1986 (chapitre 4 du titre 3 du livre 4 du code de la sécurité intérieure). Elle partage depuis le 1er janvier 2014 un nouveau code avec la gendarmerie. Il subordonne l'exercice des missions de police au strict respect de la Déclaration des droits de l'homme et du citoyen, de la Constitution, des conventions internationales et des lois.

Il a pour ambition de contribuer au renforcement du lien entre les forces de sécurité intérieure et la population, en plaçant explicitement celle-ci au cœur des préoccupations des policiers et des gendarmes.

Il donne aux agents des repères essentiels et incontournables sur le cadre de leur action ou de leurs missions et sur les obligations inhérentes à l'état de policier ou de gendarme : loyauté envers les institutions républicaines, intégrité, impartialité, aide et assistance aux personnes même en dehors de leur temps de service, devoir de réserve, secret professionnel, etc.

Tout manquement à ces principes et règles expose son auteur à des sanctions disciplinaires, non exclusives de poursuites pénales en cas d'infraction avérée.

Article R434-9 – Probité

« Le policier ou le gendarme exerce ses fonctions avec probité.

Il ne se prévaut pas de sa qualité pour en tirer un avantage personnel et n'utilise pas à des fins étrangères à sa mission les informations dont il a connaissance dans le cadre de ses fonctions.

Il n'accepte aucun avantage ni aucun présent directement ou indirectement lié à ses fonctions ou qu'il se verrait proposer au motif, réel ou supposé, d'une décision prise ou dans l'espoir d'une décision à prendre.

Il n'accorde aucun avantage pour des raisons d'ordre privé. »

Il souligne les devoirs de l'État et de la hiérarchie, particulièrement celui de protéger les agents et leurs proches. Les policiers et leurs familles bénéficient d'une protection juridique contre les actes dont ils sont victimes dans l'exercice ou du fait de leurs fonctions et en cas de poursuites judiciaires du fait de leurs fonctions.

Ce code rappelle l'ensemble des sources de contrôle de l'exercice de ces missions régaliennes.

2 Le contrôle des activités de police

Cette mission est naturellement exercée par la hiérarchie policière (commissaires, officiers, gradés), mais elle comprend aussi de nombreux autres acteurs :

- l'**Inspection générale de la police nationale (IGPN)**, qui effectue des audits, des enquêtes disciplinaires mais aussi judiciaires sur saisine des magistrats ;
- l'**Inspection générale de l'administration (IGA)**, qui peut effectuer des audits concernant l'activité des services de police et émettre des suggestions ;
- la **justice,** qui contrôle les procédures diligentées par les services de police et exerce des poursuites pénales en présence d'infractions pénales commises par des policiers ;
- la **Commission nationale informatique et libertés (Cnil)**, qui autorise la création des fichiers, en suit l'utilisation et peut en autoriser l'accès aux particuliers ;
- la **Commission nationale de contrôle des techniques de renseignement (CNCTR)**, qui est chargée du contentieux de la légalité des autorisations de recours aux techniques de renseignement et de leur mise en œuvre. Elle est plus particulièrement chargée de contrôler l'utilisation des moyens de surveillance par les services de renseignement français et rend des avis sur les demandes de placement sous surveillance d'une personne. Créée le 3 octobre 2015, la CNCTR est une autorité administrative indépendante qui a remplacé la Commission nationale de contrôle des interceptions de sécurité (CNCIS) ;
- le **Contrôleur général des lieux de privation de liberté**, qui veille à ce que les personnes privées de liberté soient traitées **avec humanité** et **dignité.** Le Contrôleur général peut ainsi visiter à tout moment, sur l'ensemble du territoire français, tout lieu où des personnes sont privées de liberté et notamment les locaux de garde à vue des services de police et de gendarmerie ;
- le **Défenseur des droits** : cette autorité administrative indépendante est chargée de défendre les droits des citoyens. Dans ce cadre, elle veille au respect de la déontologie des activités de sécurité (collège de déontologie de la sécurité au sein de cette institution dirigée par un adjoint du Défenseur des droits).

FICHE 3

LES PREMIÈRES AFFECTATIONS

1 La diversité des affectations

À l'issue de la scolarité, au vu du concours passé (concours national à affectation en Île-de-France ou concours national à affectation nationale) et en fonction de leur classement à l'école de police, les gardiens de la paix stagiaires sont le plus souvent affectés dans des services de sécurité publique en province ou en région parisienne (départements franciliens hors préfecture de police) ou à la préfecture de police de Paris (Paris ou départements de la petite couronne).

5 à 10 % des postes sont généralement offerts dans les compagnies républicaines de sécurité pour assurer des missions d'ordre public ou de police routière. Ces postes sont prisés et partent dans la première partie de classement.

Plus rarement, certains emplois sont également proposés à la police aux frontières (essentiellement en aéroport), à la police judiciaire (missions de recherche et d'investigation) ou à la direction du renseignement. Le changement de la région d'affectation ne peut pas intervenir avant une durée minimale de 5 ans à compter de la sortie d'école.

2 Les postes en sécurité publique

Affecté dans une direction départementale et dans un **commissariat**, le gardien de la paix est affecté généralement en unité de roulement (jour ou nuit) ou de secteur. Il assure de manière non exhaustive les missions suivantes :

- accueil du public et prise de plaintes ;
- aide aux victimes ;
- prévention de la délinquance ;
- patrouille pédestre et/ou motorisée ;
- mission de secours et d'assistance ;
- mission de sécurité routière et constats d'accidents de voie publique (AVP) ;

- mission de sécurisation des transports en commun ;
- mission d'assistance à la police des audiences dans les palais de justice (audiences correctionnelles ou cour d'assises) ;
- mission de police judiciaire ;
- recherche d'informations.

À SAVOIR

➲ La Direction centrale de la sécurité publique est implantée dans 92 départements métropolitains, 4 départements et régions d'outre-mer (Guadeloupe, Martinique, Guyane et La Réunion), deux collectivités d'outre-mer (Nouvelle-Calédonie et Polynésie Française) ainsi que dans la collectivité départementale de Mayotte. Depuis le 14 septembre 2009, elle n'est plus présente dans la petite couronne de Paris où la sécurité relève de la préfecture de police de Paris (PP). La DCSP est implantée dans 1 713 communes, soit 5 % du territoire, mais dans lesquels sont concentrés 51 % de la population française. Dans chaque zone de défense ont été créées les directions zonales de sécurité publique (décret n° 2020-1732 du 29 décembre 2020).

3 Les postes en police judiciaire

Il y a très peu de postes en sortie d'école, mais un gardien peut néanmoins être affecté en **service régional de police judiciaire** où il exerce les missions suivantes :
- lutte contre l'usage et le trafic de stupéfiants ;
- enquêtes économiques et financières ;
- lutte contre le grand banditisme, etc.

4 Les postes en compagnie républicaine de sécurité

Le gardien de la paix peut être affecté dans une compagnie de maintien de l'ordre ou dans une unité autoroutière.

» **Dans une compagnie (60 compagnies de service général réparties sur le territoire national)**

Il exerce des missions de :
- maintien de l'ordre ;
- sécurisation en patrouille pédestre et/ou motorisée ;
- surveillance des lieux de vacances ;
- sécurisation des transports en commun.

Les déplacements sur le territoire national sont très nombreux, que ce soit pour le renfort lors de services d'ordre ou pour des missions de sécurisation dans les quartiers sensibles.

» **Dans une unité autoroutière (9 compagnies autoroutières réparties sur le territoire national)**

Il assure des missions de :

- surveillance du réseau routier ;
- régulation de la circulation ;
- sécurisation et prévention du secteur autoroutier ;
- constats d'accidents ;
- contrôles de vitesse, d'alcoolémie.

5 Les postes en police aux frontières

Le gardien de la paix est affecté dans un **service portuaire ou aéroportuaire** (aéroports de Roissy Charles de Gaulle ou d'Orly en première affectation) où il assure des missions de :

- contrôle transfrontalier ;
- patrouille pédestre et/ou motorisée ;
- sûreté des liaisons aériennes et maritimes ;
- contrôle d'accès en zone réservée (contrôle des badges d'accès) ;
- visite de sûreté dans les ports ou aéroports ;
- escorte et reconduite des étrangers en situation irrégulière ;
- surveillance des centres de rétention ;
- escorte sur le territoire national ;
- accueil et orientation du public.

Il peut également être affecté dans un service de sécurité des réseaux ferrés.

6 Les postes à la préfecture de police de Paris

Le gardien de la paix peut être affecté dans l'une des quatre directions suivantes :

» **Direction de l'ordre public et de la circulation (DOPC)**

Il y exerce des missions de :

- maintien et rétablissement de l'ordre public ;

- police de la circulation ;
- garde et protection de bâtiments publics.

» **Direction de la sécurité de proximité de l'agglomération parisienne (DSPAP)**

Il assure des missions de :

- sécurisation en patrouille pédestre et/ou motorisée ;
- accueil et orientation du public ;
- prise de plaintes et enquêtes locales.

» **Direction de la police judiciaire (DPJ)**

Il intègre un groupe d'enquête spécialisé :

- lutte contre l'usage et le trafic de stupéfiants ;
- protection des mineurs ;
- répression du banditisme ;
- lutte contre le proxénétisme, etc.

» **Direction du renseignement**

Il est chargé de la recherche d'informations :

- dans les domaines institutionnels ;
- en matière économique et sociale ;
- en matière de phénomènes urbains violents ;
- dans tous les domaines susceptibles d'intéresser l'ordre public et le fonctionnement des institutions.

7 Les postes dans les services spécialisés

Certains gardiens de la paix peuvent être affectés au service de la protection (SDLP avec missions de protection du président de la République, des membres du gouvernement ou des personnalités françaises menacées).

En fonction de leurs spécialités (pratique d'une langue étrangère rare, expérience passée dans le renseignement, connaissances en informatique), ils peuvent également exercer à la direction du renseignement (Direction générale de la sécurité intérieure) ou au Service des technologies et des systèmes d'information de la sécurité intérieure (STSI[2]).

FICHE 4

LA LÉGITIME DÉFENSE

L'article L435-1 du code de sécurité intérieure (créé par la loi n° 2017-258 du 28 février 2017) définit un nouveau cadre légal d'usage des armes commun à la police nationale et à la gendarmerie. Outre les cas mentionnés à l'article L122-5 du code pénal (légitime défense) et à l'article L211-9 du code de sécurité intérieure (dispersion d'un attroupement), les policiers peuvent faire usage de leurs armes en cas d'absolue nécessité et de manière strictement proportionnée dans 5 situations.

1 Les 5 situations d'usage de l'arme prévus dans l'article L435-1

Article 122-5 du code pénal

« N'est pas pénalement responsable la personne qui, devant une atteinte injustifiée envers elle-même ou autrui, accomplit, dans le même temps, un acte commandé par la nécessité de la légitime défense d'elle-même ou d'autrui, sauf s'il y a disproportion entre les moyens de défense employés et la gravité de l'atteinte.

N'est pas pénalement responsable la personne qui, pour interrompre l'exécution d'un crime ou d'un délit contre un bien, accomplit un acte de défense, autre qu'un homicide volontaire, lorsque cet acte est strictement nécessaire au but poursuivi dès lors que les moyens employés sont proportionnés à la gravité de l'infraction. »

- Lorsque des atteintes à la vie ou à l'intégrité physique sont portées contre les policiers ou contre autrui ou lorsque des personnes armées menacent leur vie ou leur intégrité physique ou celles d'autrui.
- Lorsque, après deux sommations faites à haute voix, ils ne peuvent pas défendre autrement les lieux qu'ils occupent ou les personnes qui leur sont confiées.

- Lorsque, immédiatement après deux sommations adressées à haute voix, ils ne peuvent pas contraindre à s'arrêter, autrement que par l'usage des armes, des personnes qui cherchent à échapper à leur garde ou à leurs investigations et qui sont susceptibles de perpétrer, dans leur fuite, des atteintes à leur vie ou à leur intégrité physique ou à celles d'autrui.
- Lorsqu'ils ne peuvent pas immobiliser, autrement que par l'usage des armes, des véhicules, embarcations ou autres moyens de transport, dont les conducteurs n'obtempèrent pas à l'ordre d'arrêt et dont les occupants sont susceptibles de perpétrer, dans leur fuite, des atteintes à leur vie ou à leur intégrité physique ou à celles d'autrui.
- Dans le but exclusif d'empêcher la réitération, dans un temps rapproché, d'un ou de plusieurs meurtres ou tentatives de meurtre venant d'être commis, lorsqu'ils ont des raisons réelles et objectives d'estimer que cette réitération est probable au regard des informations dont ils disposent au moment où ils font usage de leurs armes.

Article L211-9 du code de sécurité intérieure

« Un attroupement, au sens de l'article 431-3 du code pénal, peut être dissipé par la force publique après deux sommations de se disperser demeurées sans effet, adressées, lorsqu'ils sont porteurs des insignes de leur fonction, par :

1° Le représentant de l'État dans le département ou, à Paris, le préfet de police ;

2° Sauf à Paris, le maire ou l'un de ses adjoints ;

3° Tout officier de police judiciaire responsable de la sécurité publique, ou tout autre officier de police judiciaire. Il est procédé à ces sommations suivant des modalités propres à informer les personnes participant à l'attroupement de l'obligation de se disperser sans délai. Toutefois, les représentants de la force publique appelés en vue de dissiper un attroupement peuvent faire directement usage de la force si des violences ou voies de fait sont exercées contre eux ou s'ils ne peuvent défendre autrement le terrain qu'ils occupent. »

2 Les conditions cumulatives à respecter

Ces règles d'usage des armes ne sont applicables que si le policier (fonctionnaire actif, policier adjoint et réserviste autorisé à porter une arme) :

- agit dans l'exercice de ses fonctions et revêtu de son uniforme ou des insignes extérieurs et apparents de ses qualités, ou intervenant d'initiative hors service en étant identifiable (port du brassard de police) ;
- utilise son arme dans des conditions impliquant une absolue nécessité et la stricte proportionnalité.

FICHE 5

LE MAILLAGE TERRITORIAL DE LA SÉCURITÉ PUBLIQUE

1 Présentation générale

» L'organisation territoriale de la sécurité publique est déclinée par échelons. Il existe ainsi :
- 6 directions de coordination zonale adossées aux zones de défense ;
- 99 directions départementales (DDSP) ;
- 316 circonscriptions de sécurité publique (comprenant un ou plusieurs commissariats).

» Les circonscriptions sont elles-même classées en 3 catégories :
- 6 métropoles (de type A) ;
- 57 grandes circonscriptions (de type B) ;
- 253 moyennes et petites circonscriptions (de type C).

Certaines circonscriptions sont toutefois hors normes et nécessitent une organisation différente. Il s'agit notamment des très grandes métropoles que sont Lille, Lyon, Marseille, Bordeaux, Toulouse et Lyon.

» L'organisation de la sécurité publique est définie à partir de **3 principales missions** :
- l'intervention et l'assistance sur la voie publique (avec notamment la police-secours) au sein des services de voie publique ;
- l'investigation au sein des sûretés départementales, des sûretés urbaines et des brigades de sûreté urbaine ;
- le renseignement au sein du renseignement territorial.

2 L'organisation d'une CSP type

La circonscription de sécurité publique est la structure territoriale de base. Elle assure les missions de police dans une ou plusieurs communes où est institué le régime de la police d'État. Elle est ouverte 24 heures sur 24 et 7 jours sur 7 afin d'assurer les missions précitées. Elle comprend, dans son format minimal, une unité d'intervention et de police-secours, une unité d'investigation, des structures de soutien opérationnel (bureau d'ordre et d'emploi) et administratif (secrétariat) et un dispositif permettant de recevoir le public.

Les circonscriptions peuvent être autonomes ou regroupées au sein d'un **district** (entité formant un ensemble géographique cohérent).

A| Le service de voie publique

Il comprend :

- les unités territorialisées qui sont notamment composées des unités de police secours (UPS) ;
- les unités d'ordre public (UOP) qui sont composées : des sections d'intervention, des brigades d'assistance administrative et judiciaire (BAAJ), des brigades motorisées et de sécurité routière, des unités canines légères (UCL).

B| La mission investigation

En fonction de la taille de la circonscription, elle s'exerce au sein de sûretés départementales, de sûretés urbaines ou de brigades de sûreté urbaines.

Cette activité s'organise autour d'unités particulières qui peuvent évoluer d'une circonscription à l'autre :

- un groupe d'appui judiciaire : il est composé d'une groupe hebdomadaire (plaintes et accueil), d'un groupe routier (ancienne brigade accidents et délits routiers) et d'un groupe cyclique (service de quart assurant le traitement du flagrant délit) ;
- l'unité d'atteintes aux personnes : elle est composée d'un groupe violences aux personnes (atteintes à l'intégrité physique et morale non acquisitives) et d'un groupe de protection de la famille (affaires intrafamiliales) ;
- l'unité d'atteintes aux biens : elle est composée d'un groupe vols violences (vols à main armée, vols avec violences, extorsions avec violences) et d'un groupe d'atteintes aux biens (cambriolages) ;
- l'unité d'enquêtes générales : elle traite les enquêtes administratives et les fraudes ;
- l'unité des stupéfiants : elle vise à lutter contre les trafics en matière de stupéfiants et le blanchiment de ces derniers.

FICHE 6

LES MISSIONS ET LES ACTIVITÉS DE LA POLICE NATIONALE

1 Le code de la sécurité intérieure

Le code de la sécurité intérieure est un code juridique créé en **2012** pour regrouper l'ensemble des dispositions législatives et réglementaires ayant trait à la sécurité intérieure.

La partie législative du code a été créée par une ordonnance du 12 mars 2012

La partie réglementaire a été créée par deux décrets du 4 décembre 2013.

La mission de l'État dans le domaine de la sécurité intérieure est présentée comme suit dans l'introduction du texte : « L'État a le devoir d'assurer la sécurité en veillant, sur l'ensemble du territoire de la République, à la défense des institutions et des intérêts nationaux, au respect des lois, au maintien de la paix et de l'ordre public, à la protection des personnes et des biens. » (article L111-1).

2 Les missions

Les missions ou activités des fonctionnaires actifs de la police nationale sont définies dans l'article R411-2 de ce code. Elles s'énoncent comme suit :

- **1. protection des personnes et des biens** : c'est en effet la mission traditionnelle de la police nationale avec une lutte quotidienne contre la délinquance acquisitive et les violences ou menaces de toutes sortes ;
- **2. prévention de la criminalité et de la délinquance** : la police nationale est aussi une force de prévention, que ce soit par son action de sécurisation quotidienne ou par des dispositifs spécifiques visant à empêcher la commission de l'acte délinquant. Que ce soit au sein de centres loisirs jeunes tenus par des fonctionnaires de police ou par des actions de formation au sein des établissements scolaires notamment par les policiers formateurs anti drogues (PFAD), la police assure au quotidien une action de prévention ;

- **3. police administrative** : la police administrative est définie par le but d'ordre public qui est selon l'article L.2212-2 du code général des collectivités territoriales d'assurer « le bon ordre, la sûreté, la sécurité et la salubrité publiques ». Distincte de la police judiciaire, elle fait partie des activités de la police nationale. On y distingue notamment la police des étrangers et celle des débits de boissons ;
- **4. recherche et constatation des infractions pénales, recherche et arrestation de leurs auteurs** : dans le cadre de ces missions, les agents de la police nationale disposent de pouvoirs judiciaires, qu'ils soient agents de police judiciaires (APJ à l'article 20 ou 21 du code de procédure pénale) ou officiers de police judiciaire (OPJ à l'article 16 du code de procédure pénale) ;
- **5. recherche de renseignements** : la recherche de renseignements est l'affaire de tous mais certains sont spécialisés dans cette mission, notamment dans le cadre de la lutte contre le terrorisme ou la gestion des événements de voie publique (manifestations). On distingue ainsi la Direction générale de la sécurité intérieure (DGSI) et le Service central du renseignement territorial (SCRT) au sein de la Direction centrale de la sécurité publique ;
- **6. maintien de l'ordre public** : cette mission est assurée par tous les agents exerçant sur la voie publique. Toutefois et dans le cadre de la gestion des manifestations et des troubles importants à l'ordre public, la police nationale dispose notamment des unités des compagnies républicaines de sécurité (CRS) ;
- **7. coopération internationale** : la Direction de la coopération internationale est la première direction commune entre la police nationale et la gendarmerie nationale. Elle rassemble policiers et gendarmes qui œuvrent, côte à côte et de concert, à la coopération policière internationale mise en place par l'État pour mieux protéger ses citoyens et ses intérêts ;
- **8. état-major et soutien des activités opérationnelles** : ce sont des missions de pilotage stratégique, nécessitant une approche prospective et une capacité d'anticipation. Il existe ainsi dans chaque direction départementale de la sécurité publique un état-major qui diffuse des instructions et exerce une fonction d'appui directionnel. Il « assure une mission de soutien au commandement, de coordination des services, de liaison opérationnelle avec le cabinet de la préfecture, les collectivités locales, les administrations ou les services extérieurs » ;
- **9. formation des personnels** : chaque direction de la police nationale dispose de formateurs spécifiques, mais il existe une direction dédiée à cette mission, la Direction centrale du recrutement et de la formation de la police nationale (DCRFPN).

Mise en page : STDI

JF/SM

Achevé d'imprimer en France par Dupliprint à Mayenne
733, rue Saint-Léonard - 53100 Mayenne
N° d'impression : 2970349H
Dépôt légal n° 16423-3/01 - février 2022

Les concours de la fonction publique

Concours EXTERNES (non-fonctionnaires ou n'ayant pas l'ancienneté requise pour le concours interne) → Catégorie A, Catégorie B, Catégorie C

Concours INTERNES (fonctionnaires déjà en poste) et 3e VOIE → Catégorie A, Catégorie B, Catégorie C

Catégorie A	Catégorie B	Catégorie C
Niveau : Bac + 3, au moins Exceptions : - maîtrise (magistrats) - master (enseignants, commissaires de police nationale) - BTS-DUT, diplômes d'ingénieur, etc., pour certains concours	**Niveau : Bac ou équivalent** Exceptions : - diplômes professionnels (infirmiers, etc.) - Reconnaissance des acquis de l'expérience professionnelle (RAEP) (concours d'État)	**Niveau : Brevet ou équivalent – aucune condition de diplôme** L'accès au premier grade s'effectue avec ou sans concours (recrutement sur CV et entretien) Permet d'être fonctionnaire titulaire après la période obligatoire de stage
- Postes de direction, de conception, d'encadrement supérieur - Attachés, ingénieurs, administrateurs	Fonctions d'application et de maîtrise : cadres intermédiaires, techniciens…	Emplois d'exécution : employés administratifs, agents d'entretien, ouvriers…
24 000 postes offerts par an aux concours	5 400 postes offerts par an aux concours	3 200 postes offerts par an aux concours

La répartition par catégorie de concours dans les trois fonctions publiques

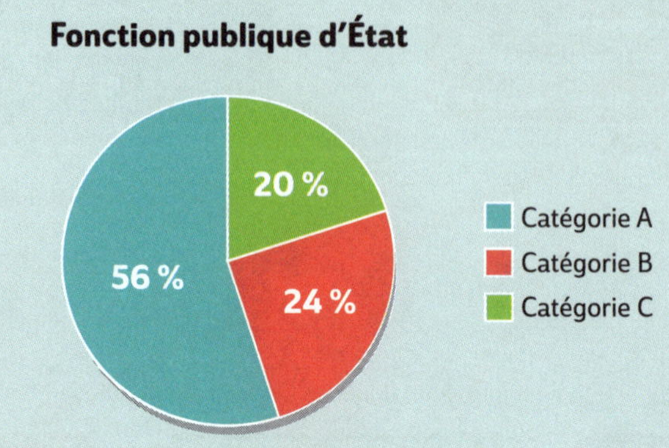

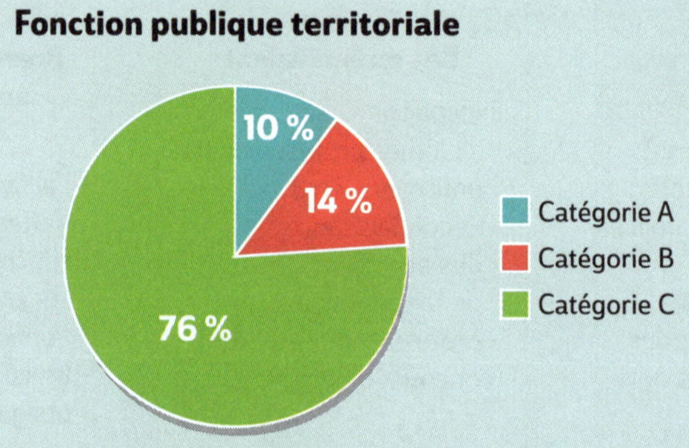

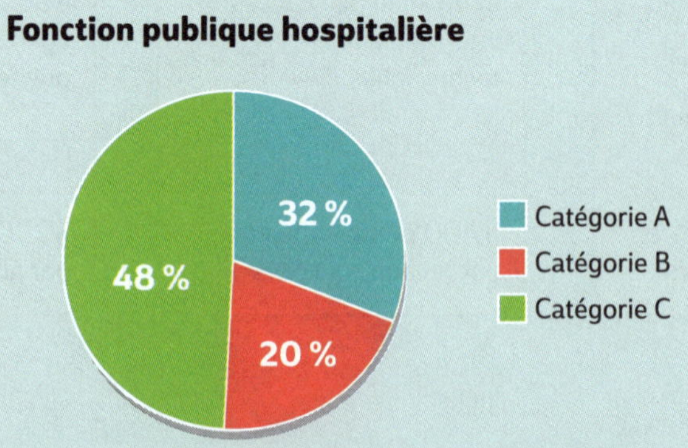

Les filières de la fonction publique territoriale

Filière administrative 23,3 %	▪ administrateur ▪ attaché ▪ rédacteur ▪ adjoint administratif…
Filière technique 46,7 %	▪ ingénieur ▪ technicien ▪ agent de maîtrise
Filière médico-sociale 14,4 %	▪ médecin ▪ psychologue ▪ infirmier ▪ auxiliaire de puériculture ▪ rééducateur…
Filière culturelle 4,4 %	▪ conservateur du patrimoine ▪ bibliothécaire ▪ professeur d'enseignement artistique
Filière incendie et secours 2,2 %	▪ sapeur-pompier professionnel
Filière police municipale 1,8 %	▪ gardien-brigadier, chef de service, directeur ▪ garde champêtre…
Filière animation 5,7 %	▪ animateur ▪ adjoint d'animation
Filière sportive 1,1 %	▪ conseiller ▪ éducateur des activités physiques et sportives
Hors filière 1 %	▪ fonctionnaire ou non-titulaire non classable dans une filière ▪ agent sur contrat de droit public ou privé

Le déroulement de carrière dans les trois fonctions publiques

Catégories hiérarchiques →

- Les corps pour la fonction publique d'État – cadres d'emplois pour la fonction publique territoriale - sont classés en 3 catégories désignées dans l'ordre hiérarchique par les lettres A, B et C.
- Le passage d'une catégorie à une autre est possible par le concours et la promotion interne.

Grades →

- Le grade permet à son titulaire d'occuper un certain nombre d'emplois.
- Les corps d'emplois ou cadres d'emplois ont 1 ou plusieurs grades selon leur statut particulier. Lorsqu'il y a plusieurs grades, ils sont hiérarchisés.
- Sauf exception, l'accès à un corps d'emplois ou cadre d'emplois se fait sur le grade le moins élevé ou grade de début de carrière.
- Au cours de la carrière, il est possible d'accéder aux grades supérieurs par examen professionnel et avancement de grade.
- Les conditions d'avancement de grade sont fixées, pour chaque corps d'emplois ou cadre d'emplois, par le statut particulier.
- L'avancement de grade n'est pas un droit. C'est automatique avec l'ancienneté.

Échelons →

- Chaque grade comprend plusieurs échelons qui forment la grille indiciaire.
- Le nombre d'échelons de chaque grade est fixé par le statut particulier.
- Chaque échelon est assorti d'une durée pour le passage à l'échelon supérieur.
- Il détermine la rémunération du fonctionnaire. À chaque échelon correspond un indice brut (dit **indice de carrière**) auquel correspond un indice majoré (dit **indice de rémunération**) auquel correspond un traitement de base.
- En principe, l'accès au grade s'effectue sur le 1er échelon.
  Au cours de la carrière, le fonctionnaire accède aux échelons plus élevés par **avancement d'échelon**.
- Les conditions d'avancement d'échelon sont fixées par le statut particulier.
- L'avancement d'échelon est un droit. C'est automatique avec l'ancienneté.

Un exemple dans la fonction publique territoriale

La filière administrative comporte 5 cadres d'emplois :
- Administrateurs (A)
- Attachés (A)
- Secrétaires de mairies (A) (en voie d'extinction)
- Rédacteurs (B)
- Adjoints administratifs (C)

→ Le cadre d'emplois des rédacteurs comporte 3 grades :
- Rédacteur principal de 1re classe
- Rédacteur principal de 2e classe
- Rédacteur

→ Le grade de rédacteur compte 13 échelons

Le recrutement dans la fonction publique d'État

1re étape Collecter les informations sur les concours ouverts ou sur les prévisions de concours	▪ Sur le portail SCORE http://www.fonction-publique.gouv.fr/score ▪ Sur les sites internet des ministères et des établissements.
2e étape S'inscrire selon les modalités propres à chaque ministère	▪ Sur le site internet du ministère qui recrute : - par télé inscription (par voie télématique) ; - par téléchargement du dossier d'inscription et envoi par voie postale. ▪ En effectuant une demande par téléphone ou par courrier. ▪ En retirant un dossier auprès du ministère en vous rendant à l'adresse indiquée.
3e étape Réception de la convocation	Envoyé par courrier ou par mail, ce document vous permet de vous rendre sur le lieu d'examen. Durant les épreuves, vous devrez le présenter ainsi qu'une pièce d'identité.
4e étape Les épreuves du concours	Tous les concours ne se déroulent pas selon les mêmes modalités. D'une manière générale, ils comportent une ou des épreuves(s) écrite(s) et une ou des épreuves(s) orale(s). Certains commencent par une épreuve de pré-sélection, d'autres directement par une épreuve d'admissibilité.
5e étape Les résultats	Ils sont disponibles, selon les modalités propres à chaque ministère : - par affichage à une adresse préalablement communiquée ; - sur le site internet du ministère ; - et systématiquement par voie postale.
6e étape L'affectation	L'administration organisatrice vous informera de votre lieu d'affectation ainsi que de la date de celle-ci.
7e étape La titularisation	Si le stage se déroule correctement, le fonctionnaire stagiaire est titularisé.

Le recrutement dans la fonction publique territoriale

Étape	
1re étape Accéder à la pré-inscription	▪ L'organisation des concours et examens est confiée aux centres de gestion de la fonction publique territoriale. Il en existe un par département sauf pour les grande et petite couronnes parisiennes. ▪ Pour vous pré-inscrire sur le site du centre de gestion, vous devez disposer du logiciel gratuit Adobe Acrobat Reader et d'une imprimante connectée à votre ordinateur. ▪ Site utile : Fédération nationale des centres de gestion : http://fncdg.com
2e étape Renseigner le formulaire et vérifier la validité des informations saisies	Vous devez indiquer vos noms, prénoms, diplômes, situation, etc.
3e étape Valider la pré-inscription et imprimer le dossier	Attention : la pré-inscription ne constitue pas une inscription définitive. Le centre de gestion organisateur du concours ne validera l'inscription qu'à réception du dossier imprimé ou numérique et de l'ensemble des pièces justificatives.
4e étape Transmettre le dossier dans les délais de rigueur	▪ Il doit être transmis par voie postale ou en le déposant sur place. ▪ Il doit être daté et signé. ▪ Il doit comporter les pièces justificatives. ▪ Le dépôt du dossier doit intervenir au plus tard à la date de clôture des inscriptions fixée par l'arrêté d'ouverture du concours ou de l'examen.
5e étape Les résultats	▪ Ils sont accessibles sur le site Internet du centre de gestion. ▪ Ils sont envoyés par voie postale au candidat.
6e étape L'inscription sur une liste d'aptitude	▪ Cette inscription est valable 2 ans. ▪ La liste d'aptitude a une valeur nationale. Le candidat peut être recruté sur tout le territoire national.
7e étape L'entretien de recrutement	Dès inscription sur la liste d'aptitude, le candidat peut : - s'inscrire à la bourse de l'emploi du centre de gestion du département dans lequel il souhaiterait être nommé ; - adresser des candidatures spontanées aux collectivités territoriales : régions, départements, EPCI, communes, autres établissements publics comme les CCAS, etc. ; - consulter les offres d'emploi sur les sites internet et revues spécialisées.
8e étape Le recrutement	Le lauréat recruté devient stagiaire, généralement pour une durée d'un an. Cette période peut être prolongée sous certaines conditions. Si le stage n'est pas satisfaisant, le fonctionnaire peut être licencié ou réintégré dans son précédent emploi s'il était fonctionnaire auparavant.
9e étape La titularisation	Si le stage se déroule correctement, le fonctionnaire stagiaire est titularisé.

Les droits et obligations des fonctionnaires

Loi n° 83-634 du 13 juillet 1983 portant droits et obligations des fonctionnaires

Droits

- Principe de non-discrimination (liberté d'opinion)
- Droit de grève dans les conditions définies par la loi
- Droit à la formation
- Droit syndical
- Droit à la rémunération après services faits
- Droit à la protection juridique dite fonctionnelle de l'administration
- Droits sociaux
- Droit à la participation
- Droit de retrait en cas de menace grave et imminente

Obligations

- Obligation d'exercice
- Obligation de non-cumul d'activités, publiques et privées sauf exceptions
- Obligation d'obéissance hiérarchique
- Obligation de secret professionnel
- Obligation de discrétion professionnelle
- Obligation de réserve
- Obligation de désintéressement
- Obligation de communiquer les documents administratifs aux citoyens

Les sanctions disciplinaires

Elles sont classées par ordre de gravité (de la moins grave à la plus grave).

	Fonction publique d'État	Fonction publique territoriale	Fonction publique hospitalière
1er groupe	▪ Avertissement ▪ Blâme	▪ Avertissement ▪ Blâme ▪ Exclusion temporaire de fonctions pour une durée maximale de 3 jours	▪ Avertissement ▪ Blâme
2e groupe	▪ Radiation du tableau d'avancement ▪ Abaissement d'échelon ▪ Exclusion temporaire de fonctions pour une durée maximale de 15 jours	▪ Abaissement d'échelon ▪ Exclusion temporaire de fonctions de 4 à 15 jours	▪ Radiation du tableau d'avancement ▪ Abaissement d'échelon ▪ Exclusion temporaire de fonctions pour une durée maximale de 15 jours
3e groupe	▪ Rétrogradation ▪ Exclusion temporaire de fonctions de 3 mois à 2 ans	▪ Rétrogradation ▪ Exclusion temporaire de fonctions de 16 jours à 2 ans	▪ Rétrogradation ▪ Exclusion temporaire de fonctions de 3 mois à 2 ans
4e groupe	▪ Mise à la retraite d'office ▪ Révocation	▪ Mise à la retraite d'office ▪ Révocation	▪ Mise à la retraite d'office ▪ Révocation

Les principes du service public

3 PRINCIPES

- **La continuité du service public**
  Le service doit être assuré régulièrement, sans interruption gênante pour l'usager (ce principe ne doit pas empêcher le droit de grève)

- **L'égalité en droit devant le service public**
  S'applique aux agents des services publics et aux citoyens.
  Aucune discrimination entre les citoyens fondée sur des critères subjectifs (origine, sexe, handicap…)

- **L'adaptabilité du service public**
  Les services publics doivent s'adapter aux évolutions des besoins des usagers et à l'évolution des techniques comme le numérique

Les institutions européennes

Conseil européen
Pouvoir exécutif

- 28 chefs d'État ou de gouvernement
- Siège à Bruxelles
- Fixe les orientations générales et les priorités
- Gère les questions complexes et délicates

Commission européenne
Pouvoir exécutif

- 28 commissaires
- Siège à Bruxelles
- Gère le budget
- Représente l'Union européenne à l'international

Parlement européen
Pouvoir législatif

- 705 députés élus pour 5 ans
- Siège à Strasbourg
- Contrôle les activités des autres institutions de l'UE

Conseil de l'Union européenne
Pouvoir législatif

- 28 ministres des États membres
- Définit la politique étrangère de l'UE
- Coordonne les politiques des États membres (économie, justice, police)

Cour des comptes européenne

- Siège à Luxembourg
- Contrôle la gestion financière

Cour de justice de l'Union européenne
Pouvoir judiciaire

- Siège à Luxembourg
- Veille à l'application du droit européen

Banque centrale européenne

- Siège à Francfort
- Gère l'euro et la politique économique et monétaire
- Veille à la stabilité des prix et du système financier

Les institutions françaises

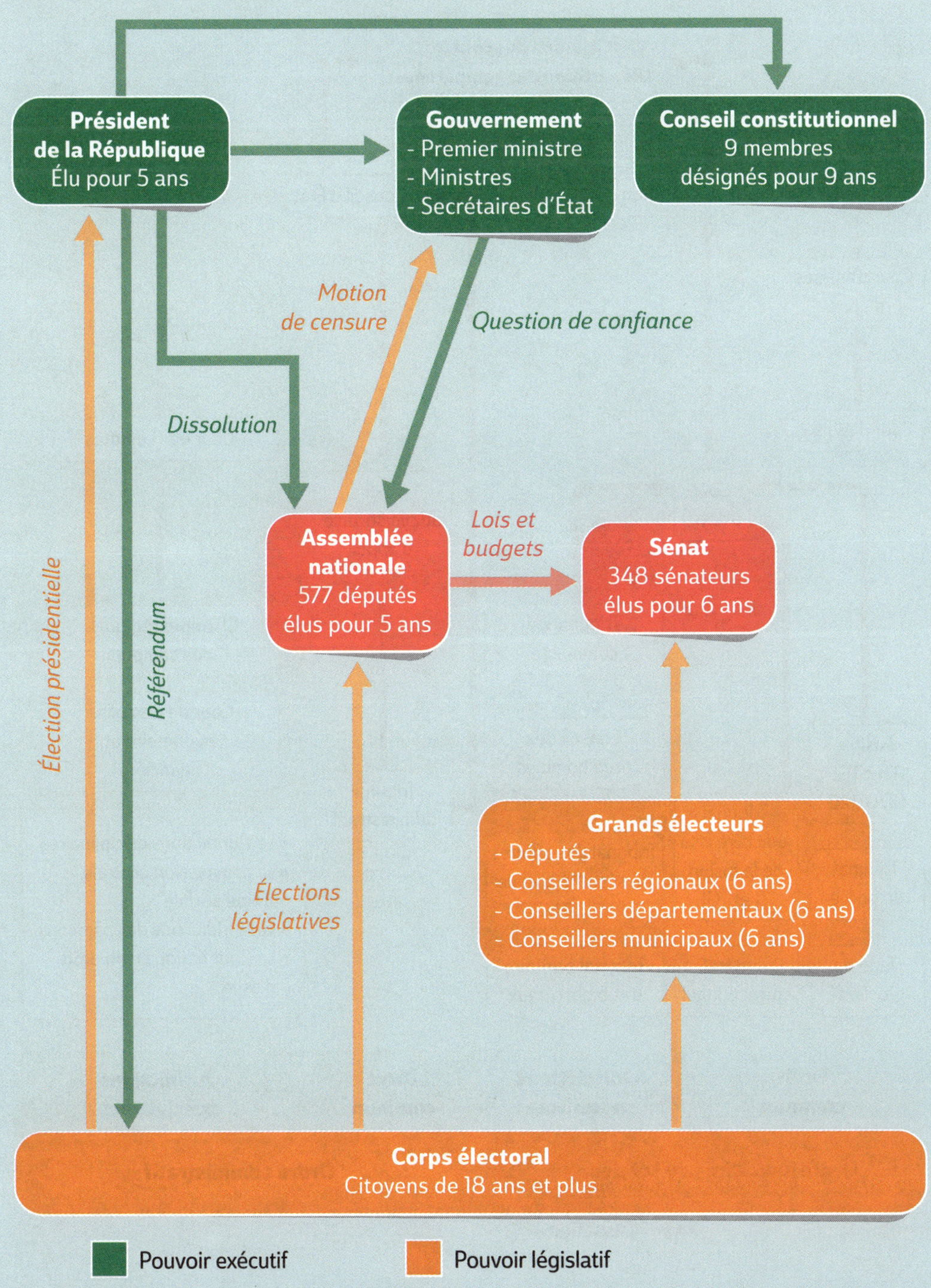

L'organisation juridictionnelle

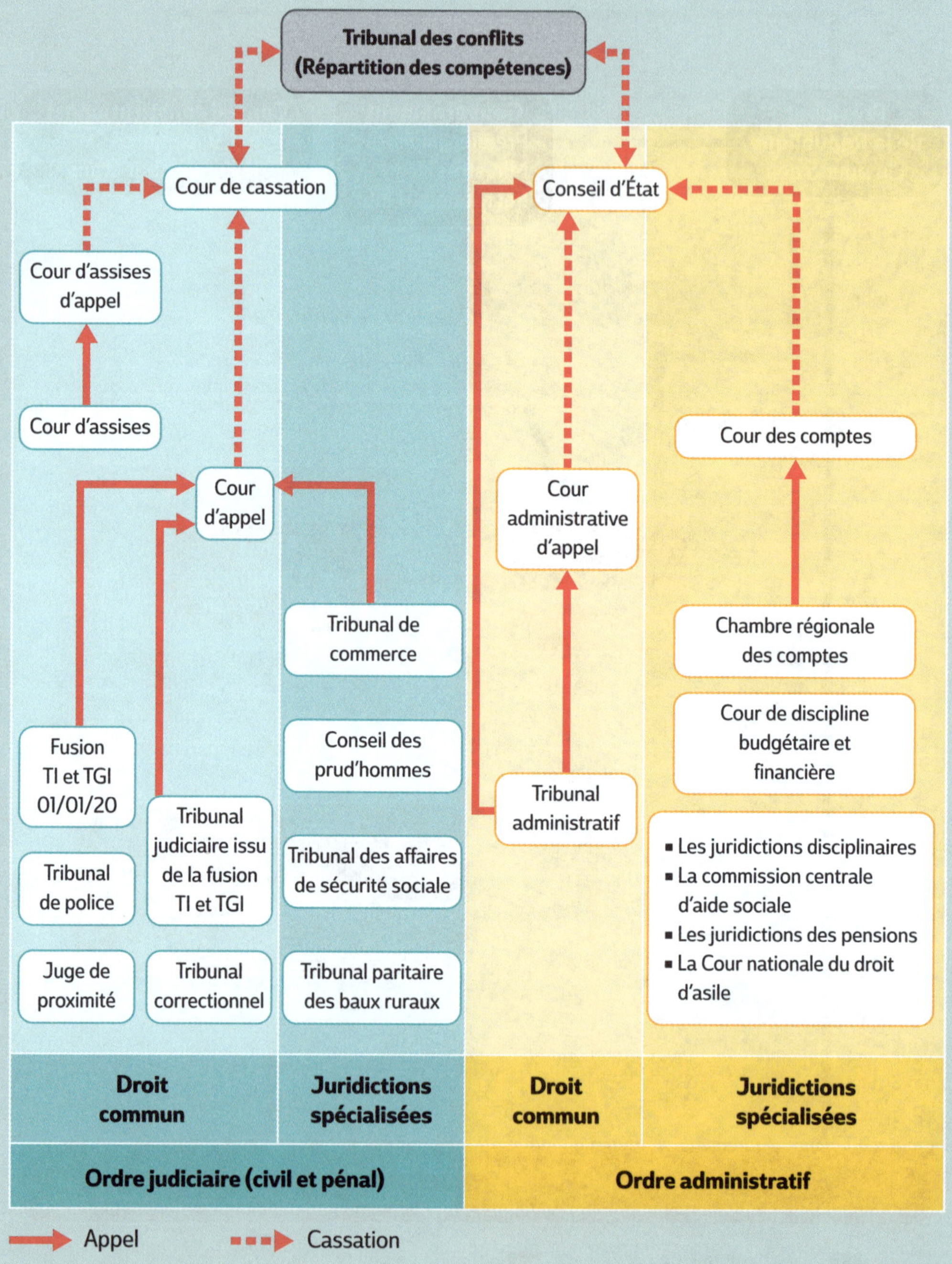

La hiérarchie des normes juridiques

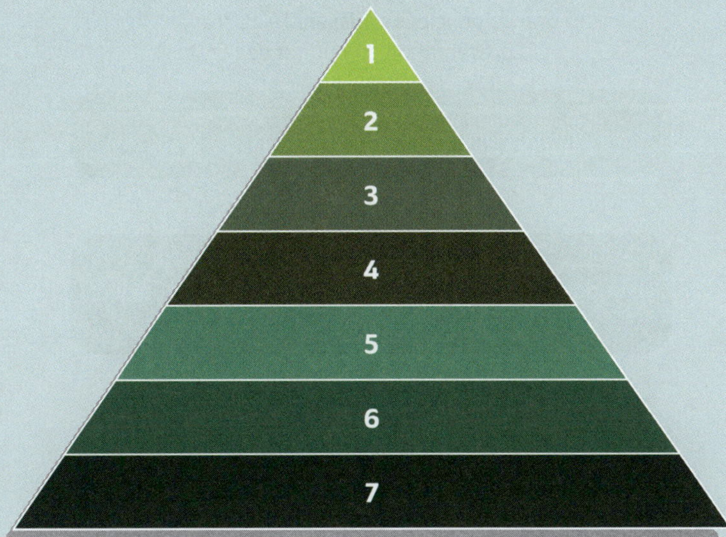

1. Bloc de constitutionnalité
- Constitution 1958
- Déclaration des droits de l'homme et du citoyen 1789
- Charte de l'environnement 2004

2. Bloc de conventionalité
- Traités internationaux
- Droit communautaire

3. Lois organiques

4. Bloc de légalité
- Lois ordinaires

5. Principes généraux du droit/ jurisprudence

6. Règlements
- Décrets
- Décrets simples
- Décrets en Conseil d'État
- Arrêtés ministériels
- Arrêtés préfectoraux
- Délibérations et arrêtés municipaux

7. Actes administratifs non décisoires sous réserve des dispositions réglementaires
- Circulaires
- Directives

L'élaboration et la présentation du budget de l'État

5 grands principes régissent l'élaboration et la présentation du budget de l'État :

Annualité
Le budget de l'État doit être voté chaque année

Unité
Le budget de l'État est retracé dans un document unique, la loi de finances

Universalité
Sauf exceptions, recettes et dépenses ne peuvent pas être liées. La totalité doit apparaître, pas de contraction des dépenses et des recettes

Spécialité
Chaque autorisation de dépense doit être précisée

Sincérité
Implique l'exhaustivité, la cohérence et l'exactitude des informations financières fournies

Documents accompagnant le projet de loi de finances

- **Bleus budgétaires :** Annexes explicatives
- **Jaunes budgétaires :** Annexes générales
- **Documents orange :** Documents de politique transversale

La réforme territoriale : la répartition des compétences

Région

- Planification économique
- Aménagement du territoire
- Éducation (lycée)
- Formation professionnelle
- Organisation des transports…

Compétences partagées entre communes, départements et régions

- Culture
- Tourisme
- Sport
- Éducation populaire
- Promotion des langues régionales

Département

- Action sanitaire et sociale
- Développement économique
- Éducation (collège)…

Commune

- Logement
- Voirie
- Urbanisme
- Éducation (école primaire)
- Sport…

La réforme territoriale : les nouvelles régions métropolitaines

Avant la réforme territoriale
22 régions

- Alsace
- Aquitaine
- Auvergne
- Basse Normandie
- Bourgogne
- Bretagne
- Centre
- Champagne-Ardenne
- Corse
- Franche-Comté
- Haute Normandie
- Île-de-France
- Languedoc-Roussillon
- Limousin
- Lorraine
- Midi-Pyrénées
- Nord-Pas-de-Calais
- Pays de la Loire
- Picardie
- Poitou-Charentes
- Provence-Alpes-Côte-d'Azur
- Rhône-Alpes

Après la réforme territoriale
13 régions

- Auvergne-Rhône-Alpes
- Bourgogne-Franche-Comté
- Bretagne
- Centre-Val de Loire
- Corse
- Grand-Est
- Hauts-de-France
- Île-de-France
- Normandie
- Nouvelle Aquitaine
- Occitanie
- Pays de la Loire
- Provence-Alpes-Côte-d'Azur